本书得到了北京市教育科学规划青年项目CDA15176、北京市社会科学基金项目18JDJYB005和北京市属高校青年拔尖人才项目的资助

新时代高校教师管理问题研究

RESEARCH ON THE MANAGEMENT OF COLLEGE TEACHERS IN THE NEW ERA

齐书宇◎著

知识产权出版社
全国百佳图书出版单位
—北京—

图书在版编目（CIP）数据

新时代高校教师管理问题研究/齐书宇著.—北京：知识产权出版社，2022.3
ISBN 978-7-5130-8085-9

Ⅰ.①新… Ⅱ.①齐… Ⅲ.①高等学校—教师—管理—研究 Ⅳ.①G645.1

中国版本图书馆CIP数据核字（2022）第039095号

内容提要

本书以高校教师为研究对象，分别对高校教师管理政策、队伍发展、薪酬水平、流动机制、科技创新能力及激励机制进行了探讨与研究；在比较和借鉴其他国家高校教师管理机制与政策的基础上，分析了我国高校教师管理现状、存在的问题及导致这些问题的原因、已经取得的进步，同时对未来的政策和体制进行了展望。旨在通过研究以上内容，帮助读者明晰高校教师在社会主义建设中的作用，并从上述各方面对如何建设和管理一支高素质的高校教师队伍提出了有益的建议。

责任编辑：王海霞　　　　　　　　　　　　责任校对：谷　洋
封面设计：回归线（北京）文化传媒有限公司　责任印制：孙婷婷

新时代高校教师管理问题研究

齐书宇　著

出版发行：	知识产权出版社有限责任公司	网　址：	http://www.ipph.cn
社　址：	北京市海淀区气象路50号院	邮　编：	100081
责编电话：	010-82000860转8790	责编邮箱：	93760636@qq.com
发行电话：	010-82000860转8101/8102	发行传真：	010-82000893/82005070/82000270
印　刷：	北京九州迅驰传媒文化有限公司	经　销：	新华书店、各大网上书店及相关专业书店
开　本：	720mm×1000mm　1/16	印　张：	13.5
版　次：	2022年3月第1版	印　次：	2022年3月第1次印刷
字　数：	220千字	定　价：	68.00元
ISBN 978-7-5130-8085-9			

出版权专有　侵权必究
如有印装质量问题，本社负责调换。

值观。在《中国教育现代化2035》中，建设高素质教师队伍被列为十大战略任务之一。在高校"双一流"建设大潮中，高水平、专业化教师队伍的建设对保证人才培养模式的变革和发展，提升人才服务社会的能力和素质具有重要意义。

党的十九大报告进一步明确了教育事业的地位，对于教育优先发展这项工作做出了新的战略性决策部署和明确要求，并指出要重点推进"双一流"建设，促进我国高等教育内涵式发展。国家未来的发展需要越来越多满足行业需求的高质量人才，因此对高校的教育质量和教师队伍的要求也随之提高。

本书以高校教师为研究对象，分别对其管理政策、队伍发展、薪酬水平、流动机制、科技创新能力及激励机制进行了探讨与研究，旨在通过研究以上内容，帮助读者明晰高校教师在社会主义建设中的作用，并对如何建设和管理一支高素质教师队伍提出了建议。

本书得到了作者读博士期间的老师北京科技大学曲绍卫教授的精心指导和充分关心，从选题和思路的整理、框架的构建到最后的修改和定稿，曲绍卫教授都给予了宝贵的指导意见，在此表示由衷的感谢！本书写作过程中参考了国内外很多专家学者的论著，出版过程中得到了知识产权出版社编辑的大力支持和帮助，在此表示诚挚的谢意。

由于作者学识水平和时间的限制，书中难免存在疏漏或不足之处，恳请读者和同行批评指正，不胜感谢。

/ 前　言 /

进入21世纪，无论是世界经济还是现代科学技术都在蓬勃发展，经济全球化及知识经济时代接踵而来，这无疑改变了现代社会的面貌，同时也影响了教育界。我国开启了"双一流"建设——建设世界一流大学和一流学科，面向世界科技前沿，瞄准关键核心技术，实施教育强国推进工程。知识经济以人才和知识为第一要素，知识创新能力是衡量一个国家经济发展的重要因素，而高校是培养高层次人才的载体，优秀教师队伍是进行人才培养、科学研究、知识创新的主力军。建设教育强国是中华民族伟大复兴的基础工程，而优秀教师队伍是这一基础工程的重要根基。

当今世界，各国之间在经济、科技等方面的激烈竞争，归根结底是人才的竞争、教育的竞争。改革开放以来，我国逐步适应了世界科技的发展速度，但核心技术依然受制于人。近年来，美国对一些中国企业的制裁，让国人意识到自主科研创新能力的重要性，这也是我国从制造大国向制造强国转变的关键。

我国教育事业正开启新征程，而高校是我国科技创新成果产生的"摇篮"。在当今的知识经济时代，科学技术是第一生产力，创新是引领发展的第一动力。要解决发展中的"卡脖子"问题，关键是创新和培养人才。高校教师的科研创新能力可以在一定程度上体现一所高校的科研水平，科技成果的有效对接与转化能够有效促进我国经济发展，由此证明，高校教师的科技创新能力对我国发展有深远意义。

同时，为实现"两个一百年"奋斗目标，实现中华民族的伟大复兴，高校教师作为学生培养的第一责任人，不仅承担着科学研究的重任，更肩负着培养具有国际竞争力的高质量人才的责任。教师不仅要传其道、授其业、解其惑，还要在思想上对其进行教育，使学生具有正确的政治观、人生观、价

目录 CONTENTS

第一章 高校教师管理政策研究 ·················· 001
 一、引言 / 001
 二、相关概念及理论依据 / 013
 三、话语转译与行动策略现状 / 023
 四、主体行动逻辑 / 028
 五、关于政策话语转译的建议 / 031
 参考文献 / 034

第二章 我国高校教师队伍发展研究 ·················· 037
 一、引言 / 037
 二、"非升即走"制度的源起及其在我国的发展 / 039
 三、"非升即走"制度的合理性 / 043
 四、"非升即走"制度面临的困境 / 050
 五、完善"非升即走"制度的建议 / 057
 参考文献 / 066

第三章 高校教师薪酬水平研究 ·················· 068
 一、引言 / 068
 二、相关概念及理论依据 / 072
 三、我国高校教师薪酬制度的发展 / 088
 四、完善高校教师薪酬制度的建议 / 096
 参考文献 / 101

第四章 高校教师流动机制研究 ·················· 106
 一、引言 / 106
 二、相关概念理论依据 / 109

三、我国高校教师流动机制的发展 / 113
　　四、中、美两国高校教师流动机制的比较 / 121
　　五、构建我国高校教师合理流动机制的建议 / 124
　　参考文献 / 135

第五章　高校教师科技创新能力研究 …………………………………… 137
　　一、引言 / 137
　　二、相关概念及理论依据 / 138
　　三、提升高校教师科技创新能力的必要性 / 148
　　四、高校及其教师科技创新能力现状 / 149
　　五、高校教师科技创新能力的影响因素 / 154
　　六、提升高校教师科技创新能力面临的问题 / 156
　　七、提升高校教师科技创新能力的建议 / 163
　　参考文献 / 166

第六章　高校教师激励机制研究 …………………………………………… 170
　　一、引言 / 170
　　二、相关概念及理论依据 / 177
　　三、我国高校教师激励政策的成绩和问题 / 186
　　四、我国高校教师激励不足的原因分析 / 190
　　五、完善我国高校教师激励机制的建议 / 193
　　参考文献 / 201

结语 ……………………………………………………………………………… 207

第一章 高校教师管理政策研究

一、引言

(一) 问题的提出

一个国家的生存和发展离不开教育,而教育事业的发展必须依托优秀的教师队伍。随着中国特色社会主义迈入新时代,我国高等教育事业的发展也逐渐步入新阶段。2017年党的十九大报告明确提出,要重点推进一流学科与一流大学的建设,促进我国高等教育的内涵式发展。为了实现这一目标,必须用习近平新时代中国特色社会主义思想来指导高校教师队伍建设工作,从而打造一支具备先进思想与较高素质的优秀教师团队。2018年的全国教育大会又强调指出,教师承担着传播知识、传播思想、传播真理的历史使命,肩负着塑造灵魂、塑造生命、塑造人的时代重任,是教育发展的第一资源,是国家富强、民族振兴、人民幸福的重要基石。2020年12月,教育部等六部门又提出了关于加强新时代高校教师队伍建设改革的指导意见,要通过一系列改革举措,使高校教师发展支持体系更加健全、管理评价制度更加科学、待遇保障机制更加完善、教师队伍治理体系和治理能力实现现代化。要使高校教师职业吸引力明显增强,教师思想政治素质、业务能力、育人水平、创新能力得到显著提升,建设一支政治素质过硬、业务能力精湛、育人水平高超的高素质专业化创新型高校教师队伍。

从党和政府发布的关于教育和教师队伍建设的一系列文件中可以看到，为了更好地培养新时代背景下建设社会主义现代化强国所需的现代化人才，教师作为教育系统的重要参与者，肩负着教育发展的历史重任，高校教师不仅要对学生进行专业知识的讲授，还要对学生进行政治观、道德观、价值观的教育。因此，教师队伍的素质直接关系着高校的办学能力和水平。所以，应将教师队伍建设放在高校改革的突出位置，建设一支具备专业素养和高水平的教师队伍，积极适应新时期高校教师队伍建设和改革的发展需要，这对于我国高等教育的长远发展具有至关重要的意义。

当前，我国正在由制造大国向制造强国发展，制造业从追跑向并跑和领跑方向发展，不断加快创新型国家和科技强国、质量和品牌强国的建设步伐。我国的行业特色高校是支撑国民经济发展支柱性行业的基石之一，是支柱性行业挑战和引领世界的人才保障系统，在建设科技强国和实现民族复兴伟业中具有非常突出的作用。行业特色高校是在我国特定历史时期发展形成的，对国民经济具有重要支撑作用。在计划经济时代，行业特色高校有特定的领域，它是具有显著行业背景、培养行业专门人才的应用型大学。这类高校行业特色鲜明，主要涉及地质、医药、矿产、林业、农业、政法、电力、水利、财经、化工、通信、建筑、交通等多个领域，主要培养与特定行业需求相配的创新型人才，形成了鲜明的办学类型、办学模式、学科特点与服务面向，在高等教育体系和国民经济发展中具有十分特殊的战略地位。

国民经济支柱性行业的发展是一个动态的发展过程，按照传统理念并结合我国当前实际情况来看，一般认为石油化工行业、冶金材料行业、制造加工行业、地质矿业行业、信息与智能工程行业等作为国民经济的基础支柱性产业。若要衡量一个国家的综合国力和工业化程度，国民经济支柱性行业是一个重要的标志。从统计结果分析：2019年，我国典型用钢产业的合计营收占工业行业营收的40%以上；冶金行业占13%；粗钢产量9.96亿吨，占全球粗钢产量的53.3%。由此可见，我国已经成为世界钢铁生产和科技研发的中心。同时，制造业正在经历新一轮科技和工业革命，国民经济支柱性行业也将发生相应变化，而为这些支柱性行业培养人才的行业特色高校的内涵与外延也随之发生了深刻变化。无论支柱性行业如何变化，作为行业特色高校的师资队伍建设的职能、规律依然需要不断地深入探讨，尤其是在我国走向新时代的背景下，在高校"双一流"建设的大潮中，亟待研究行业特色高校的治理模式，研究行业特色高校教师的教学、社会服务能力和素质的提升方法，以保证行业人才培养模式的变革和发展，努力培养具有国际竞争力的高质量人才。

从历史沿革情况来看，当前我国一些传统行业特色高校已经发展成为具有特色优势学科群的综合性大学，但也有一些传统行业特色高校仍处于"行业特色弱化、发展动力不足、国际化程度不高"的困境中；还有一些高校随着隶属关系的变化，与行业的交叉性出现了问题，如脱离行业部门管理后，长期以来与行业的联系逐渐疏远甚至"断裂"，导致特定行业人才培养和科技服务功能与作用趋于淡化，在很大程度上制约了服务行业能力的发挥。因此，如何再创符合其自身实际的发展之路，为新旧动能转化中的经济发展做出新贡献，解决人才培养优势不够凸显、未能真正服务于相应行业领域的问题，已经成为行业特色高校首要关注的现实问题。

从当前情况来看，高校师资队伍建设与管理面临着如下新的挑战：一是教师立德树人、教书育人的理念和职责亟待提升；二是教师传道授业、科研质量与科技创新专利转化率亟待提高；三是人才培养模式、人才质量以及与行业发展需求的结合程度亟待提高；四是引领国际的师资素质竞争能力不足，与建设创新型国家的要求差距较大；五是行业特色师资队伍体系、分类评价和激励机制有待建立与完善等。而走出行业特色高校发展困境的关键在于高质量师资队伍的建设。

高校是培养行业人才的实体单位，其发展目标是立足于行业，扎根于行业，满足行业对人才素质和能力的特色需求，使所培养的人才具有鲜明的行业技术特征。在《中国教育现代化2035》中，建设高素质教师队伍被列为我国十大战略任务之一，同时文件还强调了建立教育发展监测评价机制的重要性。行业特色高校师资队伍的素质和能力，决定了行业科技人才培养的质量。所以，要满足行业企业对高端科技人才的培养要求，就必须建立一支具有行业特色的高素质高校教师队伍，而高水平的行业特色高校教师队伍的建设，需要我们在理论和实践方面进行深入的探索与研究。

(二) 研究意义

1. 理论意义

首先，丰富和发展高校治理理论体系。结合教育管理理论、人力资源管理理论及组织行为学激励理论，从多学科综合视角提出高校师资队伍治理的新思想、新理念，进而丰富行业特色高校治理理论体系。

其次，丰富和发展教育体制和机制改革的理论。从宏观和微观两个维度着力提出协同治理模式，建设行业特色高校师资招聘、使用培养、激励与薪酬等机制。

最后，发展师资队伍管理信息化、科学化的理论。应用模糊综合评价和神经网络分析作为研究师资队伍建设的数学模型量化方法，丰富及强化所构建的行业特色高校师资队伍治理理论体系的解释力度与指导价值。

2. 实践意义

首先，进一步端正高校师资立德树人、教书育人和契合行业经济主战场的应用型培养的理念和目标，更好地建设面向未来的师资队伍，服务于行业未来发展。

其次，推动国家顶层设计和建设行业高校师资队伍建设的协调管理机构，建议协调科技部、教育部、财政部、人力资源和社会保障部、工信部等，建立国家层面的政府组织，在高校内部完善师资激励机制。

最后，切实提高行业特色高校师资队伍的能力与素质，推进高校教师在专业性、技能性、实务性和学术性方面的发展，尽快建立一支师资结构合理、数量充足、素质优化、具有较强国际竞争力的教师队伍。

(三) 研究背景和创新点

1. 研究背景

在党的十八大报告中，明确提出实现高等教育内涵式发展是提高和提升高等教育质量的关键因素。相应地，我国高校教师管理政策也越来越受关注，进入了内涵式发展阶段。高校教师管理关系着高等教育事业的发展，从改革开放以来我国高校教师管理政策的变迁中，可以看出我国对高校教师的重视程度越来越高,对其发展要求也越来越高,同时对高校教师的管理也在不断走向完善。从高校教师管理政策的恢复重建时期到内涵式发展时期,高校教师管理政策所解决的重要问题也在随着时代变化而变化。从保障高校教师的基本社会地位和权力开始,一直到要求高等学校建立一支业务精湛、师德高尚、富有活力的高素质教师队伍,对高校教师的发展逐步提出更高、更严的要求。为促进高等教育事业的发展,培养高素质的高校教师队伍,我国采取了制定和颁布与高校教师相关的法律与制度,在保障高校教师享受合法权利和社会地位的同时,对其依法管理,确保高校教师管理有章可循、有法可依;引进市场竞争机制,打破高校教师"一劳永逸"的思想,激发高校教师的竞争意识和合作意识,提升其竞争力等措施。

然而,通常情况下,当中央召开会议后或教育部发布政策、法律、法规时,虽然高校会在第一时间组织学习会议精神、传达会议知识,但政策解释微乎其微,更多时候只是纯粹地传递信息。这种情况的出现,一方面是由于我国议行合一的体制;另一方面,在当前的责任体制下,有些高校会采取目标替代举措,以"不出错"代替"出政绩"。求稳妥成为一些官员工作的重点,"照搬照抄"的政策解释也就成为他们的最优选择。这样的政策解释在一定程度上可以保证由中央到地方政策思想的贯彻,极大地确保了中央权力的集中。但是,由于高校、教师存在南北方文化、资源差异性与特殊性,复制式的政策解释容易出现"水土不服"的现象,从而造成政策执行上的偏差。而在政策执行过程中,特别是地方高校,政策变通情况普遍存在。

2. 文献综述

(1) 政策话语的相关文献研究

政策话语研究是近几年学术界关注的热点内容,但多数学者将注意力放在了全球政策话语构建的角度上,对于政策话语带来的政策失败讨论较少。基于本研究的落脚点,下面将政策话语在政策执行方面的研究现状加以梳理。首先,部分学者捕捉到政策话语在西方国家政策执行中的意义,希望在我国政策执行中加以效仿。张浩淼(2009)从社会学角度,对政策话语构建在德国社会救助中的作用进行了分析,经对比得出,德国通过针对三类人群的政策话语构建,使得社会救助政策事半功倍,在对洪水治理政策的实施过程中,也进行了三种政策话语分类计划落实。张浩淼同时表示,我国目前多为"国家话语"和"市场话语",而忽视了针对具体目标群体的话语建构,这也反映出了对于特定价值观构建的缺失。朱碧波(2016)在就国家民族政策执行中遇到的问题进行研究时提出,应当转变当前所谓的"民族优惠"政策为"民族互惠"政策,减少民族歧视,真正推动民族平等。

部分学者注意到政策话语可能成为导致政策失败的因素,并以全新视角对政策失败进行分析。Yanow(1993)提出,政策目标与落实之间的障碍就在于其价值观上的冲突,需要通过政策话语的转变来沟通其中的价值观,以推动政策执行。任勇在对"政策变形"的探究中,将"政策曲解"定义为政策执行者在执行上级传达的政策时,根据自身对政策的理解与个人利益,对于政策进行增减改变。钟兴菊(2017)以环境政策为例就双重话语转译进行研究,她认为,政策变通与地方性知识存在嵌入的竞争关系和协调的互构关系,而其背后的逻辑在于学院、部门这一层面上的"权力-利益博弈"。

(2)政策执行的相关文献研究

何谓政策执行?尽管学者们对它的解读见仁见智、莫衷一是,但简单理解,政策执行是将政策从抽象的方案转化为实际的行动,以达到政策目标的过程。政策执行的研究起源于20世纪70年代,普雷斯曼和维达尔夫斯基对"奥克兰计划"失败原因的讨论,"奥克兰计划"旨在增加当地就业机会,促进经济发展,但最终却事倍功半,未达成目标。两位学者研究发现,虽然"奥克兰计划"在制订时无明显缺陷,但在执行过程中,多头多层级执行导致多个主体之间相互掣肘,制约了"奥克兰计划"的实施。由此,政策科学开始了对于政策执行的研究。具体而言,对政策执行的研究经历了三个阶段:

第一阶段,政策执行的研究遵循自上而下的范式。这一时期,学者们普遍认为政策执行存在完美理性模式,依据完美理性模型,即能够实现政策目标。有些学者甚至提出了政策执行的十条准则,作为政策执行的评判依据。在准则制定的过程中,他们从上层决策者的角度出发,坚信上层政策制定者能够清晰地认识政策目标,并且拥有绝对的权威,能够将政策层层分级。在第一阶段,政策执行研究较为僵化,研究者将焦点停留在上层政策制定者视角,对于其他要素的描述过于理想化,忽视了基层执行者在政策执行中的关键作用。

第二阶段,政策执行的研究遵循自下而上的范式。在第一阶段研究的基础上，学者们逐渐意识到基层执行者在政策执行过程中的意义。第二阶段的研究特点主要是聚焦于基层政策执行者，并将前一时期的单线传导更改为多元主体。具体来说，学者们认为政策能够在具体的基层执行中实现多元主体间的互动，不同主体相互"讨价还价"，最终实现妥协，将资源自发集中在最大贡献执行者那里，以确保政策得到有效落实。这一时期的观念日趋完善，但是存在矫枉过正的问题，忽视了上层领导者在政策执行过程中不可忽视的作用。

第三阶段，政策执行研究遵循整合范式。这一时期，对政策执行的讨论趋于全面，不再专注某一领域，而是对多种因素进行综合考察。这一阶段诞生了多种政策执行理论，如史密斯模型、萨巴蒂尔模型等，并成为后期学者探讨公共政策执行失败原因的重要理论模型基础。例如，我国诸多学者运用这些模型来分析基层政府政策执行偏差的问题。张园园以中央下达的高考招生区域倾斜政策落实情况为例，采用史密斯模型框架，从逆行压力识别、要素识别、利益相关者分析等多个角度，对 M 市政策执行情况进行了综合评估，指出在政策调整过程中，要特别注意目标群体的反作用，减少由反作用引起的政府部门不完全执行的可能。张钦（2019）利用史密斯模型分析了北京市清除违建、清理低端人口的政策执行行为，发现该项政策执行中存在机制不健全、舆论不利、财政消耗大等问题。为此，他建议在政策执行中应第一时间形成决策第三方合作，通过廉租房建设等优化方案来推动政策的顺利执行。

（3）关于政策执行偏差的相关研究

政策执行范式的演变启示我们，政策执行效果既受到自上而下因素的影响，也受到自下而上因素的制约。因此，对于现实中政策执行的种种偏差行为，应该从多个主体、多种视角来探究其产生的原因。

第一，政策自身存在的缺陷会造成政策执行的失败。政策自身缺陷主要体现在政策的现实性、合法性、连续性三个方面。首先，政策的现实性不足。李成贵指出，目前的多数政策迎着改革浪潮而来，富有很强的创新性。但是，很多政策相配套的其他环节尚且达不到落实该政策的要求，从而使政策成为一纸空谈。周雪光（2010）在分析政策的灵活性时指出，面对中央出台的各项政策，地方政府缺乏配套的资源，政策执行往往落于窠臼。其次，政策的合法性不足。高建华等（2006）在厘清公共政策执行与公共政策有效执行的区别时，从政治影响因素上进行了区分，提出了政策的有效执行依赖于政策的合法性，政策执行不仅应当内容合法，而且政策执行环节也要合法，只有做到双重合法，才有可能实现政策目标。最后，政策的连续性不足。问题的暴露遵循一定周期规律，只有在实施过程中不断调整，以适应不断发展变化的实际情况，才能保证政策实施。在政策执行过程中一旦出现问题，就将原有政策全盘推翻，必然影响政策执行效果。

第二，政策的原则性为政策执行偏差预留了空间。我国特殊的央地关系和议行合一政治体制，造成政策制定者多从大局出发，实施顶层设计。吉尔兹（1994）将具有区域化典型特征的政府政策、经济、地理、人文背景等特殊信息定义为"地方性知识"。贺东航以农村集体森林资源为例，提出政策出台需要一个从中央到地方的传导过程，在条块模式下，政策执行也就涉及多主体、多层级。中央出台的林业改革政策只是一个宏观方向，即顶层设计，各地市因为微观目标不同，对于目标的排序就会产生差异。而各地市根据自己的经济、人文等地方性知识对目标做出的排序就决定了地方微观层面的政策执行差别，带来因地制宜的政策创新。但是，在这种对于政策的弹性解读下，一旦地方政府在两种角色转换中出现敷衍、抵抗、替换，条与条的利益分割，多属性带来的块与块不协调，都会直接造成政策的失真。换言之，中央的顶层站位造就了政策的模糊性，而这种模糊性为地方政府带来了一定度的自由裁量权，为政策执行偏差预留了空间。

第三，政策主体的利益诉求诱发了选择性政策执行。丁煌（2004）认为研究政策执行问题的基本方法和原则是利益分析，政策的实质首先是对于资源的分配，是对于利益以合法化形式的重新调试和确认。根据布坎南等人的观点，政府在政策选择中，存在类似于市场选择中成本利益的衡量，也就是说，政府也具有一定的利益选择。那么在这种情况下，从中央到地方、从整体到局部就会对于利益分配情况层层筛选过滤，选择符合地方政府利益的政策进行执行，选择性的政策传递也就应运而生。每一位政策执行者都扮演着利益的分配者与受益者的双重角色。在我国，虽然政策执行者作为人民公仆，应当一切从民众利益出发，但是，出于经济人对利益的追求，政策执行者行为又常常受到自身利益驱动。不同层级的政策执行者都有自身的利益诉求，而这些利益诉求又不尽相同，有的甚至相互冲突。任勇以精准扶贫为例指出，有些乡镇干部出于考虑自身利益，减少扶贫基金发放，扶贫款也就成为基层官员的囊中之物。钱再见（2001）指出，基于利益，政策执行者无法做到真正的"价值中立"，极有可能因为自身利益搞"土政策"或者曲解政策，造成政令不畅。

第四，政策执行者的能力素养制约着政策执行效果。政策执行者的能力包括对政策的理解能力和自身执行能力两方面。宁国良（2000）指出，政策执行者需要具备政策知识及相关知识，具有高度的政治敏感度，以确保政策顺利执行。政策执行者一旦存在工作态度或专业知识储备的欠缺，无法全面理解上级政策，无法对知识百分之百地吸收，就难以实现政策完整传递，从而造成执行偏差。钱再见也提出，政策落实中需要充分调动执行者个人素养，综合运用组织、管理、协调、沟通等多项能力，动员和组织群众。政策执行者的任何一项能力存在短板，都可能带来"木桶效应"，影响政策执行的效果。

第五，政策执行的体制机制为执行偏差的出现提供了便利。现阶段，我国以科层制为基础建立的行政管理体制与央地关系仍存在不完善之处，加之当前监督体制尚不健全，更容易诱发政策"共谋"，导致政策执行的偏差。周黎安（2014）提出，韦伯的科层制结构除带来了严格的等级层序外，也带来了国家权力的疏离。而权力的疏离致使上有政策，下有对策的问题频发。从行政发包制角度来看，政策执行存在中央到地方层层发包、层层加码的现象，从中央的推广到地方的限时完成，政策执行也变了味道。周雪光（2013）在研究基层政府"共谋"问题时指出，基层政府有时会和上级政府联手来应付更上一级政府的检查。在权力疏离的背景下，一项国家政策越统一，各地间存在的差异就越大，这就给所谓的自由裁量提供了更大的空间。基层政府更容易对时间、空间差异进行变通，这为基层政府间的"共谋"提供了更大便利。不仅如此，科层制虽然以非人格化为特点，但根据组织理论的观点，科层制中无法避免非正式组织的存在，也就是行政关系人缘化。特别是在我国的人情传统下，很多的"共谋"行为即来自非正式交易，在饭桌酒桌的觥筹交错中实现。在这种悖论间，政策执行就会受到相应的影响。

周黎安（2007）从经济学角度对于我国当前的晋升机制做出解释，他提出的政治锦标赛模式恰好是地方官员政策选择性执行的依据。基于当前的晋升模式，一些官员所关心的不是政策实施效果，而是能否出政绩、能否升迁，这就造成了政策执行中,对于政策的有选择性执行或者对于政策结果的虚报瞒报问题。同时,在同种激励下,基层政府会出现目标替代情况,很多时候在出政绩与不出错之间,有些人会选择后者,从而引发上下级政府间的"共谋",为了不出错而相互掩盖问题。

除科层制外,我国监督体制也亟待完善。钱再见认为,我国目前缺乏一种"刚性"的追责机制,从而导致了政策执行"中梗阻"现象,包括阳奉阴违、断章取义等,可能带来的后果成本远低于收益,这就更容易引发政策执行偏差泛滥。他指出,追责机制的建立必须多方位、全过程,既要有对执行过程的常态化监督,也要有对结果的考核,应将政策目标实施情况作为后期的考核标准。

第六,政策执行的社会环境影响政策执行结果。政府公信力、政权合法性、政治社会化均是制约政策执行的关键社会环境因素。在政府公信力方面,丁煌(2003)认为政策执行者是民众接触某项政策的第一形象,而这种第一形象在很大程度上关乎民众对于一项政策的信任程度。他将信任分为人格、能力、权威、态度、仪表五类来源,而这五类信任来源都是通过执行者传递出来的。执行者收获民众的信任程度越高,政策认可度和民众呼声就越高,那么,政策就越容易进行;反之,则会使得政策执行困难重重。在政权合法性问题上,周雪光(2011)认为,国家政权的合法性基于民众的认可程度,政策执行亦然,民众对于政策本身的认可程度关系到政策能否顺利执行。在政治社会化方面,钱再见(2002)认为,政治社会化关乎政策执行主体的执行态度与执行水平。他提出,政治社会化程度低,特别是民众对于权威的服从程度和专业化素质水平低,是造成政策"中梗阻"现象的首要原因。

(4)教师管理政策执行的相关文献研究

我国在提高高校教师队伍质量的基础上建立了政策制定机制,反映出以教师为中心的价值观的持续趋势,并建立了一种制度,确保以政策工具为基础的政策得到执行,并反映出教学规范。

通过文献梳理可以发现,我国教师管理政策的制定主要经历了三个阶段:

第一阶段的开始是对我国高等教育机构进行改革,以避免教师在制定教师管理政策时陷入混乱的状况,规范教师管理的规章框架,教师应服从学校的发展与运作任务,侧重于学校及其领导制定的发展目标,而且主要是学校的决策者做出反应。但就教师个人而言，条条框框的教师管理政策、法律、法规，对其专业发展及个人利益关注力度小，更多的是对教师的限制。教师的个人发展需求和工作热情被学校的强制性环境和组织内部的梳理所掩盖，虽然学校从无序走向了有序，但同时也限制了教师的个性化发展。

第二阶段是我国社会制度处于变迁时期，将产权思维与交易理论运用于教师管理中，合理划分教师岗位，明确教师岗位职责，聘用合格教师上岗，保证教师责、权、利三者的有效统一。该阶段开始关注教师利益，重视政策制定者与教师之间的关系以及教师为了利益拼命上课，没有奖励、惩罚就不作为的现象。一方面用量化的分数制约了教师自由发展的空间，教师收入虽然可观，但其内在发展受限，身心疲惫；另一方面，教师管理政策制定者往往从学校、部门或个人利益出发，存在教师管理政策制定不合理、考核和分配不公平等情况。

第三个阶段是教师管理政策开始关注人性化，在管理政策的制定中融入道德因素、共同愿景、价值观、责任感、义务意识，提倡教师不仅是为了工资、绩效、考核、奖励去工作，更多的是出于责任感、使命感，为了教育的信念而工作。教师需要利益，也需要尊严，更需要教研氛围和公正的政策环境。

（5）文献述评

本研究聚焦的研究问题是政策话语的转译，即在执行中的政策解释。当前，地方在对中央政策的执行过程中，一方面存在以文件落实文件、会议落实会议的现象；另一方面，又有各种政策曲解、政策变通的现象。通过对上述政策执行研究进行归纳汇总，对比研究主题，可以发现关于政策执行的现有研究存在以下问题：第一，缺少层级间的互动研究，当前的研究多为静态研究，虽然涉及政府与高校之间的关系，但多为从中央与地方两个层面的分裂研究，缺少层级间的互动分析；第二，忽略目标群体的反馈，现有研究多以案例为切入点，就某一案例进行学理性分析，缺少基层调研，忽略了从教师层面对政策执行效果的反馈；第三，缺少对客观因素的考量，基层政策执行者虽然成为研究重点，但是多以执行者主观偏差入手，例如执行者受到利益影响，曲解政策，从而导致政策失真等，反而较少考察可能影响执行者行为的客观因素；第四，政策话语引入少，政策话语研究与政策执行分立，缺少从政策话语视角对政策执行失败原因的考量。政策话语在不同层级间的转译、传递恰恰体现了层级互动，可以弥补当前研究的空缺。

当前关于教师政策方面的研究，理论与实践成果比较丰富，但主要集中于基础教育层面的教师教育和培训，少数涉及高等教育阶段的教师政策研究。基于已有的分散、不成系统的研究，从横向角度来看，在高等教育层面，学者们较多地关注于高校教师科研激励政策、流动政策和考核评价政策，从管理维度对高校教师管理政策的探讨尚有欠缺；从纵向角度可以看出，已有的高校教师管理政策关注政策的历史变迁研究的学者较少，尤其是自党的十九大召开以后，经济结构转型升级，教育被提到了优先发展的战略地位，高等教育进入新的发展时期，教育政策研究取得重大进展，作为提升高等教育质量的条件因素，高校教师管理政策面临的问题也在发生变化，因此，对高校教师管理政策进行结合事实与理论的研究视角的创新极为重要。除此之外，研究应该更多涉及多层级互动，探究多层级政策话语与政策执行失败之间的关系。

3. 研究创新点

（1）理论依据

从研究理论的角度出发，主要从公共管理学和教育学的交叉视角来研究高校教师管理的相关问题，将史密斯政策模型运用到高校教师管理政策执行的分析中。与现有研究相比，本研究有以下创新点：其一，政策执行偏差研究不仅仅停留在静态层面。以往关于政策执行失败原因的研究多集中在静态层面，特别是在政府与高校关系的视角上，常常将政府和高校分离开来，缺少对于政府、高校、教师间的互动性考察。本研究则将关注点放在动态互动层面，着重分析各群体在政策传递过程中受"地方性知识"等客观因素影响所造成的政策执行失败。其二，将话语分析进一步融入政策科学，将文本分析作为政策过程考察的重要因素。研究中应当突破话语符号的局限，将话语作为变量应用于政策执行失败的研究中。

（2）研究视角

从研究的角度来看，不同于以往大部分从教育学角度进行的研究，本研究从政策执行过程中政策话语转译存在偏差的视角，同时结合"地方性知识"视角，突破了单一理论视角，通过运用交叉学科的相关知识、交叉理论视角，将政策执行与政策话语相结合。政策话语作为这几年较为新兴的研究方向，主要单独被应用在话语文本的诠释、框定等功能上，较少将政策话语与政策失败两者相结合。本研究则将两者结合起来，以全新视角丰富政策失败原因的研究，丰富了高校教师管理政策研究的视角。

（3）研究方法

在研究方法上，大多数学者对于高校教师管理政策的研究采用的是静态的政策文本分析、政策价值分析法；而本研究采用的则是文献研究法和访谈法，将这两种方法相结合，综合分析高校教师管理政策执行情况，其研究结果也更具有针对性和可行性。

二、相关概念及理论依据

（一）理论依据

1. 史密斯政策执行模型

20世纪七八十年代，西方国家开始对政策执行进行研究。学者们从不同的方向和角度探究影响政策有效执行的各种因素，并对构建政策执行研究模型进行了重点分析。美国政策学家托马斯·史密斯于1937年提出了史密斯分析模型，该模型由四部分组成：理想化的政策、执行机关、目标群体以及环境因素。本研究以史密斯模型为基础，由于理想化的政策尚不存在，故将高校教师管理政策的执行过程分为政策、执行主体、目标群体、环境因素四个方面，提出了基于史密斯模型的高校教师管理政策执行过程模型，如图1-1所示。

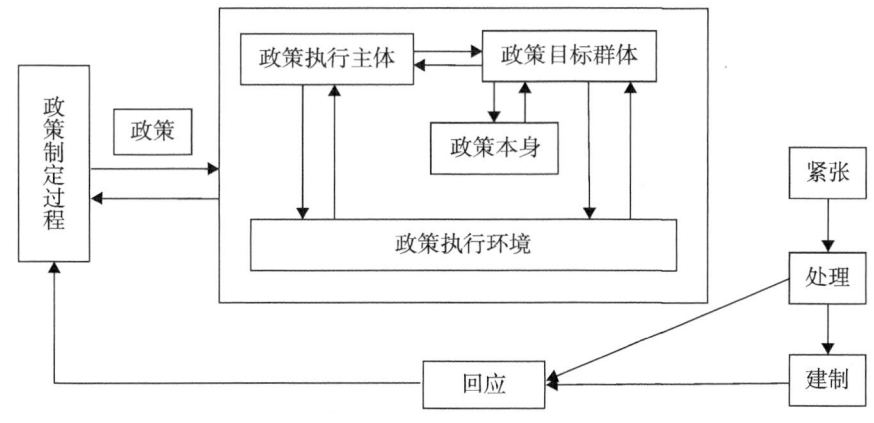

图1-1 基于史密斯模型的高校教师管理政策执行过程模型

影响高校教师管理政策实施的因素包括政府、高校、高校教师以及各种人文环境因素等，若不对其进行系统分析，就会增加分析政策执行受阻的原因的难度。而运用模型探索法分析高校教师管理政策执行的影响因素可以简化问题，厘清各因素之间的关系，以便在政策执行过程中及时进行反馈和控制，及时修改，消除政策执行的障碍，保障政策目标的有效实现。

史密斯的政策执行模型理论可以较好地解释我国高校教师管理政策在执行过程中存在的问题及原因。首先，高校教师管理政策本身是否科学合理，会对政策的实施产生较大的影响。如果政策目标明确稳定，则更容易被理解、执行与贯彻；反之，则容易产生较多歧义，甚至出现理解层面的偏差，最终导致政策执行不力。其次，高校教师管理政策执行主体的工作态度、工作方法以及执行人员的素质状况也会影响政策的实施效果。本研究将高校视为高校教师管理的主要执行机构，如果执行机构有良好的工作态度、科学的工作方法、顺畅的沟通协调机制，并能秉承政策精神、提高执行能力，高校教师管理政策就能顺利实施。再次，高校教师作为高校教师管理政策实施的目标群体，其个人状况、价值观和政策认可度也会影响政策的顺利执行。最后，社会环境也会影响政策实施的有效性。

本研究中，高校教师管理政策执行过程涉及的"四个因素"主要包括：理想化政策——改革开放以来，中共中央、国务院以及教育部发布的高校教师（科研人员）管理的相关政策文件；执行机制——高校相关职能部门等；目标群体——高校教师；政策环境——宏观和微观社会环境等。上述因素不仅相互影响，而且共同影响政策执行的整个过程和结果。通过分析史密斯政策执行模型理论的适用性和高校教师管理政策的执行情况，可以清楚地看出，史密斯模型对本研究具有较好的适用性，因此以史密斯模型为线索分析高校教师管理政策的执行情况是可行的、适用的。

2. 地方性知识

20世纪60年代，在对普遍性与特殊性的争论如火如荼地进行时，结构主义的思潮悄然兴起。结构主义认为世界是由要素融合而成的系统，强调整体性与共时性。在结构主义的观念里，任何单独的事物、要素都不具有意义，只有所处情景与其他事物联结形成系统时，意义和价值才会显现。在这种片面强调普遍性的认知中，人存在的意义消失了，特殊文化存在的意义也消失殆尽。为了批驳该思想，强调人的意义与特殊的地方性文化价值，人类学家克利福德·吉尔兹提出了"地方性知识"的概念。"地方性知识"的发展大致经历三个阶段：理论争论阶段、实践指导理论阶段和整合阶段。

在第一阶段，学者们对"地方性知识"的概念，特别是对普遍性与特殊性的关系进行了探讨。吉尔兹最初提出的"地方性知识"是基于西方文明扩张的前提，虽然受后现代主义多元价值取向的影响，但仍以西方文明为主导。他强调的是，在认同西方主流文明的同时，应当更多地关注到其他民族、地域文化的价值。在这样的观点下，"地方性知识"则成为对亚文化的关注，永远无法成为普遍性知识。劳斯在吉尔兹观念的基础上，将"地方性知识"引入科学实践哲学，解决"地方性知识"与科学间的悖论，从根本上认定科学知识也具有地方性，从而确认了"地方性知识"具有普遍性特征。

在第二阶段，学者们从实践出发，进一步完善"地方性知识"理论。这一时期，学界通过对特色地方文化传统、风土人情的研究，对"地方性知识"的内核进行了补充。例如，探讨地方文明与地域环境的关系，"地方性知识"的产生与传播途径。我国学者在此阶段的研究较多，针对我国少数民族众多、文化多元性强的特点，与"地方性知识"相呼应。

在第三阶段，学者们从文化融合的视角，对"地方性知识"保护和现代化进行探讨。在全球化浪潮下，地方性的文化作为相对小众的存在，如何保留传承下来，能否通过现代化手段、设施将"地方性文化"加以保存，怎样推动不同地方文化通过交流融合创造新的文明成为焦点问题。另外，这一时期，学者们也对"地方性知识"应用领域进行了扩展，将其理论内核应用到政策科学等众多其他方向的研究中。

那么，何为"地方性知识"？综合学者们的观点，将"地方性知识"定义为一定区域内的人类通过与其生存环境之间的长期互动，形成的具有地方性特色的文化。根据吴彤的观点，"地方性知识"具有三项重要特征——平等性、历史性和地域性。首先，"地方性知识"是与西方化浪潮逆向而行的，它反对西方价值观念，推崇文化平等多元；其次，"地方性知识"与现代文明相对，曾经在历史上发挥过作用；最后，"地方性知识"只能在一定的地域范围内起作用，无法脱离具体情境。作为方法论的"地方性知识"，强调在发现文化的差异性与独特性的前提下，尊重差异，尊重事物多样性，通过差异增强对于自身文化的认同感。

"地方性知识"覆盖地方独特的宗教文化、民约民俗、生态知识、建筑知识等多方面内容，因此其应用范围也相当广泛，既有文学艺术领域，也有社会科学方面。不仅要关注少数民族区域存在的"地方性知识"，也应关注非少数民族地区根据自身长期发展而形成的地域特点，加之对历史经验的总结，找到适合当地发展的道路。对"地方性知识"形成"尊重—保护—利用—发展"的良性循环。

3. 政策话语

政策话语的研究发源于 20 世纪 70 年代，最早由托帕洛夫在一次关于英国住房问题的学术研讨会上提出。他正式将"话语"引入政策科学领域，"话语"的功能不再局限于最初的符号传递，而是有了更大的影响和价值。托帕洛夫最先关注到话语对政策的影响，但在当时并未引起学术界的广泛关注。直到 20 世纪 90 年代，受到后实证主义的影响，西方学界开始出现"语言学转向"，才真正让"话语"在政治生活中的作用显现出来。在"后实证主义政策研究"思潮下，政策话语研究逐渐丰富，产生了"诠释性政策分析""审议性政策分析""价值批判性政策分析""参与性政策分析"等诸多研究视角。政策话语研究也由此成为政策科学研究学者关注的焦点。

政策话语研究是在后实证主义的影响下不断发展壮大的。实证主义认为哲学融于科学，强调理性，相信可知的实在论，以观察和实验为基础。而后实证主义则不同，它认为理性是特定的时间和空间的产物，推崇价值中立。政策话语的理论基础就在于其背后的认识论与本体论的发展和差异。在"实在论"指导下，话语作为一种符号，被应用于认识现实。而在"建构论"的影响下，话语的功能则被不断放大，成为执行者主观诠释下的产物，对于社会现实存在影响。关于政策话语研究的发展就是在这样两种观点的碰撞下进行的，学者们通过不断寻找两种观点之间的平衡点，推动研究不断深入。

综合诸多学者对政策话语的定义，可归纳得出政策话语是对于政策的语义表述，通过符号形式传递给公民集体，并被他们认同或反对。杨联正认为政策话语具有公共性、计划性、可理解性、认同性和强制性的特征。目前，关于政策话语的研究主要集中在以下领域。

（1）政策话语在公共政策过程中的作用。这部分学者多受建构主义影响，认为话语的作用是通过多主体互动形成的，由此关注话语对政策的干预程度。

（2）政策话语对于不同政策主体身份认同的影响。批判性话语分析研究者认为主体身份是社会建构的产物，特别是在福利政策中，主体的身份地位直接关系其资格审定。

（3）历史变迁中政策话语产生的变化。话语是价值观、经济基础的映射，通过政策话语感知社会变化。

（4）政策话语与不同政体国家间的关系。自上而下的政策传达与自下而上的话语传递对于民众意见的反应程度差异明显，政策话语形成过程和话语内容等都可以作为判断国家开放程度、民主程度的标志。从研究内容可以看到，目前的研究既有后实证主义的色彩，又兼具实证主义、结构主义的特点。理论与经验并重、地域性鲜明、研究视角多样，但是仍然囿于传统研究方法和手段的框架之内。

话语理论对政策建构的影响主要体现在话语的功能上，根据靳永翥的观点，政策话语具有诠释、框定、批判功能。首先，话语性制度主义等着重发挥话语的诠释功能，透析符号背后的意义，打破政策的主体性；其次，话语联盟通过话语能量场的框定，引导人们的思维走向；最后，话语通过对官僚勾结、政治斗争的批判，传递对民众民生问题的思考。在应用范围上，政策话语的研究主要适用于社会政策领域，特别是福利政策、环境政策和教育政策，对于某些选举政策目前也有应用，如话语联盟研究等。

关于政策话语转译背景的研究有以下特点：

第一，政策执行的复杂性日益增强。随着时代的不断发展，对公共政策实践复杂性的探讨日益广泛。首先，政策问题的跨界导致政策执行复杂性不断增强。伴随经济的日新月异，政策问题的复杂性也日益增强，现阶段出现的问题常常是以交叉部门、交叉领域、交叉空间的形式存在，一个政策问题的解决，需要多部门、多主体联合协作，甚至需要跨省份共同完成。这样的多头合作带来了交易成本增加、沟通协调困难加重、政策执行难度增大等问题。其次，利益驱动使得政策执行日益复杂。在繁盛的经济社会中，"经济人"以个人利益作为选择的前提，同样，根据市场选择理论，在政治市场中，政治主体也会依据成本利益分析做出抉择。地方政府、各政府部门、官员等都可能存在受利益驱使而舍弃政策初衷的现象。再次，全球化合作的加深加大了政策执行的难度。正如"人类命运共同体"概念的提出，现代社会，在环境、经济、安全等领域的问题是全球性问题，单一国家无法解决，需要各国间的配合联动，形成跨国处理机制。最后，政策知识的增加深化了人们对执行复杂性的理解。政策科学不断发展，人们对政策过程的研究越全面，越能了解到影响政策结果的变量众多，通常会"牵一发而动全身"，因此，对其可控性的信心日益下降。

第二，多层级的政府结构体系。目前，我国采用的是"国-省-市-县-乡"五级的层级结构，虽然多层级结构体系可使政治稳定性增强，但是层级的增加也导致了管理成本、交易成本的增加，客观上降低了政策执行效率。近几年，我国一直在进行政策层级改革的尝试，"省直管县"就是其中重要的一种。现阶段，在"市-县"模式下，"财政漏斗"现象日益加剧，造成城乡经济差距逐步拉大。与此同时，在五级结构下，中央政策往往政治性强，越往下级操作性越强；而在当前的"县-乡"模式下，县乡政策难以落地，成为政策执行中的难点问题。另外，在这样层层加码的背景下，差序式政府信任局面逐渐形成，民众对于政府的信任感、认同感从中央到地方逐级下降，使得基层政策执行效果难以得到保证。

第三，政策话语扮演的角色日益重要。最初，政策话语仅仅作为政策传递的载体，发挥符号性功能。伴随着后现代主义思潮的不断发展，政策话语的功能不断扩展，应用领域也不断扩大。首先，政策话语对政策起到诠释作用。政策解释使抽象的"元政策"逐渐立体化、可操作化，关乎民众对政策的解读和认知。其次，政策话语对政策起到限定作用。话语总是具有引导性，政策话语向公众传递的是政府部门希望民众关注到的，而常常屏蔽那些消极的方面。政策话语将民众思维限定在特定的范围，以降低政策执行难度。另外，政策话语成为利益争夺的载体。根据话语联盟的观点，不同利益团体会基于自身利益出发，试图争夺话语权，希望政策话语向自身倾斜。最后，政策话语是政治民主化的衡量标准。自上而下的政策话语传递可以使民众的政治参与度提高，政策也能够更好地反映民众需求。

第四，"地方性知识"研究日益深入。"地方性知识"的概念起源于对结构主义的批判，它认为不能只认可普遍性，而忽视对自身特殊性的关注，应当尊重特殊性的价值。由此，"地方性知识"的相关研究在国际社会火热展开，逐步从最初对于特殊文明的保护传承，以及如何将特殊性传承发展，扩展到将地方性知识与政策科学等相结合，根据地方特色采取独特的发展道路。

（二）相关概念

1. 教师管理政策

（1）教师管理政策的含义

教师管理政策包括关于教师的选拔、任用、评价、薪酬的战略和规范规定以及党和政府的教师管理制度，以保持教师队伍的活力，激励教师工作。

（2）教师管理政策的主要内容

1）教师的选拔和任用。教师选拔和任用方面的规定主要是指国家关于教师选拔和任用的标准、原则、方式、程序以及执行机关等方面的规定。教师选拔与任用方式一般有任命制、考任制和聘任制三种形式：任命制是由上级教育行政机关或学校领导委任教师的制度；考任制是通过一定考试选拔录用教师的制度；聘任制是聘任双方在平等自愿的前提下，由学校或者教育行政部门根据教育教学需要设置工作岗位，聘请有资格的公民担任相应教师职务的任用制度。

2）教师的考核。教师的考核主要是指对教师在完成学校工作任务的数量、质量、效率及态度等方面进行考查与评定。

3）教师的奖惩。教师的奖惩是指根据一定的标准和规则，运用物质和精神等手段对教师进行奖励和惩罚。对教师进行奖惩是教师管理的重要手段，是促使教师积极工作、提高教师队伍水平的有效保证。其中，教师奖励方式包括物质奖励和精神奖励两种。物质奖励，即以奖金、奖品或工资晋级为主要形式，给予物质上的奖励；精神奖励，主要是指对教师给予个人表彰，授予荣誉称号。教师的处罚强调处罚过程、结果的公开性和公正性，还应该加强对教师行为实施监督制，以防范教师的失职、渎职、违法、以权谋私等现象的产生和滋长。

4）教师管理体制的规定。国家关于教师管理体制方面的规定，主要是指关于教师管理机构的设置及其教师管理机构之间教师管理职责权限划分方面的规定。

本书主要将教师管理政策视为整体，将其选拔、任用、考核、奖惩及教师管理体制等内容视为个体来讨论。

2. 政策执行

政策执行是指政策执行者通过调动多种资源，采取一系列行动，将政策从抽象的方案转化为实际的行动，以达到政策目标的过程。通常情况下，政策执行包括准备阶段、实施阶段和总结阶段。政策执行的准备阶段主要是加强对政策的认知，制订相关计划，做好物质和组织准备，完善配套制度；实施阶段主要是对政策展开宣传和试点，在试点成功后加以全面推广；总结阶段主要是对结果的检测评估，基于执行程度进行再决策。

3. 地方性知识

地方性知识是指一定范围内的人们通过与其所处环境的长期互动，形成的具有地方特色的文化。其中，"地方性"的概念是相对的，且有一定的空间限制。另外，地方性知识的范围是非常宽泛的，在最初的定义中，不同科目、领域也作为地方性知识。本书中的地方性知识主要是指政策文件，在各高校、学院执行实施时，各主体对政策理解存在偏差，而此偏差是由于个人知识背景、组织环境、组织权威强弱等的影响而产生的。

4. 研究话语

政策话语是将政策规划以话语符号的形式传递给公众，进而得到公众的反馈。政策话语是"政策"与"话语"的综合体，"政策"是政党在特定时期为实现一定目标而做出的规划。"话语"是具有信息传递功能的符号，在后现代主义影响下，更被赋予了建构作用。两者结合下的政策话语除具有传递信息的作用，更具有诠释、批判等作用。

（三）研究思路

图1-2为本研究的技术路线图，可以看到本研究的四个核心问题：地方性知识如何影响政策话语转译；政策话语转译的影响因素；不同层级间政策话语转译的结构性机制；政策话语转译如何影响政策话语。最终，基于四个核心问题提出政策建议。第一，通过对各级政策文本的对比，具体分析各地在地方性知识的作用下，政策话语的传递与转译呈现出怎样的差异，透过差异对其规律进行总结，归纳在地方性知识影响下，政策话语转译呈现出何种

特征。第二，通过对案例的具体考察和对各级政府文件中数据内容的对比，总结差异化的政策话语转译给政策执行带来的不同结果，分析政策话语转译中的哪些因素会影响政策执行，是否存在政策执行偏差的可能。第三，通过对执行者和目标群体的实地调研，揭示政策话语转译机制，特别是多层级政策动态互动中政策解释的转换机制。第四，对数据资料、文本资料等进行分析，判断政策话语转译与政策执行间的关系。最后，基于上述分析为政策执行给出相应建议，以避免政策执行偏差的出现。

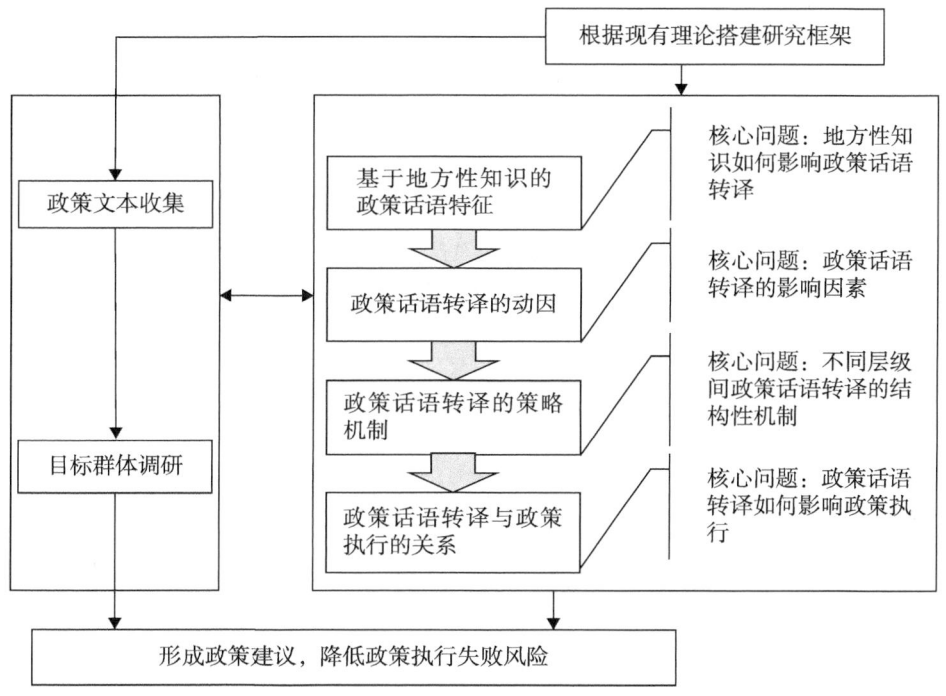

图1-2　本研究技术路线图

（四）研究方法

1. 文献研究法

文献法，即通过文献检索获取相关研究资料的方法。它为本研究提供了丰富的信息来源和坚实的基础。同时进行文本分析，即通过对文本由表及里的深入解读，挖掘文本特征，提炼文本关键。政策文本是政策的文字载体，是不同层级间政策解释差异的书面记录。根据本研究的主题，笔者将收集到的文献分为事实性文献和理论性文献。

(1) 事实性文献

由于本研究的主题为高校教师政策执行，因此对高校教师管理政策及其执行、政策话语转译进行事实性的调查研究是必不可少的。通过在中国知网、万方、维普等文献数据库中的搜索，经过初步筛选，共搜集到关于高校教师管理政策、政策执行、政策话语转译的相关研究核心文献35篇。

(2) 理论性文献

理论性文献主要包括著作类、期刊类文章以及学位论文。著作类资料主要通过北京科技大学图书馆以"高校教师管理""教师政策执行""高校教师管理政策""政策话语转译""地方性知识"为关键词进行检索和借阅，有助于本研究从宏观角度把控与高校教师管理政策和政策转译相关的研究知识体系。期刊类文章主要是在中国知网、万方、维普等资源库中，以"高校教师管理政策""高校教师管理政策执行""政策执行分析""政策转译""地方性知识"等为关键词、主题，为本研究提供更为周详的文献资料。同时，为了拓宽本书的研究思路，在中国知网、万方、维普等资源库中同步检索学位论文，通过对学位论文的研究思路、研究框架、理论视角进行学习借鉴，总结出适合本书的研究思路与研究框架。

2. 半结构式访谈法

本书采用深度访谈法。在政策解释中，执行者起着关键作用，执行者如何向目标群体解释相关政策，如何将倡议性表述转化为与目标群体利益相关的政策直接影响政策认同度，关系到政策执行效果。由此，本书对重要部门的工作人员即政策执行者和民众（目标群体）进行双向访谈，记录真实的反馈，进一步揭示政策话语转译的动因和机制。

(五) 研究框架

政策执行中的政策变通是普遍存在的现象。本书试图从政策话语转译即政策解释的角度，探究政府、高校、管理者、教师在政策执行中的关系；再者以"地方性知识"为变量，构建政府、高校、管理者间多重话语转译结构，解释其背后的动因、机制，并进一步对由政策解释而来的行动逻辑展开分析，最终揭示其与政策执行偏差间的关联性。

根据图 1-3 所示的分析框架可以看到，三个主体"政府""高校""学院"基于不同的地方性知识，相应产生了"不出错""不出事""不得罪"三种行为逻辑，在其指导下，出于自利性考虑，产生了各自的话语转译模式与行动策略。话语转译方式的实质是对于政策的解释和理解，一方面，在政府间的政策文本转译中，文本本身就是行动指南，因此指导着主体行动；另一方面，在教师层面，话语是行动的第一步，暗含着行动目的，是对行动策略的诠释，各主体也会根据话语表达与回应间的互动情况，进一步调整自己的行动策略。同时，政策话语转译的接受性强弱影响政策行动的难度；反过来，行动策略也是对政策话语转译效果的检验。由此可见，话语转译模式与行动策略间相互影响、相互制衡。最终，通过上述分析，回归本书的落脚点即政策执行，揭示政策到政策执行偏差之间的诱因机制。

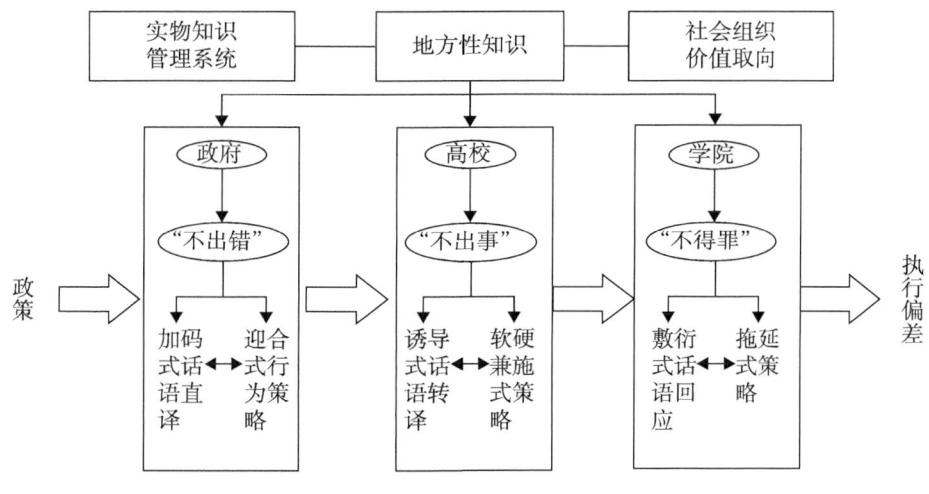

图 1-3　分析框架

三、话语转译与行动策略现状

（一）政府间话语转译与行动策略

1. 政府间"加码式"政策话语直译

进入新时代，在全面提高高校教师社会地位，重视培养高校教师育人的责任感和荣誉感的同时，我国出台了一系列政策，推动高校教师队伍的积极发展。2018 年，教育部发布了《新时代高校教师职业行为十项准则》《关于高校教师师德失范行为处理的指导意见》等高校教师管理政策相关文件。这些文件明确指出：各高校要严格落实师德建设主体责任，建立完善党委统一领导、党政齐抓共管、牵头部门明确、院（系）具体落实、教师自我约束的工作机制；高校教师要自觉加强师德修养，严格遵守师德规范，严于律己，为人师表，把教书育人和自我修养结合起来，坚持以德立身、以德立学、以德施教、以德育德；对高校教师师德失范行为实行"一票否决"。上述两项文件的出台，强调加强师德师风建设，为高校教师职业行为确立了规范，也对高校教师提出了警示，进一步促进了高校教师管理政策的完善，必将有力地推动新时代高校教师管理走向制度化、法制化。由此可见，各级政府、高校之间的话语传递通常以政策文件为主要形式，上一级政府以文本形式向下一级政府传达政策信息与政策目标，并对相应工作方式、工作内容做出指导；同理，政府以文件形式向高校传达政策信息与政策目标，并对下一步的工作内容、工作方式做出指导。下级政府或高校在收到文件后，将文件结合地方性知识转译为本级政策文件发放给下级单位、各学院、各系所。因此，为了对教师管理政策话语传递形式产生更为清晰的认知，通常对高校教师管理政策的文件文本进行对比。

通过表1-1，可以看到三级政府在政策转译中主要呈现以下特点：

（1）主要采取直译的方式，在文本内容上除必要数据上的精确和位置的确定基本上没有变动，三级政府间在政策转译中较少将"地方性知识"体现在政策文本中。

（2）政策文本多为政治性、号召性内容，较少提及具体如何操作，如何将工作落到实处。

（3）无论是在完成数量的目标制订上，还是在日期限制上，各级政府都存在层层加码的现象。例如，对于毕业生就业政策的推广，从教育部到各级高校、各院校、各系所不断"加码"，直至强制实施，不落实追责。

（4）部分高校的政策解释是典型的"以文件落实文件，以政策落实政策"，发布相关文件，而后接连出台相应的工作方案、追责方案、审计方案等，通过各类方针、政策对上级文件加以落实。

表 1-1　教师管理政策话语转译在文本上的体现

	政府	高校	教师
目标任务	鼓励教师申请课题	教学工作量	学术科研指标
		科研任务要求	岗位聘任制
		教学工作量	挂牌授课制
		科研任务要求	末位淘汰制
工作方案	成立项目、课题	高校预算经费绩效	竞争上岗
			交流学者
			实验
			教课
时间安排		3 年 5 篇 SCI 文章	6 月/篇

由此可见，各级教育部门在话语传递中采取"加码式"话语直译的方式，不仅缺少对政策的地方性、"本土化"诠释，而且为了确保政策完成，逐级缩短时限，增加政策负担与难度。在实际工作中，未能做到将上层政治性话语随层级传递转变为操作性话语，反而层层加码，既不能为基层工作指明方向，又加大了执行者的责任压力，从而在一定程度上造成了基层政府的工作困境。

2. 下级部门的"迎合式"行动策略

近些年，我国的宏观政策设计越来越侧重于不同的发展方向，而政府的宏观政策依旧倾向于强调层级控制与规则约束，同时，更倾向于以利益诱导、绩效考核的问责机制，通过奖励措施和结果来激励与评估政策的有效性，以达到强化政策的实施效果。作为高校的监管者，政府不仅指导和监督着高等教育机构，而且经常鼓励高校通过提供资金来满足和实现其社会目标的需要，即通过对高校进行特定的资源配置来激励和诱导其实现社会目标；高等教育机构则通过调动其组织参加竞争性的活动或者根据相关法律和规则制定内部资源分配制度，但通常以领导意愿为主，承担政府效率和行政责任，以获得资源。换句话说，就是控制、诱导与限制等多种变量结合在一起，构成了政府干预高等教育机构工作的基本行政逻辑，即高校资源的获得与分配，在依据相关法律与规则的基础上，再依据领导的意愿进行同一层级高校或高校内部的资源分配、使用与管理。

当然，与其他领域不同的是，建立竞争机制可以为一些高等教育机构提供争取资源的机会,但是,由于教育投资与教育见效是一个长期的过程,一些高校早期奠定的学术基础与水平使它们在学术界享有相对稳定的力量和地位。从另一种角度思考,这种"掐尖儿"式的选择方式在现实中的作用到底是一种补充还是挑战尚有待验证。

强调绩效考核会为高校带来紧迫感与压力感,甚至有高校为了迎合政策策略,积极调动高校内部资源,不仅使政策动员、政策执行及后期的管理成本增加,还给自己带来了过重的精神压力,过大的绩效压力最终将分担到高校内部每个人员的身上,加剧了资源竞争;为了实现政府既定目标,高校在制订各自的规划目标与任务时,有内部层层加压的现象。多数高校会设计一系列指标,即在制订目标和实践时,涉及学院、部门、个人和科研项目以及对分配补贴的业绩的评估。例如,各级教育、研究和管理服务等资源的分配方案涵盖不同的领域,包括数百个项目,每个项目都有具体的评价指标体系,项目条例可以达到上百条,每一项都有特定的分值,根据分值之后进行年度津贴分配。

(二) 高校、学院话语转译与行动策略

1. 高校的"诱导式"话语转译

作为政府的下属机构,高校在执行政策方面有明确的指导方针,但是政策执行并非易事。例如,在具体实践中,能否明确界定国家高等教育政策的目标?高校的目标是否与公共政策目标有关?相关性又是多少?与其他机构相比,政府与决策者可能会面临两难境地,即教育和学术组织的目标不明确,且在组织内部没有明确的标准或技术界线。业绩评估的行政要求加强了本组织指标的明显偏差。一些指标的设置更是突出高校内部的结构变化和组织结构、业绩和索引编制,以及学术组织的特点,使高校不仅具有了多生产或商业组织的性质,还强调层级结构特征。

高校具有制度化性质不仅反映在政策执行过程中,鉴于理性行为,高校会有选择地使用社会评价工具,根据政府偏好,明确目标、确定规划、分配资源和动态性地进行内部沟通与调整。即使宏观政策没有明确目标设置与工具偏好,在这种不确定的环境中,高校为满足政策执行绩效评价的需要,往往会有意或无意地选择有利于凸显自身绩效且能够得到政府认可的市场工具,

通过管理者形成的校际社会网络逐渐达成共识。这种共识借助网络不断扩散，甚至可能成为政策设计者认可或默认的绩效评价标准，从而出现一个全网络中组织结构与行动取向类质同构的景观。

2. 学院"软硬兼施"的行为策略

虽然学院集体行动建立在理性行为思维的基础上，逐渐超越了学术组织目标的不确定性与技术路线不明确的特征，看似是确立了一项较为全面、指标明确、路线清晰的政策执行流程，但基于高校、学院所特有的评价文化，在很大程度上束缚了个人学术创新和科学创新。学院在指标评价的实施上富有弹性与灵活性，会根据学院属性、资源和领导者灵活调整。

（三）教师话语转译与行动策略

1. 教师的"敷衍式"话语回应

基层的执行者即高校教师，一般不太关心宏观性的公共政策之间的关系，而是更关注涉及自身利益的政策法规，但组织内部的政策、法规、制度所形成的特殊情况却会在一定程度上影响他们的工作方向和行为选择。

强制性的绩效考核和评估要求，会加强组织内部对可监测指标的偏见。高等教育机构对目标规划、业绩激励和指标管理方面的突出倾向，以及组织内部结构的改变，也重新确定了学术组织的特点，不仅使高等教育机构更趋于体制化或商业化，而且突出了内部等级的制度化和科层制的烙印。它引发的资源竞争贯穿了项目从申请到实施的全过程，并且激发了组织内部全员发动机制，各个部门设置了不同指标，如重大课题、奖励、论文发表、ESI 等，增加了各学院、各系所之间的竞争关系，因而在无形中生产性组织运行逻辑被嵌入了科层化，颠覆了学术组织目标模糊性与学术活动的不确定性。有的教师认为："高校像公司一样经营，很功利，每年的个人考核与四年一度的学院考核让教师应接不暇"，"既要管理团队、做科研、写报告、写论文、跑财务，又要兼顾教学与人才培养，一直在琢磨怎么完成工作量"，"行政琐事多，流程烦琐，并且隐性工作量太多，教学和科研时间被占用""财务报销中有很多不必要的手续，占用了大量宝贵时间"等。

2. 教师"拖延式"行动策略

现实中，部分政策和制度是围绕利益而设计的，这与教师对学术研究的价值和意义的认识有所偏离甚至冲突。教师作为理性人，其行为表现也是理性的，主要表现在会为实现非自愿的目标而采取一种既满足组织量化目标，又满足个人生存需要的行为。这直观地体现在了教师业绩评估及续聘问题上：越来越多的高校开始实行"非升即走"的考核模式，对教师业绩的评估取决于论文数量、教授课程学时、课题数量等，造成教师论文"海投"。一旦这种行为获得学校、学院的认可并且获得了相应的回应，通过教师之间的"口口相传"以人际关系网络迅速蔓延，那么，整个学校甚至其他学校均会效仿，从而形成一种新的集体行为模式。这种相对同质的集体行动状态，又为个体提供了一种显性或隐性的行为引导，它诱导教师尤其是刚入职以及希望晋升的中青年教师与学术创新渐行渐远。功利取向尽管可能不是不道德的行为，但却是一种违背学术信仰，甚至损害个人尊严的不正常状态。所以功利取向与不道德行为一样，会以他人为参照，以自我合理化的方式，在人群中造成一种相互模仿的效应。

从本质上来讲，在教育领域，进行研究是一项创新活动，不仅需要坚持不懈地投入精力，而且需要集中精力与冥思苦想，出于近期生存与利益的需要，进行科研的出发点是带有功利性的，科研时间的投入也远不如发自内心的研究，而且未必能产生"好的想法"和不同寻常的观点，反而有可能在承受教学、家庭、人际关系等多方压力的情况下越忙越乱，不容易产生真正的创新。现在有些高校教师无法从容面对科研与教学工作，加之评价体系混乱，不利于真正有价值的科研方向，同时也不利于人才的成长，甚至会导致教师在科研过程中寻找捷径，跟随主流，避难就易；管理机制重考核，重绩效，轻创新，导致教师跟风追求短、平、快的方向，做容易出成果的研究，而难度大且周期长的原创性、基础性研究却越来越受冷落。

四、主体行动逻辑

在前文中，可以看到各主体在面对同一政策时，选择了截然不同的行动策略与话语形式。而实际上，这是主体在"地方性知识"的作用下，将本土认识融入其中而做出的行动选择。下面将对造成上述情况的原因进行深入探讨，即各主体"为什么"做出上述行动选择，同时对其背后蕴含的行动逻辑加以揭示。

(一) 政府"不出错"的行动逻辑

为进一步揭示各级政府部门在政策话语转译中的行为逻辑,我们对政策文本转译部门的工作人员进行了访谈,主要就"一般上级文件下达之后怎么变为当地文件"和"为什么这么做""应该如何执行"提出问题,并对结果进行汇总。在访谈中,工作人员表示"把上级文件换成本级的就行,这样最简单"。对于"为什么这么做"的问题,他们大多表示"一直以来都是这么做的""上级政府就是这么发的,我们也就这么发了""这样发肯定不会出错"。通过对访谈和政策文本对比的双重分析,可以清晰地看到各级政府部门在政策落实中坚持着"不出错"的逻辑,"出错"="追责","不出错"="稳稳当当"。在这种行为逻辑的基础上,统筹部门将政策文本直接传达给执行部门和下级政府,执行部门为了确保自身利益不受损,以"迎合"的行为方式进一步执行政策。

从"地方性知识"的角度,对基层政府加码式政策话语直译的行动逻辑进行探讨,得出"地方性知识"与政策话语转译间存在以下两种深层逻辑:①人们思想保守,"官本位"思想显著,与此同时,政策执行者也深受该思想影响,缺乏主观能动性,相较于"出政绩",更倾向于"不出错",因此出现了政府间政策解释的直译;②在长期的政治互动过程中,"以文件落实文件,以会议落实会议"成为地方、高校政策执行的常规模式,在压力体制下,避免被追责取代达到政策效果成为政策执行者的工作目标,"不做"至少"不错",各级政府的政策执行者均本着"不出错、不担责"的工作理念,直接导致了多层级政府互动中政策解释的直译。

综上所述,加码式政策话语转译的实质是地方教育部门、高校"地方性知识"的表达,蕴含着"不出错"的行动逻辑。在工作中,将上级政策文本中的地区加以替换直译成下级文件,成为最为保险的工作方式;为了完成上级要求,将政策任务层层加码"发包"给下级部门,对政策文本中的时间节点、工作内容进行加码,成为常态化工作模式;为了不担责,领导说什么,下级执行者就做什么,成为最优的行为选择。由此可见,"不出错"的行动逻辑来自实践互动中不断形成的"地方性知识",引发了基层政府的"加码式"政策话语直译与"迎合式"行动策略。同时,"迎合式"行动逻辑是对话语直译的解读,"加码式"话语直译是对"迎合式"行动策略的体现。

(二) 高校"不出事"的行动逻辑

较之各级政府的话语模式与行动策略,高校、学院"诱导式"话语转译与"软硬兼施"的行动策略明显体现出一种"勇气",即不担心自身行动是否合乎规定,是否会因出错而面临被问责,体现出只要"不出大事"就是"相安无事"的行动逻辑。当然,这种"不出事"的行动逻辑是高校、学院在实际的长期互动中形成的,是基于"地方性知识"的选择,主要以价值观层面的表现为主。换言之,是不同高校性质、不同学院文化、不同学科体系的多样性、"地方性知识"造就了高校、学院"软硬兼施"的行动策略。高校与学院是一种委托代理关系,同理,学院与教师也可以视为一种委托代理关系。学院在行为选择上,理应将学校利益放到价值抉择的首位,但由于教师之间形成了密切的关系网,学院为了争取教师在工作上的支持,同时为了自身能够长久保持支配地位,在不损害自身利益的前提下,必然会尽可能地平衡学院与教师之间的利益。

通过对学院、部门基于"地方性知识"解读政策话语的行动策略的分析,反映出学院这一层级在政策话语转译中的行动逻辑——"不出事"。其中,"不出事"包含两个层面的含义:第一,完成上级任务即为对政策的回应。作为行政权力的下层延伸,学院必须对上层任务进行回应,这既是对权力的遵循,也是确保自身未来利益的必要之举。第二,行政约束力弱。各院系、教师之间形成了复杂的关系网。正如周雪光(2015)所说,由于竞争的不确定性,在寻求或执行项目时,与传统体制安排不同,它建立了一种新的等级关系,并鼓励和加强较低部门的非传统行为和所动员的监管做法。特别是当项目的指向对象是组织而不是个人时,因为不仅涉及资金、设施与设备等物质资源,还涉及校领导的政绩、历史贡献以及组织的身份、声誉和市场地位,所以整个高校就会为了获取项目而建立起一种全员调动机制。

(三) 教师"不得罪"的行动逻辑

学院与教师所面对的"地方性知识"是一致的,但是所处立场不同,就会产生不同的行动逻辑。在前文中,我们对教师的话语回应和行动策略进行了描述,可以看到,在教师科研管理政策实施过程中,即使教师处于"拖延"

"敷衍"的状态，最终还是会选择完成任务，也就是存在一个行为底线——"不得罪"。

在长期的生产和生活过程中，学院是教师日常生活必不可少的重要支持单位，而大部分学院、部门所处理的事务都与教师的利益相关，长此以往，教师们就形成了相应的"地方性知识"，也就是一旦"得罪"了学院、部门，教师自身利益会受到损害。因此，在面对学院、部门传达的政策时，对政策内容的理解与学院、部门的重要性相结合，形成了教师们"不得罪"的行动逻辑。

综上所述，教师们"不得罪"的行动逻辑与学院的"地方性知识"息息相关，正是由于对学院、部门正式和非正式规则的认可，对学院、部门权力的认同，以及无法脱离的工作环境，导致教师最终选择了"不得罪"的行为逻辑，他们即使不情愿，也会由于担心自己的未来利益受损，而听从学院、部门的要求，完成政策任务。

五、关于政策话语转译的建议

(一) 政策话语转译的动因和机制

1. "地方性知识"作用下政策话语转译的动因

根据上文的分析，将政策话语转译分为两类，即直译和转译。通常，直译多出现于各级政府间的政策解释中，特别是对政策文本的解释，各级政府基于地方性利益及责任机制等，有可能逃避责任，以此来维护自身利益不受损。与目标群体直接接触的执行者是发生政策话语转译最为频繁的层级。因为我国的上层政策一般针对地域广泛，具有较强的号召性和动员性，模糊性强，难以真正操作，无法实现政策落地。基于此，"地方性知识"成为基层政府政策话语转译的依据，通过对目标群体的社会关系、实践水平、管理层级等多方面"地方性知识"的综合考量，对政策进行解释，以实现政策变通执行，回应上级任务要求。

2. 基于"地方性知识"的政策话语转译的作用机制

本书将"地方性知识"与政策执行两者联系在一起，解释其作用机制。通过描述，可以清晰地看到政策话语其实是对于"地方性知识"的表达与回应，各级政府的行动策略通过话语转译的形式展露出来，从而完成政策在地方上的实践。政府间的话语转译体现着单项压力体制下，执行者的"自保式"政策选择，而基层政府在实践中的政策变通执行不是利益等因素下的政策曲解，而是通过政策话语转译实现话语的地方性融合，以适应地方实际情况，从而达到政策目标。

一般来说，任何公共政策都是通过政府政策文件的发布、各级组织的认识和落实，以及基层的行动，特别是个人的行动来执行。尽管在这一过程中有许多行为者，但个人行为的形式及其最终结果才是最终政策执行与政策发散出影响的具体表现形式。然而，工作和日常生活中的一个普遍现象是，个人行为者通常对宏观政策关注得较少，往往缺乏对其自身联系的足够了解和敏感性。同时这也表明，宏观经济政策几乎不与个人的行动方向和选择直接相关，但可能会通过中间环节，即个人所在组织的改革、相关政策的调整和正常机构的建立来发挥催化剂或限制作用。在教育领域，高等教育机构便是一种结构化的中间方式，通过了解政府规划政策制定的意图，对其进行内部复制及落实，将体制结构调整为多种形式，甚至是进行自我内部改革，并符合政策制定的目的。但是，高校作为政策执行的中间机构是否会按照最初的目的来实施这些政策？有些人认为，"政策制定往往只是开始，真正的困难在于实施"。因此，有时会出现国家政策在地方执行时"走样"的状况。但是，在高等教育领域，"走样"未必都是"上有政策，下有对策"式的实施过程中的行为扭曲，在特定的政策情境中，一个组织的执行过程往往有多重内在逻辑，极其复杂且难以厘清。

(二) 政策话语优化

基于"地方性知识"，教师基本上都会选择执行政策，其潜在逻辑就在于"不得罪"，由于长期合作关系的存在，让教师、学院选择配合高校工作，即使这种配合可能是非自愿的。在这样的行为逻辑下，教师大多选择"拖延策略"，能拖多久拖多久，直到必须做为止。换言之，高校"诱导式"的政策话语转译并没有让教师真正了解政策，教师也没有对政策真正产生认同感，反而为了不得罪学院、领导，为了生存而服从，造成了教师满意度低的问题，从而加大了政策的负面影响。

根据政策分析可以看出，在各级政府间的政策话语转译中，最大的问题是缺乏可操作性，单纯追求"不出错"，导致执行中出现障碍。因此，在政策话语转译中，应当坚持由上至下的"政治性渐弱，操作性渐强的原则"。在国家级、省级文件中，政策可以以号召性为主，对具体政策实施进行模糊化处理，以方便下层政府灵活操作。对于基层政府来说，应当以政策文本为基础，基于"地方性知识"对政策文本进行转译，变宏观为具体，就不同层级、不同部分进行区别分析，向基层执行者传递切实可行的工作方案，确保他们能够按规办事。

高等教育机构作为一个学术与教育组织，在本质上应该是一个非竞争性市场，其目标应多种多样，并且应有准确和有效的工具对其业绩进行衡量。然而，受社会系统倾向于注重业绩和成果的影响，迫使高校不仅要明确目标，而且要提供其业绩数据，特别是可观察到的数据和指标，而那些数据不足或无法明确以数据和指标来衡量的高校或机构就会丧失竞争力，甚至被排除在外。因此，为了明确目标，即使在没有颁布明确的考核文件的情况下，高校也被迫将政府发包课题、资源分配等（即与政府合作力度）作为指标，即使这不会受到不同政府部门的明确影响，也倾向于在高等教育机构寻求证据或目标，如各级政府的各种奖励项目与人才计划、各种交流计划、带有政府背景的学科评估等级、纵向课题的级别、重点实验室与各种平台基地数量。此外，基于对自我优劣的判断，高校又会以自主或集体性"共谋"的方式，创造性地从社会上，如媒体等市场化或中介机构中筛选出科学的计量数据和排行指标，作为自身表现的佐证。政府即使没有明确认可这些证据，它们也会被视为一种默许，从而借助市场力量在高校所形成的社会网络内部迅速传播扩散，进而成为一种人为建构的共识，如各种高校排行、ESI 指标等。

而就学院、部门执行层级而言，政策话语转译中缺少对于目标群体的换位思考，虽然做出了政策回应，但造成了政府公信力受损等问题，带来了一定的负外部性。因此，执行层面的政策话语转译应该将"地方性知识"与目标群体的利益更加紧密地结合起来，听取群众的意见反馈，不能仅采用诱导、强制的方式，而是要更多地了解教师的难处，解决高校、教师对政策的困惑，帮助教师完善相关配套设备，加强对具体设备操作方法和注意事项的宣传，从而保证教师的正常生活。高校、部门还应与基层政府联合，搭建信息共享机制，确保信息第一时间到达政策执行的第一线，从而建立更完善的行动策略。

由于本人学术水平有限,加之受新冠肺炎疫情的影响,本书主要侧重于文献的研读、整理和理论的结合方面,欠缺实际调研方面的研究,将来争取补充完整;其次,关于理论的理解不够透彻,在理论框架的运用与搭建上存在明显不足,争取在日后多读、多练,完善自身的知识储备。

参考文献

[1] 刘向兵. "双一流"建设背景下行业特色高校的核心竞争力培育[J]. 中国高教研究, 2019(8): 19-24.

[2] 薛岩松, 王雅韬. "双一流"建设背景下行业特色高校的竞争分析: 基于生态位的研究[J]. 现代教育科学, 2019(12): 8-13.

[3] 罗维东. 新时期行业特色高校发展趋势分析及对策思考[J]. 中国高教研究, 2009(3): 1-3.

[4] 马建. 行业特色型高水平大学建设的思考与路径选择[J]. 中国高等教育, 2009(7): 7-8.

[5] 马建林. 突出抓好"三项素养"建设新时代高素质教师队伍[J]. 宁夏教育, 2021(9): 4-5.

[6] 张浩淼. 政策话语转变与社会救助改革: 德国的经验与启示[J]. 德国研究, 2009, 24(3): 32-36.

[7] WARNER J, BUUREN A V. Implementing room for the river: Narratives of success and failure in Kampen, the Netherland[J]. International Review of Administrative Sciences, 2011, 77(4): 779-801.

[8] 朱碧波. 论我国民族优惠的政策转向与话语重构[J]. 中南大学学报(社会科学报), 2016, 22(4): 137-142.

[9] YANOW D. The communication of policy meanings: Implementation as Interpretation and text[J]. Policy Sciences, 1993, 26: 41-61.

[10] 钟兴菊. 地方性知识与政策执行成效: 环境政策地方实践的双重话语分析[J]. 公共管理学报, 2017, 14(1): 38-48.

[11] 陈振明. 政策科学[M]. 北京: 中国人民大学出版社, 1998.

[12] 寇浩宁. 政策何以落实? 政策执行研究的源起、演进及主要理论[J]. 广东行政学院学报, 2014, 26(4): 12-18.

[13] 张钦. 北京城市安全整治政策执行分析——基于史密斯模型视角[J]. 阴山学

刊，2019，32（2）：16-19.

[14] 周雪光. 基层政府间"共谋"的制度逻辑［J］. 战略管理，2010（1，2）：142-150.

[15] 高建华，崔运武. 公共政策有效执行的政治学分析［J］. 中国行政管理，2006（2）：41-43.

[16] 李成贵. 政策执行：一个需要纳入学术视野的问题［J］. 国家行政学院学报，2000（3）：31-33.

[17] 吉尔兹. 地方性知识：事实与法律的比较透视［M］. 邓正来，译. 上海：三联书店，1994.

[18] 韩志明. 政策过程的模糊性及其策略模式：理解国家治理的复杂性［J］. 学海，2017（6）：109-115.

[19] 丁煌. 利益分析：研究政策执行问题的基本方法论原则［J］. 广东行政学院学报，2004，16（3）：27-34.

[20] 钱再见. 影响公共政策执行主体的深层机制探究［J］. 理论与改革，2001（5）：15-17.

[21] 宁国良. 论公共政策执行偏差及其矫正［J］. 湖南大学学报（社会科学报），2000，14（3）：95-98.

[22] 周黎安. 行政发包制［J］. 社会，2014，34（6）：1-38.

[23] 周雪光. 国家治理逻辑与中国官僚体制：一个韦伯理论视角［J］. 开放时代，2013（3）：5-28.

[24] 周黎安. 中国地方官员的晋升锦标赛模式研究［J］. 经济研究，2007，42（7）：36-50.

[25] 丁煌. 浅谈政策有效执行的信任基础［J］. 理性探讨，2003（5）：91-93.

[26] 周雪光. 权威体制与有效治理：当代中国国家治理的制度逻辑［J］. 开放时代，2011（10）：67-85.

[27] 钱再见，金太军. 公共政策执行主体与公共政策执行"中梗阻"现象［J］. 中国行政管理，2002（2）：55-57.

[28] 李福华. 从单位制到项目制：我国高等教育重点建设的战略转型［J］. 高等教育研究，2014，35（2）：33-40.

[29] 游玉佩，熊进. 单位制与项目制：高等教育资源分配的制度逻辑及反思［J］. 江苏高教，2017（2）：21-25.

[30] 王建华. 政策驱动高等教育改革的背后［J］. 清华大学教育研究，2019，40

(1)：56-64.

[31] 朱德米，李兵华. 行为科学与公共政策：对政策有效性的追求 [J]. 中国行政管理，2018（8）：59-64.

[32] 阎光才. 学术职业压力与教师行动取向的制度效应 [J]. 高等教育研究，2018，39（11）：45-55.

[33] 周雪光. 项目制：一个"控制权"理论视角 [J]. 开放时代，2015（2）：82-101.

[34] 陈家建，边慧敏，邓湘树. 科层结构与政策执行 [J]. 社会学研究，2013，28（6）：1-19.

第二章 我国高校教师队伍发展研究

一、引言

以"非升即走"为代表的高校竞争性制度安排的内在逻辑对教师活动行为的专业角色和方向有着强烈的、规定的和定向的影响。这种制度有助于优化教师队伍结构,建立与国际标准接轨的学术体系,但会弱化高校"官方标准"的固定倾向,导致教师职业生活的具体化,以及坚持学术自主与向国际规范演进的冲突,而改革单一的教师评价和聘用制度也将导致遏制"制度集群"的困境。若要完善高校教育制度,政府必须充分发挥"管理员"的作用,建立完善的制度,在机构改革过程中,高校必须以公平、合理的方式建立公认的程序,以明确高校与教师之间的权利和义务关系。同时,应注重发展评价,构建多种教师职业安全保障机制。

高水平的教师队伍是建设一流高校和一流学科的基础,近年来,许多研究型高校都进行了教师管理制度的改革,特别是教师录用聘任制度标准及考核要求的改革。在这种形势下,以"非升即走"为代表的教育和就业评估制度被引入我国并逐步得到普及。这种竞争性、效率导向的制度安排考虑到绩效管理,旨在提高教师的学术生产力,产生更多的学术成果,不仅有利于教师的职业发展,也有利于增加高校的教学成果数量,提升学校的竞争力。然而,在实践中,过分强调效率也会带来一些负面影响,它是高校发展中人的因素最集中的表现,也是影响一所高校能否达到一流水平的重要因素。利南特，这位哈佛大学前校长科南特曾说过："大学是一个大师们聚集的地方。如果一所大学雇用了世界上最好的教师，那么这所大学就必将是世界上最好的大学。"在世界大学的评分和排名体系中，包括上海交通大学发布的《软科学世界大学学术排名报告》，以及《美国新闻》发布的世界一流大学排名等，无一例外都赋予精英教师比例极大的权重。可以看出，在高等院校建设中，师资队伍的培养建设具有极高地位，这已经在国内外形成共识。所以近年来，伴随着世界各大高校深化改革的进行，各项高层次人才培养和招揽计划不断推出，同时在新用工制度方面不断推陈出新，"双轨制"、项目聘用制以及年薪制等相继被采用。可以说，如今有了更加宽广的平台，对于旧有的人事管理制度，高校也开始立足全球视野，对标国际人力资源配置，大刀阔斧地对其进行更加全面、合理、深入的改革。而对于以逐步建立符合国际标准的人才选拔和流动体系为核心的职业跟踪体系，我国许多知名高校则鲜明地表达了欢迎的立场，期待可以招揽更多对学术研究有浓厚兴趣，同时具备巨大学术潜力的精英人才，以强化师资力量、优化队伍结构。基于此，2018年1月，中共中央、国务院发布《关于全面深化新时代教师队伍建设改革的意见》，"非升即走"制度逐渐成为我国高校高水平教师队伍建设的改革方向。

教师聘任制，一直是高校人事制度的核心，20世纪80年代，我国开始着力研究变革高等院校人事制度。于是，"非升即走"制度在20世纪末被部分"985工程"院校采纳，随之受到更多高校应用推广。但"非升即走"制度在全国高校的实施并不顺利，自推出以来便存在争议。一方面，在支持实施的人看来，对于包括高校在内的事业单位而言，"非升即走"制度必将是其传统人事管理制度改革的重要方向和一大趋势，可实现"上下进退"的淘汰机制，将极大助力高校教师科研水平的提升，增加大学教师的学术成果。另一方面，反对这一制度实施的人却认为，该制度将助长"片面强调教学科研"之风，诱发教师道德危机，为避免被淘汰，一些高校年轻教师容易剑走偏锋，产生学术欺诈的行为。而目前，国内各高校对于"非升即走"制度的探讨，结合现有研究来看，主要还是着眼于对高校教师的成长激励方面，缺乏规范性和合法性。而该项制度存在的合理性，已经在国内外学术领域形成共识，因此对于其规范性和合法性，目前亟须进行探讨。

二、"非升即走"制度的源起及其在我国的发展

"非升即走"制度起源于美国大学的终身教职评定制度，在操作过程中，几乎始终与终身学习系统相联系，该系统是广义终身学习系统的重要组成部分。"非升即走"是一种商业就业系统，它已成为终身学习系统的重要组成部分，也是美国高校重要的人才筛选机制，其意义在于高校与助教签订合同，规定助教只有在实习期间经过严格培训并通过考试后才能晋升为教师并获得终身学习职位；相反，如果不续聘，助教就必须寻找另一条出路。就实习期而言，美国高校基本上符合美国大学教授协会（American Association of University Professors，AAUP）"实习期不得超过七年"的要求。斯坦福大学和匹兹堡大学规定，兼职教师的工作期限不得超过七年，在工作期间未就业的兼职教师应离开学校。它已成为高校选拔人才的重要机制，有其必要性和合理性。一方面，高校不了解教师的学术水平和短期发展潜力。通过实习期"非升即走"制度，教师可以充分展示自己的学术能力，避免学校"向上提升"制度带来的更新风险，有效地进行优秀教师的筛选。另一方面，"非升即走"制度将教师的任命和晋升结合起来，有效地实施了教师激励机制，并鼓励教师保持持久的学术生产力。该制度是高校为确定谁可以获得学校授权而采用的标准选择和评估期的明确规则。18世纪以前，美国高校教师（分为助教、教师和讲师）基本上不担任任何职务。哈佛大学进行了初级教师任期制度的改革，与助教签订了为期三年的合同，并根据期满后的情况决定是否续聘。1760年，助教可以与高校签订为期八年的终身合同。对初级教师最长任期的限制是"升职或离职"制度的原型。但在此后，哈佛大学有很长一段时间没有严格执行这一制度，即大多数初级教师，在试用期结束后均继续受雇。这样，就形成了教师聘用制度，包括定期教师和终身教师的多次翻新。哈佛大学要求新教师只有在达到一定的专业资格水平后才能继续留校，即教师须在一定时间内得到提升，否则必须离校，从而形成了"非升即走"制度。此后，美国多数高校都采用了哈佛大学的教师聘任制度。

在美国，学术制度作为身份、地位及学术认可的象征，支撑着其国内各高校的学术自由和自治，学术界对授权制度的合法性有不同的看法。包括美国大学教师协会（AAUP）在内的一些人认为，对于保护学术自由，该制度具

有非常重要的作用；与此同时，对其在人才选拔方面的优势，也是一些人关注的焦点。目前，在国内外学术领域，虽然尚未绝对定义终身学习制度的功能，然而对于其具有的筛选、激励和保证三大基本功能，看法却是一致的。所谓筛选，是指通过长期的经验和学术观察，"择优除恶"；所谓激励，便是借助工作考核及薪资调整，充分调动和挖掘教师潜能，提升其科研水平和能力；所谓保证，就是通过制度的建立，确保教师学术素养的不断提升，从而确保稳步提高教学质量。目前，我国越来越多的高校开始应用推广终身学习制度，这项改革将在更大的范围内进行。在这一过程中，大胆的参考是非常必要的，但也要思考如何摆脱美国制度的弊端，避免环境差异造成的不适应，以保护不同高校和教师的主要利益。为了使改革扎根，进行制度化建设，这些问题必将引起越来越深刻的讨论。教师一旦选择服从长期聘用制，经过试用期后，将面临长期任职或被淘汰、撤职。通过"试用期"的筛选和跟踪，为避免"劣币驱逐良币"，高校通过驱逐"良币"，大大减少了对"劣币"的逆向淘汰，有效地防止了"平庸之人"对于科研岗位的占用；通过评估"冠军"这一激励方式，高校将教师的利益与学术发展指标联系起来，为青年教师创造较强的激励效应；凭借与"终身学习系统"类似的长期就业岗位，教师可以获得职业安全保障，不受解雇和干涉，以保护其学术活动不受政治和其他权力的侵犯。强大的专业保障、完善的学术环境、顺畅的流动机制和宽松的文化环境，构成了这一制度在美国繁荣发展的土壤。在 AAUP 和美国大学协会（AAU）的指导下，"非升即走"已成为美国大学教师管理体系的重要组成部分。AAUP 和 AAU 联合发布了关于学术自由和授权的原则声明，文中指出，在某职位工作十年以上的教师应获得终身职位；还指出在试用期结束后，教师或研究人员应获得永久或持续就业岗位，除季度改革或金融危机外，他们的就业不应无故终止。AAUP 在设计所有权制度时提出了一系列先发制人的和程序性的问题，指出教师必须首先证明他们有能力享有这些权利，然后才能要求享有光荣的权利（学术自由、所有权等）。教师可在规定的授权范围内获得晋升，以符合授权授予标准。

在高等教育现代化、国际化的大趋势下，我国高等教育体系结合自身实际，实现了系统改革与创新，近年来，在高等教育建设主要政策的推动下，许多高校都进行了教师制度改革。采用以"非升即走"为代表的竞争性制度成为我国高校教师制度改革的一个重要特征。我国实施这项改革既有加强激励的经济考虑，也有确保稳定的制度目的，可以概括为三个方面：第一，选择一批新的高水平教师，其应通过长期的入职前调研和更严格的筛选与评估；第二，对于一些无法胜任工作岗位的教师，通过"非升即走"制度的应用，进行优胜劣汰，优化师资队伍；第三，通过长期聘用合同，保持一批优秀教师，使高水平教师队伍具有更大的稳定性。不可否认的是，"非升即走"制度的实施，打破了旧人事管理制度中"铁饭碗"的存在，通过确立"进进出出"的人事管理新机制，对保障教师职业安全、强化教师学术激励，均产生了正面作用。然而在制度落实过程中，我们也必须注意该制度的设计缺陷，尚有一些现实的问题需要得到及时关注和解决，比如在生存压力下，导致一些青年教师幸福感下降、"科研大跃进"、人事管理"双轨制"等。

1993年，清华大学"转而不升"的改革是"非升即走"制度引入我国的最早变革化体现。2003年，北京大学教职改革突出了高校教师教学岗位的竞争性特点，这引起了很多关注。改革方案强调，对现有教师和助理教师实行固定合同，合同期限为三年，以实现教师的"选拔"和"分流"。助理教师最多有两个合同期，担任科学、技术和医学专业教师的有三个合同期，担任人文和社会科学专业教师的有四个合同期。助教教师和教师在合同期内有两次晋升职称的申请机会。2010年，四川大学对新教师实行合同聘用制，新教师在第一个三年合同期的 FIM 后，若被学校评定为优秀（即达到副教授的水平），即可进入就业系统；若仅为合格，试用期可延长。在第二个聘用期结束时仍未被评定为优秀的教师将不予续聘。2012年，南方中央大学实施了青年教师"2+6"培训计划，即两年博士后培训，六年以上青年教师培训。八年后，新入职的青年教师如果不能晋升到副高级职称，将被调离部门或调离学校。2013年，南京工业大学对新入职的青年教师实施了"非升即走"制度，该制度规定，如果新助教连续两次均未晋升到高级职位，高校将不再对其进行聘用。上海交通大学在全校范围内实施了"准终身就业"教育制度改革，在"准终身就业"期间，高校不会续聘无法晋升为终身助教教师的新教师。

这些高校教师管理制度改革表明，我国高校教师的管理方式已逐步从单位制向提名制转变。我国已开始在高等教育领域实施教师聘任制，尽管公立院校的签约率已超过90%，但就可以进入的就业机制来说，学术界的劳动力市场仍然是一个封闭的、不完全的市场，缺乏竞争机制，这就造成了"只进不出"的困境，而这个问题暂时没有很好的解决办法。在中小学和高校中建立一个统一、有效的聘任系统，是对我国高校教师"身份系统"和"生活系统"的一个重大挑战。该系统的主要内容"以效率为中心的竞争性"是为新教师设定试用期（或几乎为工作期）的时限，指出在给定时间内晋升职称和长期就业的具体要求及条件。在科研中，更加注重对教师的供给，突出竞争，强调活动的效率，高校教师教学岗位的获取面临持续的竞争压力。只有具有明显的学术优势，才能赢得长期职位，这打破了高校教师"身份管理"和"单位人"的长期制度保护，促进高校教授从"单一身份人"向"组织承包商"发生转变。

因而，"非升即走"制度是美国学术体系在我国定位的结果，而终身制也正是在美国教师人事管理改革中应运而生的。为了保障高校教师的职业安全，提升教师队伍的专业化水平，高校力图通过建立持续可行的用人机制，来确保教师队伍的稳定性和专业性，从而保证学术产出。对于一系列制度变迁，我们可以用制度应急过程的概念来理解，将旧有低效体系，采用以"非升即走"和终身制为核心的制度进行更换。而国内引进"非升即走"制度的初衷与保护教师学术自由相反，更多是为了促进高校教师科研水平的提升，打破传统"铁饭碗"制度，充分调动教师的科研积极性，是高等院校在充分考虑保护教师利益的基础上，为提高人事管理效率、打破终身制，所确立的一种更高效的教师队伍管理方式。但是，任何新制度的建立都会面临诸多阻碍，这一制度也不例外。因此，对下一步的制度完善工作提出了巨大考验。我国部分高校遵循"进入是合理"的制度逻辑，即新教师一旦通过学校组织的入学考试，在"三个月"的实习期满合格后即可成为高校教师。虽然规定"试用期"程序短期内可以达到保障教师队伍稳定的作用，但长期来看，对于调动青年教师的工作积极性具有负面影响。因此，打破旧办法，采用"优胜劣汰"的新模式，对于促进高校发展来说是势在必行之事。自20世纪80年代开始，"只进不出"的终身制度被逐渐打破，新教育管理制度改革稳步推进。通过师资队伍改革，打破"上而不下"制度，探索"上而下，进而出"的动态人事管理制度，使高校教师队伍的活力得到迸发。全国顶尖高校开始探索和应用"非升即走"制度，设置类似于美国高校的终身学习岗位，这是在

"近就业"时期后选择"长期"教师职位的后评价标准。之后越来越多的高校开始加入体制改革,其中北京大学在2003年的改革最具代表性。然而,面对"非升即走"这种仅在高校体制内进行改革的方法,相较于存在许久的传统教师终身制,有人对新制度的不完善性提出了怀疑。2014年年底,教育部发布了《深化综合教育改革实施方案(2014—2018)》,在综合改革试点院校试行"非升即走"制度;在2018年颁布的《关于全面深化新时代教师队伍建设改革的意见》中,人事改革被定义为"将几乎自营职业与长期就业相结合"。这两个文件的发布不仅确认了我国"非升即走"制度的发展方向,还为该制度的持续改进提供了规范性指导。研究表明,我国多所高校实施了"几乎长期就业"制度,"非升即走"制度通过引入考核奖励机制,将"非升即走"作为获得终身职位的先决条件,选择最适合高校教授学术生涯的优秀人才加入教学团队。将"非升即走"作为终身就业即长期就业的前提,不仅是高校选拔适合高校教师学术和专业特点的优秀教师的工作机制,就预期效果而言,"非升即走"制度的建立,主要是为了解决一线教师标准不明确、教师素质不高等实际问题,旨在提供制度激励,为有成就、有潜力的人才创造具有竞争力的激励环境。总之,"非升即走"制度是当前和未来高校教师管理体制改革的基本取向。

三、"非升即走"制度的合理性

"非升即走"的教师聘任制是一种典型的竞争性制度。内部竞争对教师的专业角色和行为取向有着强烈的约束作用。在竞争制度的环境中,教师面临着双重压力:一方面,作为"学者",他们有优化专业结构的雄心,以及提高科研水平和追求学术成果的理想;另一方面,作为高校的员工,他们面临着工作表现的评估和同行竞争的压力。中共中央、国务院发布的《关于分类推进事业单位改革的指导意见》指出,高校教师管理体制改革势在必行,在高校教师评价和聘任过程中实施以"非升即走"为代表的竞争机制,是对高校作为事业单位进行改革的有益尝试和探索。

随着党的十九大胜利召开,做出了"中国特色社会主义进入新时代"的重要判断,人才强国与创新驱动发展被着重强调。而如今我国高校教师队伍不断壮大,如何引导这一规模庞大的高素质人才队伍进一步实现精英化发展,在教育全球化、国际竞争日益激烈背景下，已经成为教育领域越来越热门的话题。如今，我国各大高校在追赶比肩国际名校标准的过程中，存在各种难题和阻碍，而原有实行的终身聘任制便是其中之一。因此，打破制约高校发展的制度性障碍，推进高校人事制度改革，已成为我国高等教育改革的根本任务。目前，实施"非升即走"制度，进行人才培养机制改革探索，优化高校人事管理制度，是贯彻落实事业单位人事制度改革精神的重要实践，同时也是调动教师工作积极性、激发教学科研活力的重要举措。通过"优胜劣汰"，及时优化教师队伍，对于推动国内高校"双一流"建设，建立与国际一流大学相适应的人事制度具有重要意义。美国制度主义新经济学家道格拉斯·诺斯认为，制度是一系列规则，是为了追求最大效率而制定的法律和道德程序，以约束组织中的个人行为。资源的稀缺性和人的有限理性限制了制度供给。当外部环境发生变化或人们的理性认识提高时，就会打破制度供求的平衡。目前，既有制度已不能满足需求，面临合法性危机，制度变迁的实质是由一种更有效的制度取代原有的制度。我国高校引入"非升即走"制度也是对现有高校人事制度的改革，符合国内高等教育发展的实际需要。

随着我国高校人事改革的不断推进，"非升即走"制度将随着环境的变化和社会的发展而不断完善，同时，这一制度在实施过程中也面临着合法性问题，新制度主义理论中的"制度环境和技术环境"概念可以为讨论制度合法性问题提供参考，组织必须适应环境才能生存。组织环境分为技术环境和制度环境。技术环境关注的是组织的效率，是如何最大化组织的产出。制度环境关注的是促进组织或个人不断接受"社会现实"，进行各种形式的社会实践。其目的是获得合法性。合法性机制是指诱导或迫使组织采取合法组织和行为的观念力量。它不仅包括法律制度的作用，还包括制度环境的影响，与组织行为中的文化体系、概念体系和社会期望一样，新制度主义认为，制度建立和发展的根本原因在于它能够适应一些众所周知和被广泛接受的制度环境，如社会文化体系。在此基础上，"非升即走"制度的合法性还受到其制度环境和技术环境的影响。

作为公认的教育质量最高的国家之一，美国各大排名世界前列的高校，无一例外均具备一流的师资队伍。我国也必须清楚地意识到，传统的高校教师聘任制已无法适应新时代的教育工作要求，难以对高校教师队伍建设起到更大的积极作用,"非升即走"制度便应运而生。该制度会围绕主体进行研究,对教师的学术水平、研究活动和独立研究能力进行测试。当年轻教师更有活力和创造力时,学校会为其改善工作条件,助其充分发挥科研才能,做出最具创造性的成绩。通过对职前阶段的研究,该制度对于提升教师队伍整体素质,帮助高校选拔人才,具有良好效果,对于获得长期就业岗位的教师,学校提供了相对开放的学术环境,确保他们能够不受干扰地从事学术研究。为了能够对创造性的科学问题进行比较深入的探索,高校实行"非升即走"的职前制度,倡导竞争和流动机制,打破了僵化的封闭式人事管理制度,庸者下、能者上,打破"铁饭碗"已成为必然趋势。

习近平总书记在党的十九大报告中强调,要采取"更加积极、开放、有效的人才政策","汇聚世界各地的人才,用他们加快人才强国建设"。十九届中央全面深化改革领导小组第一次会议审核通过了《关于全面深化新时代教师队伍建设改革的意见》,其中指出如何在国家战略和学校层面贯彻落实"三多一少"的要求,不仅是深化改革的一个重要课题,也是建设一流"双师型"师资队伍的关键。如今,随着建设"双一流"高校工作的推进,我国高校愈发意识到建设一流的师资队伍是关键,开始注重人才引进和培养工作,教师队伍综合素质有了很大提升。然而,与建设世界一流大学的要求仍存在明显差距。而"非升即走"制度作为国际主流教师聘任制度,在我国各高校应用推广,对于选拔优秀教师,形成教师流动机制,以及建设国际化名校将具有重要影响。推动"非升即走"制度改革,将在我国高校逐步建立起符合国际规范的人才选拔和使用制度,促进国内外人才流动,为我国高校融入全球学术界和提高国际声誉奠定基础。

(一)优化教师队伍结构

高校在招聘教师的过程中,通常以毕业院校和现有科研成果为主要依据来衡量应聘者的能力,然而,除了这些"规范条件"外,教育能力和道德水平也应当成为评价学者的"职业条件"。高校的招聘方法只能客观地反映应聘者的规范条件,而高校希望新聘请的教师能在新的工作环境中满足其要求的专业条件,但由于缺乏一段时间的实际工作,短期和临时的面试无法反映应聘者的专业条件,如继续学习能力、教育能力和职业道德,而规范条件不足以保证教师能在未来取得学术成果。通过"非升即走"的竞争性制度，为新教师预留了一段时间作为研究期，以便对其进行全面考察，通过竞争充分激发其学术活力，这有助于高校考察新聘请的教师是否具备真正的学术能力和胜任教学岗位的能力。这种制度重视对新教师学术能力的评估，并在评估期间指导教师提高其研究水平，这也为今后的教学活动奠定了坚实的基础。

进行"非升即走"制度改革，目的是按照国际标准创建一支一流的教师队伍，同时也对现有教学人员提出了更高的要求，通过与世界一流大学教学人员水平进行比照，使师资水平获得进一步提高，同时对于以高于既有教师平均薪资水准引进的高水平人才，建立单独的管理渠道。得益于"非升即走"制度，采用该制度的大学在办学水平、学术声誉以及社会影响等方面都将超过普通高校，并且在师资水平上相对于普通高校而言也将具有明显优势，这也符合目前国家高水平大学试点的现实状况。

（二）打破高校教师聘用中"近亲繁殖"的困局

目前，我国部分高校仍存在基于"人情"而非"能力"的教师聘用和评价现象。"非升即走"制度促使高校在教师聘用和评价中遵循"事关"的原则，即根据确定的指标，"以事代人"；在评价过程中，尽可能减少个人因素和情感因素的影响，以减少教师在聘用和评价过程中对权力的追求。在以前的教师任命制度中，学院明显倾向于根据个人兴趣或关系招聘教师。通过"非升即走"的竞争制度，设立一段时间的试用期，强调对新聘教师的"选拔"和"淘汰"，按照技能模式选拔人才，有助于打破高校以"学术亲和力"为基础的家庭组织形式和等级制度，促进由不同院系成员组成的学术网络的形成，加强异质学术思想的交流。

复杂的教师结构、多样的活动和使命，是我国高校的一大特点，而"非升即走"制度精准地针对不同类型的教师，按照岗位职级对其进行相应的学术能力评估，对高校师资队伍力量进行优化，提高教育质量和水平，帮助教师在专业领域获得更大的成长和进步，同时为促进高校吸收国内外高水平精英人才创造良好条件。在全国高校中，岗位分类体系设计的核心是根据发展需要重新定位岗位，完善不同岗位的主要职能，基本方法则是对教学和科研两个方面的不同职能岗位进行分类。加快完善评估基准，调整资源投入"非升即走"制度的重点是建设一流的教学团队。从总体上看，应该把重点放在教研并重的教学团队身上，改革目标是以教师为主体，实行教师岗位分类管理是推进"非升即走"制度改革的基础。

（三）提高高校组织活动效率

在我国的许多公立高校中，由于教师都是在职的，基本上等同于获得"现实生活中的长期工作"，这很容易导致不适合高校学术工作人员的大量涌入，形成高校教师"能进能出"的局面，导致学术劳动力市场的封闭和僵化，高校面临着新聘教师在工作中无所作为的风险。缺乏竞争和淘汰机制的高校教职制度导致了高校内部教职人员规模的扩大，一些教师缺乏工作动机。而在"不进则退"的体制框架下，当新教师的能力和努力不符合要求时，快速对其水平做出精准评价，在一定程度上为学校节省了了解教师信息的时间。因此，这是一种在信息不对称情况下更为有效的制度安排，有助于减少教师评价和聘用过程中的不确定因素，提高评价的客观性和有效性，激发教师的工作积极性和学术创新活力。

（四）建立与国际对接的学术制度与规范

高校和教师的学术活动不应闭门造车，而是必须始终保持"开放性"的特点，形成真正的学术市场和学术规范，这样才能为我国的"双一流"建设奠定基础。以"非升即走"为代表的竞争性制度，构建了开放的学术劳动力市场，高校可以在更大范围内选拔和聘用优秀教师，保持选拔和聘用的开放性；另外，应参考国外一流大学在评估和聘用教师过程中常用的方法及程序，为了确保教师的任职标准达到国际公认的水平，学术研究标准和学术话语体系的建设应避免"本土意识"的绝对化，通过"不进则退"的制度体系，积极学习和吸收国外高水平高校的有利方面，促进我国学术评价制度和教师聘任制度的建设。

（五）弱化高校内部的"官本位"倾向

一方面，"官本位"思想之所以能在高校占据一席之地，原因在于缺乏完善的学科标准，导致学者们对学术成就的评价只能寻找非学术性的模式，即通过官方标准来判断学术水平，官阶越高，对外所称的学术水平越高；另一方面，学术水平越低，官方标准思维越严重，越容易出现试图利用行政级别来提高知名度的情况。"非升即走"的竞争性制度鼓励教师取得更高的学术成就，这可以理解为高校不压制人才的承诺，有了这一承诺，优秀的人才就不会被埋没和压制，教师才能得到公平的对待。在竞争激烈的制度环境中，能够长期担任教师职务的应聘者应该是具有较强学术实力的人，而高水平的学者更喜欢通过学术水平和学术成就来衡量自己的地位，并在学术轨道上创造生命价值。在竞争性的制度环境中，对教师的尊重和认可取决于他们的学术能力，而不是他们的行政地位。

提拔制是对美国高校教师聘任制的创新，它是一种与终身制相对应的教师管理制度，自20世纪90年代以来，清华大学、浙江大学等高校逐步实施了"非升即走"制度。近年来，"非升即走"制度的覆盖面迅速扩大，已经被许多高校视为提高教师素质的主要措施。随着我国高校实力的迅速提升，教师队伍活力和竞争力的不断增强，高校对"非升即走"制度的认可度逐渐提高。一方面，"非升即走"制度的实施对提高教师素质起着重要作用；另一方面，它也打破了高校教授的"铁饭碗"，促进了教师的有序流动。因而这一制度逐步被认同，为"非升即走"制度改革营造了良好的内部氛围，减少了实施过程中的阻力。

（六）基于学术逻辑的制度环境旨在保护学术自由

作为一种学术职业，高校教师的职业生涯必须符合教师成长和发展的基本规律及本质特征。同时，职业准入制度也应在确保人才质量方面发挥作用，通过严格的考核，让青年教师在获得终身教职后，有更多的空间和自由从事自己感兴趣的学术研究。给予教师学术自由和空间，不仅符合青年教师的成长和发展规律，还可以最大限度地为"非升即走"制度创造制度环境。

高校教师是一种高度专业化和实用化的学术职业。学术职业的意义不仅在于对先进知识和理念的传承与发现，更需要思想创新和理论发现，这对教师的专业基础和专业能力提出了很高的要求。换言之，不是所有人都适合从事学术职业。正如北京大学张伟英教授所说，学术生涯不仅需要学术投资，还需要学术能力。衡量高校教师学术能力的科学研究和社会服务具有一定的周期性特征，仅基于短期招聘过程，难以全面、科学地确定其是否适合教师职业。同时，高校教师学术专业的组织特征决定了他们不仅需要长期、扎实的职业培训，还需要享有学术自由，即学术资源的自我分配、学术规则的自我控制和学术质量的自我保证。然而，"非升即走"制度对于年轻教师在"准就业"阶段的考核，却提出了比较严格的要求，原因主要包括两个方面：一是希望年轻教师历经充满压力的成长过程，能够充分将自身学术造诣挖掘出来；二是通过对年轻教师进行学术培训和严格教育，使其成为有学术理想和目标的精英，更地好满足高校发展的需要，确保其能够胜任岗位要求。升职后，则需保证青年教师与高校在"长期工作"阶段的关系稳定。综上所述，以学术逻辑为基础的"非升即走"制度环境，既可以识别出具有学术能力的教师，而且符合大学教授的成长和发展规律。

（七）基于市场逻辑的技术环境追求效率最大化

作为教育活动、创新发展的主体和高校改革发展的中坚力量，高校教师的学术水平不仅影响着人才培养、科学研究和社会服务职能的履行，而且随着市场经济体制改革的推进，市场作为社会经济发展过程中配置资源的基本机制，高校教师"非升即走"制度以"非升即走"为主要标准，将市场化的人力资源配置纳入高校教师管理体系。它强调绩效在管理中的作用。心理学研究表明，事物的不确定性是产生焦虑的根源，而焦虑水平和工作效率之间的关系曲线呈倒"U"形，即缓解由不确定性引起的焦虑有助于提高工作效率。适当的竞争有助于提高人事管理效率，特别是在人员选拔方面，"没有推广，就没有行动"系统的技术环境也是基于市场的逻辑。通过设定目标、任务和期限，可对青年教师起到激励作用。在"潜在就业"阶段引入"有限工作时间"和"实习期"等绩效评估机制，打破了任命高校教师的原有体制障碍，为高校物色合适且合格的教师，然后实施长期雇用制度。这有利于实现高校组织和高校教师之间的平等竞争并保证大多数教师的生存，以及高校和教师之间关系的相关性与流动性。教师聘任制的演变是高校与教师之间的博弈过程。教师主张维护学术自由，高校则希望建立更有效的用人机制。因此，高校聘任制不仅应具有保护学术自由的制度意义，还应具有提高效率和动力的经济意义，这是制度与效率有机作用的结果。有时，技术环境和体制环境对组织的要求是不一致的,即寻求组织的合法性可能与其对效率的关注相冲突,但在制度环境中寻求组织的合法性可能不会给组织带来足够的效率。至于在我国高校中实施"非升即走"制度,基于学术逻辑的制度环境寻求提供一个长期、自由的学术环境,基于市场搜索逻辑的技术环境,最大限度地提高效率。学术逻辑与市场逻辑的矛盾也造成了高校教师准入制度运行过程中的问题和困难。

四、"非升即走"制度面临的困境

高校教授教学职位的"非升即走"阶段是学术地位阶梯上升的缓慢过程,可能成为优秀人才成长的障碍,因为学术晋升(职称)的要求并不一定符合知识进步的理想条件,在"非升即走"的竞争性制度环境中,教师的学术工作可能会体现为一种具有"世俗"氛围的职业,职业生活的目的由价值理性转向工具理性。该制度强调的"效率"特征显示了教师职业生活中的积极性。对于教师来说,在"非升即走"的实习期间,其行为和成就只是朝着达标、进步(职称提升、职业发展)方向,从而获得稳定的工作,这是一个无法避免的过程,必须经历才能实现目标。

(一)教师职业生活的物化

高校教师聘任与评价制度的内在基本价值取向必须尊重教师的主体地位,以维护教师的权利,促进教师的专业成长。在设计效率和竞争导向的系统时,教师成为"知识"的生产工具,"物质性"逐渐扩展,教师的职业生活"固化为一个连续的、充满'事物'的单元,具有明确的界限和可测量的数量"。建立了一系列高标准、可衡量、数字化的评价指标后,面对高校的评价压力和失业风险,教师在专业活动中的精神生活会有所缺失,学术不再是一种寻求普遍意义的手段,而是一种可量化的绩效指标,这直接关系到教师的实际利益。教师在学术岗位上的工作指导是遵守学校管理标准,教师的学术活动指向的是精神层面,而不是学术发展本身的未来前景。在既定的数字指标中,教师的学术活动具有客观的针对性。工作的所有内容都转换为数字"工作场所",并被贴上绩效标签。活动的价值通过明确的身体表现模式来衡量,教师活动或行为得以具体化,奖金和出版物通常遵循严格的实证主义标准。拒绝数字化实证主义标准的教师将失去工作，教师面临职业终止的不确定局面。人民大学基于"效率"和"功能"的考虑，在一定程度上取代了学术生活中的精神满足和价值关怀，学术活动的定位从理性认知转向评价指标，学术活动的多样性被压缩，短视的学术行为和专业活动中的投机行为增多，人们更有可能陷入自利的需求中。学术研究的主要目的可能不是解决理论或实践问题，而是要符合论文、出版物和相关申请中规定的标准。"非升即走"的竞争性制度显示了与个人利益相关的锦标赛制度的特点，这促进了教师之间的个性化竞争，并形成了一系列的数字竞争。提升教师专业资格和获得长期教师职位，不仅是为了达到特定的高校标准，还意味着教师必须比同僚具有竞争优势，这很容易导致教师关系的对立，以及学术活动中合作水平的降低。竞争法则形成了教师之间的互补与排斥关系，不利于形成稳定和谐的学术研究团队，导致了学术共同体的人际关系疏离，学术共同体的特征逐渐淡化。

（二）坚持学术自主与对接国际标准的冲突

在评价指标方面，我国高校特别重视发表在高水平国外期刊上的论文研究成果。在教师评价中，国外期刊论文发表成果的得分占比要高于国内期刊论文发表成果，即希望提高教师和高校的国际影响力，形成国际公认的学术规范。过度强调国外期刊论文发表成果和中文出版物贬值导致教师盲目推崇国外期刊，可能造成"外文期刊至上"的不良势头，非常不利于我国思想、学术、文化的创造性发展。当代中国学术话语体系的构建必须以我国本土语言为基础，这不仅仅是一个技术问题，真正的思想必须以现实为目的，并将历史实践和现实实践作为独立学术发展的基础。突出"中国特色"是一个很重要的方面，中国学术话语体系的精髓必须是我国当代学术传统和独立学术发展的实践，学术理论的形成必须通过自身的实践来检验，这样才能有效地指导实践。只有摒弃强调外来学术规则的"学习状态"，提出自身的"自律"要求，才能避免学术话语主体性的丧失，从而进一步改革教师聘用和评价制度，遏制"制度集群"现象。

（三）单一的教师评聘制度改革引发"制度丛"牵制

一项新的制度改革在推进过程中遇到阻力甚至失败，很大程度上是由于制度体系中其他制度的制约,新制度的运行是否顺利主要取决于旧的制度环境逻辑。我国高校"非升即走"制度与社会保障制度密切相关,关系到教师的切身利益,各项制度相互关联,共同影响着教师的行为和生活。高校教师评价和聘用制度的改革应认真考虑与当前整个教师管理制度的联系,因为要处理好系统改革集群各项制度之间的相互制约关系需要付出高昂的成本,包括任务成本(熟悉、适应和满足体制改革要求的时间与精力)、社会成本(调整社会关系和权力再分配的成本)和心理成本(在改革过程中承受风险和挫折的心理成本)等。竞争性"非升即走"制度的实施,会使教师的学术生涯充满不确定性,如果没有其他制度的支持和相应保障措施,这种制度变迁只会提高旧制度运行中的竞争强度,增加教师学术生涯中的风险。甚至会失去原制度中相对宽松的环境,使教师在工作中不断承受着精神紧张和焦虑,承担着变化带来的竞争失败的风险。

"非升即走"制度实施后,我国一些高校将论文、科研项目和科研成果的数量与水平作为严格的教师评价指标,规定教师必须达到这些指标的要求才能晋升,否则将被淘汰。这很可能会导致高校"重科研、轻教学"的倾向,使高校教育质量得不到保证;同时,也强化了"一刀切"的量化评估机制,不同研究领域学者的论文发表周期和复杂性也有所不同,特别是对于新聘教师来说,这些僵化的指标无疑增加了他们的压力。一些教师表现出功利主义倾向,单纯地追求科研成果的数量,导致学术腐败现象有所加重,这有悖于实行"非升即走"制度的初衷,与强调评估标准的灵活性和注重新聘教师的发展相矛盾。

(四) 阻碍高校知识活动向应用转化

在知识经济社会,知识具有高度的应用性,知识必须在促进社会经济发展中发挥作用,之所以有人质疑和批评高校与教师的活动,是因为高校消耗的资源不等于它们创造的社会价值。一些高校只注重纯知识的研究,组织活动的效率和社会效益却不高。为了达到鼓励教师创造更多学术成果的目的,有的高校学习锦标赛制度理论,移植 GDP 锦标赛制度,建立了学术评价竞赛机制。其重点是学术水平的竞争,特别注重评价教师发表论文的数量和质量以及获得的科研项目的类型。在高强度的出版要求下,教师必须在论文撰写和学科申请上花费大量的时间与精力，在一定程度上降低了对教育和社会服务的重视水平。由于高校的"非升即走"制度更注重建立更高水平的科学研究标准，教师的科研成果是否符合这些科学研究标准便成为决定其去留的关键。社会服务活动与以知识应用为核心的教学就业获取之间的关系不大，教师在知识创造应用活动中的努力和贡献没有得到认可。2014年，清华大学的一名外语教师因未通过职称评定而被清退，引发了社会上的激烈争论。有人认为高校实行"非升即走"制度，竞争激烈，给教师带来了较大的评价压力。此外，高校每年的晋升名额有限，即使符合晋升标准，也有可能被淘汰。也就是说，在"非升即走"制度实施之后，一些优秀的学者也可能被淘汰，这是"非升即走"制度本身存在的问题。因此，在实施该制度的过程中，我国高校必须进行相应的改革，以留住这些优秀人才。

（五）外生型改革导致利益博弈复杂，制度移植存在水土不服现象

从制度演进的逻辑和历史来看，美国的学术系统是一个由教师个人发起、产业集团呼应、自下而上形成的系统，它是学术体系内自发产生的内生体系。而与美国相比，第一，我国的"非升即走"制度是由高校发起、政府支持、教师合作的外生体系，这项改革从开始实施，就旨在打破终身聘任制度的"保护壳"，很明显会触动一部分人的利益，所以高校实行"非升即走"制度改革缺乏群众基础，难以得到支持，更容易引发利益纠葛和权力博弈。在制度的影响下，教师有保护自己的动机。打破"铁饭碗"，让他处于不确定的境地，必然会引起他们的焦虑和抵触情绪。面对高校控制权的弱化，政府关注高校有效管理的难度，管理者担心自身权力的弱化和转移，很容易成为阻碍制度执行的因素。而反观高校，似乎是受益者，但它们也关心教师的道德和团队的稳定性。第二，由于渐进式改革中的利益关系比行动领域更容易理顺，同时也为了进一步减小改革阻力，促进改革的进一步推进，我国采取了渐进式改革路径，但增量改革在"转型"和"整合"后也会出现一些问题。例如，新旧轨道之间的巨大差距导致"引来女婿，气走儿子"的尴尬情况，地方改革导致"优化增量过剩，盘活存量不足"的不利局面等。制度瓶颈导致了一系列问题，如"想留下的人可能无法留下"。在美国，临时居留权制度的实施有一定的特殊条件，与我国的情况相比较，首先，美国没有户籍登记和

设立的概念，因此，教师可以自由地"去"和"不去"；而在我国，户籍制度涉及住房、医疗、社会保障、养老、子女教育等。可见，教师"去"涉及的因素太多。其次，美国高校没有晋升指标的说法，也没有晋升竞争的限制；而我国高校教师的晋升不仅取决于自身条件，还取决于当年的指标和竞争对手的相对水平。最后，"非升即走"制度在美国的适用对象主要是系列教学和研究的教师，这只是全体教师的一部分，选择纯教学工作的教师不受制度约束，自然不存在"去还是留"的问题。我国的高校通常不细分实施对象，一种情况是采取"一刀切"的方式，不区分工作年限、工作经验，对所有的教师全部实施"非升即走"制度；另一种是相对合理的情况，即设定一个时间节点，只在这个时间节点后对新聘教师实行"取决于人"和"非升即走"制度。青年教师整体进入职前范围，导致晋升渠道"延伸"，这不仅降低了教师岗位原有的直观稳定性，也更容易加剧青年教师的晋升压力。

（六）"非升即走"制度中的培养支持不足，教师"走"后的保障不够

美国的学术系统不仅是一个筛选和提名系统，也是一个资源分配和培训支持系统，它不仅反映了高校对教师的要求，同时也体现了学院和高校不埋没合适人才的承诺。进入预聘阶段后，年轻的美国教师将获得丰富的资源、有力的保障和优厚的待遇，以及引导其成长的专业平台。高校经过一段时间的精心培养，筛选出真正的人才，然后给予他们不被打扰、不被开除的职业特权。第一，我国的"非升即走"制度虽然起到了鼓励作用，但对人才培养的支持作用不够。终身制虽然包含"非升即走"制度的内容，但这项任务不能简单地依赖于"最后淘汰"："非升即走"制度的实质是培养和支持，"选拔"与"教育"的结合；而"最终淘汰"则是人为地打压教师的潜能，制造"危机感"，无限扩张功利主义，这无疑违背了这一制度的初衷。第二，我国的"非升即走"制度虽然起到了筛选作用，但安全保障作用还不够。我国一些高校往往将青年教师视为一种配置资源，更倾向于通过筛选而非"投资"来获得人才，导致在很多情况下"试用期"概念中"非升即走"的异化，所以"非升即走"制度不能简单地理解为人才的流动。这种制度给我国教师带来的风险比美国更大。一方面，我国目前的学术劳动力市场缺乏开放性和独

立性,"离职"教师在后续招聘中容易受阻,我国没有教师自由流动的传统,大部分高校都不愿意聘用被其他学校淘汰的教师,因此教师"走"起来会比较困难;另一方面,我国虽然非常重视教师投入的管理,如准入制度、聘用方式等,但却忽视了教师离职的保障,如教师离职后的经费保障、管理环节等。如何维护教师身份,如何识别他人职称,如何整合待遇,如何转岗等,都是需要在制度层面加以完善的制度。

(七)晋升前易出现急功近利的现象,晋升后易成为"保护懒汉"的制度

美国高校实施终身教职制度的最大问题是缺乏对于"晋升或离职"标准的评估。而这项制度被引入我国之后,这种弊端仍然存在,青年教师很容易专注于科研而忽视教育。由于教学成绩主要与教师的工资挂钩,与晋升关系不大,而一名教师的科研成果将直接影响他的职业发展以及教职评定,所以很难确保青年教师能将同样的精力分别投入教学和科研中,教师的使命和培养人才的责任很容易被有意边缘化。"非升即走"制度的另一个天然的风险是容易诱发青年教师的焦虑行为和科研"大跃进"现象,晋升的压力将迫使教师根据规模和速度选择速效方向。这一制度虽然可以在短期内激发青年教师的最大潜力,但也容易导致虚假繁荣和科研成果"泡沫",甚至会扼杀青年教师学术创新的积极性和欲望。委任制的最初目标是为长期任教的教师创造一个学术环境,使他们能够取得卓越的成绩和成为卓越的人才。这个项目是教师长期保持学术活力的基本保证,但"保护懒汉"是这个系统必须付出的"代价"。近年来,职后评价成为保证职前"非升即走"制度有效性、维护其合法性的一种解决方案,但这一制度在激发教师活力方面的作用仍然较为有限。出于"友好""面子"和避免人际关系纠葛等原因,评估过程有时是形式主义的。一方面,我国高校教师的职后评价虽然经过多次改革,但评价的奖惩功能并没有从源头上得到扭转,因此它只是一个监督系统,与以前的就业评估没有实质性区别。在实施过程中,长期教师的重复评价和"再评价"也容易被割裂开。另一方面,我国的任务后评价主要指向过去而非未来,主要是收集证据进行监督,由于教师发展计划尚未成为评估的重要组成部分,长期教师支持机制尚未在评估结果的基础上得到充分实施,任务后评价中最

有价值的保护和发展职能不够明显。

(八) 制度执行的法律依据缺失

近年来，由于"非升即走"制度中的相关标准不确定或缺乏落实高校和教师权利及责任的依据，所以教师和高校诉诸法律的情况屡见不鲜。高校寻求效率最大化，采取最全面的生存方式，淘汰那些未能通过"潜在就业"评估的教师。教师认为，高校没有为他们提供基本的学术环境和条件，使他们无法通过考试，导致教师无法满足高校的"长期就业"条件。根据《劳动法》的有关规定，高校机械地采用"不留升职假"的方式解雇教师是违法的，因为《中华人民共和国高等教育法》和《事业单位员工管理条例》等法律法规对教师的解雇没有相应的规定，"非升即走"制度不在教育和人事立法的范围之内，根据现有法律法规不能赋予其合法性。高校直接照搬国外做法实施该制度，难免陷入"言不由衷"的尴尬境地，因而目前迫切需要对"非升即走"制度进行合理的立法确认，进而方可通过司法途径解决相关争议。

(九) 制度实施的配套措施亟待完善

我国高校实施"非升即走"制度，通常通过明确目标、任务和期限，提高高校组织的工作效率来实现对青年教师的激励效果，其初衷是激发学术活力，提高科研质量，但一些高校的制度运行似乎成了科研的工具。高校在实施"非升即走"制度时，主要采用定量评估的方法，为了确保公平，高校对资格和评级体系制定了极其复杂的量化要求。虽然这种做法已经达到了一定程度的刚性和程序公平性，但可能无法保证结果的公平性，正如潘懋元先生在接受《光明日报》关于北京大学人事制度改革的采访时所说，"目前流行的评估方法在评估过程中规定了许多条款。这取决于一个老师写了多少篇论文，他完成了多少分。它从数量上衡量一个人，将一个人肢解成多个部分，不能作为一个整体进行评估。它会导致对快速成功和即时利益的焦虑，为学术浪费和学术腐败留下空间。"面对上述问题，在实施"非升即走"制度的过程中，必须改进其实施和评价方法，避免仅从数量上简单地确定教师的"晋升"或"离职"，以确保该制度的科学有序实施。

我国实施"非升即走"制度的目的似乎更倾向于"走"而不是"升"，

教师撰写的文章要达到发表期刊要求和数量要求，申请的项目要达到评估指标要求，否则极有可能在预聘期满面临被辞退的风险，而被解雇教师的安置问题并没有受到过多的重视。由此揭示了三个问题：第一，我国的人才市场发展并不完善，新聘教师"离任"后，流动渠道没有解锁，造成了中断性流动现象。第二，受我国文化认同机制的限制，对其他高校教师的认同度不高，教师从一所高校离职，有可能被其他高校视为"淘汰"。因此，教师离职后不容易在其他高校工作，这在一定程度上影响了教师的专业发展，进而导致教师对这一制度的接受度低，甚至引起了教师的强烈不满和不安，影响了教师队伍的稳定，故需要"一种既符合教师成长规律又能保障学术自由的制度"。第三，高校更注重引进而非培训，还没有形成适合高校教师发展的制度文化环境，一些青年教师因为"不被提拔"的压力而忙于参与合作研究，组织研究项目，并且需要与政府和官僚机构打交道。这种现象与以学术修养为基础的学术制度环境大相径庭，会限制青年教师的个人发展和学术自由。第四，我国高校在实行"上不去，下不来"的制度时，更多地注重基于市场逻辑的技术环境，而忽视了基于学术逻辑的制度环境建设，即忽视了对高校教师在研究、写作、出版和教学过程中的学术自由的保护。我们应努力为教师发展创造更有利的环境，提供更多的学术自由和更多的保障，并使他们更加注重职业安全，从而放心地开展学术研究。

五、完善"非升即走"制度的建议

从宏观层面看，高校对政府的评价和问责对绩效具有较强的定量指导作用，可明确量化的科研成果为政府评估高校和进行后续资源投资提供了重要参考。面对政府列出的明确绩效评估标准，高校将把这种体制模式及其压力转移到教师身上。基于此，在改善高校发展的外部环境方面，除了要注重高校的科研活动外，政府应更加重视对教学和社会服务活动的评价，弱化科研中僵化的定量评价，以进一步提高效率，根据高校的类型和发展方向，强化高校的自我评估和第三方专业机构的评估。

近年来，我国的人事纠纷数量呈上升趋势，其中大部分是裁员纠纷。由于受理案件范围有限，很多纠纷在进入实体判断环节之前就已经结束，教师的胜诉率低。政府是我国高校与高校教师劳动关系中解决冲突和失衡的规范与调节机构，其在构建和谐、平衡的高校劳动关系中的法律地位日益重要，政府必须充分发挥"立法规范"的"元治理"作用，建立完善的法律法规，明确高校与教师的权力（利益）和义务关系，依法适当扩大受理高校教师人事纠纷案件的范围，建立校外教师申诉制度，并将基于劳动关系的教师就业问题纳入司法审查程序，加强司法标准，限制高校教师行使个人自主权。因为就高校而言，制度变革的关键不是过分强调激活竞争或处理利益的作用，而是建立一个公认的公平合理的程序。高校教师管理制度改革之所以容易引起争议，是因为管理者只顾推行新制度，忽视了教师的要求和权利。系统的改革已超出"文化知识"的层面，直接达到了教师无法认可的"操作规范"层面。关于高校与教师之间的工作关系，相关法律强调，用人单位规章制度中涉及职工切身利益的所有问题都属于劳资双方"共同决策权"的范围，必须由双方协商决定，适当的系统培训程序可以协调稳定工作条件和独立发展的教师的个人需求与高校对组织效率的需求之间的矛盾，而不是高校单方面改变系统规范。高校制度的改革（不仅要提高组织活动的效率，还要尊重教师的独立性和学术性）需要团队的智慧，在制定制度标准的过程中，必须采用自下而上的程序，以保证所建立制度的合理性。高校管理者和教师须进行全面协商与合作，在不同利益集团之间达成共识，以促进组织整体利益的平衡，在文化认知维度上，建立被不同群体所接受的新的价值体系。

对于高校教师的职业生涯，不仅要使用统计数据进行机械化的评估，还要进行高校评估、同行评估、学生评价，并得到社会的认可，尽量避免单一的评价模式，注重发展性评价。实践表明，绩效评估对促进进步性和创新性的学术创新有显著作用；发展绩效评估不仅可以通过激发可控动机，促进高校教师学术创新的进步行为，同时，还可以通过激发自主动机，促进高校教师的创新学术行为。因此，应强调评估的专业性，建立严肃、规范的同行评估体系，教师专业资格的晋升和评价由专业学术委员会负责；建立比较完善的评价和监督机制，注重为教师特别是新聘教师的职业发展提供各种支持，实现强制性外生要求向内生发展动力的转化。高校要深化工资制度改革，通过年度工资制度和超基本工作量补贴补偿制度，提高教师工作待遇，提高基本工资占教师总收入的比例；合理确定教学工作中各项活动（教学、科研、社会服务）的激励强度，实施分类评价和异地教师评价制度，对促进和更新教学做出更广泛的定义，并使教师充分认识到他们在教学和社会服务方面的行为和贡献；提供多样化的就业方式和教师合同（多样化的晋升和薪酬形式），所有学院和高校都需要确保其晋升薪酬体系不会产生非生物子女的教学效果。高校必须合理设定竞争性收入在教师总收入中的比例。教师薪酬制度的改革，应防止某一特定类型活动的过度增长对其他活动的影响，要有效避免教师分类管理中不同岗位教师的心理分化，尊重教师对教育、科研、社会服务等不同岗位的选择，提高各地教师的获取意识。

教师评价与聘任制度的改革必须兼顾"优秀选拔"和"优秀培养"两个方面，必须充分认识和调解高校教师录用制度改革的目的与规律之间的冲突和矛盾。教师任命制度必须平衡并考虑两个方面：一方面是提高高校组织和人员的效率与绩效，另一方面是遵循高校学术组织的特点和高校教师专业能力发展的规律，后者是促进组织可持续发展的前提，在制度设计过程中必须予以充分重视。高校和学院必须在科研项目资助和教学费用等方面共同为新教师提供优惠与包容政策，为教师创造良好的工作条件。高校和学院应从管理基金中预留一些资金，用于创建若干科研项目，专门资助新聘教师，并鼓励教师开展具有重大发展价值的长期、基础性或应用性研究。在自愿的基础上，让新聘教师教授一两门他们熟悉和能够教授的专业课程，并尽量减少行政事务，使教师有更多的时间和精力通过研究、学习和其他活动促进自我成长。高校要积极实施学术许可制度，鼓励青年教师到国内外其他高校或研究机构交流学习，支持教师开展组织间、领域间的合作研究，促进教师能力的发展和提高。

最后，在体制改革过程中必须充分尊重教师的权利，高校教师职位竞争性的制度安排使教师感到较大的压力，面临着可能被永远"淘汰"的风险。高校必须充分保护其上诉权，建立内部上诉制度和听证制度，确保合同的终止完全合理合法。高校必须与政府和社会组织密切合作，各部门共同努力，克服教师管理制度改革过程中的"制度集群"困境；应完善离职教师补偿、社会保障制度，为了确保教师离职后生活相对稳定，高校教师管理制度应被纳入整个高等教育体系。在制度领域，存在着政府管理逻辑、高校治理逻辑、学术发展逻辑、市场互动逻辑等多重制度逻辑。移植和借鉴他国制度时应考虑我国整体制度环境的约束，关注地方创新与全球改革的关系，这就需加强政府与高校之间的合作，加快教师职业安全体系的建设，以促进教师发展为根本方向，协调教师聘任制、薪酬制度、绩效考核制度、职业资格考核制度和社会保障制度改革。高校还必须增加院系在人事管理方面的自主权，并形成以院系为主导的教师评估和聘用机制。专业资格的评估应仅限于能力和非配额标准，以减少个别教师之间的竞争。

（一）完善制度顶层设计与动力传导链条，关注政策实施的弹性与灵活性

改革不是自发的，它受到外部制度环境和内部主动性的影响。与过去的改革相比，今天的改革将更具有互动性和相关性，如果各领域改革不协调，各项改革措施相互牵制甚至冲突，改革将难以完成。我国需要对教师身份、员工身份、工资待遇、户籍等一系列实际问题进行统筹规划，完善就业晋升、人才流动、社会保障、养老制度等方面的设计，以实现"非升即走"就业改革与国家人事制度改革之间的政治协调和双向互动。好的制度设计需要充分考虑各方利益，使绝大多数制度执行者成为改革的积极力量，而不是改革的"受害者"。需要将"自上而下"的驱动模式转变为"自上而下"的互动任务，需要双向驱动，基于"制度利益"和"成本效益"评价的选择，考虑并充分尊重个人的参与意愿和价值要求，更多关注青年教师的真实生活条件和心理承受能力，确保大多数专业人员能够在情感上理解、认同自己的价值观，真正参与到改革之中。

该制度并非空中楼阁，独立存在。职前培养制度的有效性在很大程度上取决于其实施的相关条件和背景环境。一方面，高校必须充分考虑自身目标和功能定位的差异。一般来说，综合条件较好、科研任务较全面的研究型高校可能更适合职前"非升即走"制度。同时，如果一门学科不太注重科学研究，或者对教师能力的判断不是很准确，那么"双轨平行"制度，即提供终身学习岗位和非终身学习场所可能是更安全的选择。另一方面，我国职前"非升即走"制度的实施需要一些特殊的制度考虑：首先，可以建立类似于"近终身职位"的储备机制；其次，可以为任命设立预约带，以保留因指标限制暂时无法晋升的借调教师，并在该任命空缺后让其进入长期职位；最后，应为系统留出足够的空间，对于一些有特殊需要的群体，如参与长期研究的

优秀教师、患有严重疾病的教师等，应给予他们灵活的空间，如减轻工作量、暂停试用评估或延长试用期。

监管要素通常指法律、政策、规章制度，主要通过强制性机制（如规则、法律、奖励和惩罚等）对行为进行约束和规范。首先要解决的问题是从监管要素上理解其合法性。因此，迫切需要对"非升即走"制度进行合理的立法确认，以便通过法律救济解决相关纠纷。我国的部分高校都是事业单位，高校与教师之间的关系不是简单的工作关系，而是由民事和行政属性构成的法律关系。在监管要素上，确立"非升即走"制度正当性的前提是明确高校教师与高校签订的劳动合同的属性，进而对其进行规范并出台相关措施，对高校在解雇和续聘教师方面的自主权进行详细、规范的指导，从而结束高校作为法律制度强制性工具的角色，使高校实行"非升即走"制度成为可能。

评价的目的是评估教师的工作是否符合标准，评价的最终结果将作为教师"非升即走"的依据。但我国一些高校简单地延续了"一刀切"的研究成果数量和评价标准。在实施"非升即走"制度后，相关文件提出要实施灵活的评价机制，一方面，应建立分类标准和科学评价标准，由于不同研究领域的论文发表周期不同，研究成果复杂程度不同，因此，必须建立相应的学术评价指标体系，实行分类管理和评价；另一方面，应将定量评价与定性评价相结合，因为只考虑发表论文数量等客观指标，不能反映教师的实际学术水平。定量评价与定性评价的结合要求在对客观指标进行合理量化的基础上，充分发挥定性评价的优势，评价教师研究成果的学术价值和发展潜力，以及其与学校发展目标的适应程度，可以为学校做出的贡献。灵活的评估机制的应用可以确保教师在轻松的环境中保持较高的学术热情，充分发挥自身优势，为学校做出应有的贡献。

（二）落实预聘期内的培养支持机制，完善教师"走"后的保障制度

"非升即走"制度并不是孤立存在的，而是可以在各种因素的影响和促进下，对自身制度体系进行完善。一方面，"非升即走"制度的重点不是筛选，而是教育，不能简单地理解为教师不符合相关评价标准就会在最后被淘汰。这一规定应与实习期间的培训支持和资源保障相结合。我国高校需要扭转人

力资源筛选而非"投资"的观念,注重"中长期投资"而非"短期探索",完善支持和引导机制,健全培训保障体系,切实实现"选拔"与"教育"相结合。另一方面,"非升即走"制度的目标不应以"淘汰"为重点,而应以"支持"为重点。对教师进行评估和筛选,高校必须切实履行对青年教师资源投入和培训的承诺,一是确保提供足够的资源,如合理的薪酬、理论指导等;二是确保晋升渠道的独立性。长期聘用的教师必须拥有与其他高校教师不同的独立的资源和晋升渠道,在晋升之前不会出现与其他高校教师争夺资源的情况。

由于中美两国的社会保障机制不同,我国高校在推进职前"非升即走"制度改革时必须更加谨慎,应建立完善的保障机制和"非升即走"的权力提升机制。第一,高校要完善教师解聘制度和教师"走"先出资金的机制,加强集中管理,可以成立专门机构,统一管理被辞退教师的后续安置工作;第二,应拓宽横向口径,通过"升或降""升或调"等方式,对已入职的教师进行内部挖潜、自我消化,例如运用半工半读、短期聘用等形式留任,或转入助教序列、实验室岗位等;第三,应注意纵向分流,高校可主动向其他高校或者社会机构推送合适的解聘人才资源,促进双方需求都能达到满足。此外,我国应完善教师弹性流动的顶层制度设计,加快构建能够更好地整合这一制度的学术劳动力市场和社会保障体系。

首先,完善"多元化、多层次、多类型"的学术劳动力市场,从教师的学术地位方面加强资源市场的配置;其次,完善教师"离职"后的高层次制度设计,协调工作保障等支撑体系,促进教师从"学术团队型"人向"可就业型"社会人的转变,提供国家层面的辞退津贴和失业保险,开放专业资格互认、待遇和转岗一体化等衔接机制,为教师冷静地寻找其他合适岗位提供有力保障。尽量减少青年教师在职前阶段承受的压力,使他们能够在约六年的职前预聘阶段充分发挥自己的学术热情。通过高标准、严要求的考评,获得长期教职的教师承受的压力更小,只要不犯原则性错误,高校就不会终止其聘用合同,这容易导致长期担任教学职务的人员缺乏学术动力,很难保持科研热情,不利于高水平人才队伍的建设。优化离职后的管理制度可以有效缓解"非升即走"制度发展中的一些突出矛盾和问题,一方面,高校必须加强文化建设,积极营造人才和学科建设的文化环境,使教师个人学术发展目标与学校使命有效结合；另一方面，高校可以和获得长期职位的教师签订具体的聘用合同，探索建立适合长期教育体系的薪酬制度，它不仅要与现有的常规制度相结合，还要与评价结果相结合，以更好地激发各类教师的学术热情和活力。

(三) 实施适应性与发展性考核评价，建立健全终身入职后评价体系

采用何种评估标准取决于选择哪种类型的人才，这会因高校和学科的不同而有所不同。一方面，职前预聘的"非升即走"制度并不一定适用于所有类型的高校。要注重对教师科研能力的评估，把骨干教师从一系列的教育科研活动中拉到职前"非升即走"的轨道上来。对于综合性高校，必须考虑到教师在教学和人才培养方面的贡献；在高校任教时，不能对他们实行职前制度和"非升即走"制度；既要注重自我检验，又要注重定量评价与定性评价的结合。要加强外部同行评议制度和代议制度的实施，高校要通过适当弱化"学术冠军"评议筛选的特点，实施适应性和发展性的考核评价。另一方面，青年教师的晋升不应与学院其他教师构成竞争关系，但必须与同领域、同资格的学者进行横向比较，评估权必须归属于国家学术界。

同时，必须关注"保护懒人"问题。解决"保护懒人"问题及其后续问题的关键是建立有效的入职后评价体系，激励长期教师保持活力，在新的水平上实现可持续发展。入职后评价不是对长期教师的重复评价和"再评价"，也不应以收集证据和实施奖惩为目的。教师发展计划应成为入职后评价的重要组成部分。高校必须根据评价结果及时响应教师的需求，并投入资源支持长期教师。长期教师的评价比青年教师更复杂，在评价中必须充分考虑这一点。第一，长期教师本身在评价过程中必须享有更大的自主权。评价政策应由长期教师、同行和管理者协商确定，可以考虑为长期教师定制个性化的"一揽子"评价。第二，尽管许多长期教师已经过了最具创造性的时期，但他们经验丰富、学术影响力大、组织领导能力强。对长期教师的评价不仅要注重个人成绩，还应结合学术交流、团队表现、对青年教师的指导等指标。规范性要素通常包括限制和责任，主要是通过适当的标准来限制道德和责任的行为，而这一标准还需要明确的法律支持。要完善同行评议制度，坚持学术标准，保证学术权力的主体作用，即依托同行评议制度，"以学术标准评价学

术",保证评价结果的科学性。在注重数量的同时,要适当增加"质性评价",客观衡量新聘教师的综合表现,既注重教师的现有学术水平和发展潜力,又注重个人发展和高校发展愿景,引导广大教师向高校员工队伍建设方向发展。第三,引入"非升即走"的竞争机制和退出机制,探索"非升即走""不跌不起"的多种退出模式,为解聘教师提供发展机会和平台,继续探索和完善"非升即走"制度的相关支持措施,敦促高校提高约束意识和责任感,使"非升即走"制度能够有效保护教师权益。在实施这一制度时,美国高校有终身学习制度、社会保障机制和人才流动机制的支持。因此,我国也应完善相应的配套措施,以支持"非升即走"制度的实施。一方面,应明确教师离职后重新安置的责任事项,以保护教师权益;另一方面,应疏通人才流动渠道,确保最大限度地发挥人才配置的效益。如果新聘教师在经过数年工作后没有晋升,必须保护其自主选择的权利,并允许其竞聘其他学院或高校的职位。总之,高校必须给予所有教师平等的认可和机会。这种自由流动不仅为高校人才发展提供了空间,也能够确保所有类型的人才都能选择最合适的职位,并制订完美的职业规划。

实行灵活的"非升即走"的工作调动机制,主要是挑选最具学术潜力的学者,设立有条件的期限,并淘汰那些不符合评估标准的学者。但也会出现因名额有限而无法晋升的情况,优秀的"晚熟"人才将被淘汰。因此,不应简单考虑"非升即走"的淘汰制度,而是要建立人性化的就业和产出转移机制,给学者足够的发展空间。除了已设立的"终身职位",可以为一些大器晚成的优秀学者设立"近终身职位",日后再为其升至"终身职位",这种做法对我国高校实施"非升即走"制度具有借鉴意义。若评估未通过,由原来的"不续签合同"改为"一年后不续签原岗位",即"转岗非升即走",削弱了改革的"杀伤力",通过建立友好机制,容易获得教师的理解和支持。合理的工作条件不仅是保证"升离"制度改革成功的基本要素之一,也是"筛选"的难点之一,清晰、量化的评价标准比模糊、定性的评估标准更能激励教师开展学术工作。当然,明确、具体的标准只能是授予长期教师职位的必要条件,除此之外,还必须接受国内外同行专家的评估,并获得同行认可。总体而言,工作条件应能够明确长期教学岗位的一般要求,这可以从三个不同的维度来考虑:第一,定性方面可以理解为长期教师职位在教师队伍中的位置,这大致反映了学术水平和影响力；第二，反映与参考院校和学科密切相关的标杆管理，主要用于在外部同行评审期间了解标准，以及反映对科学教育和研究的贡献，学术水平和影响力应与最后参考院校和学科相当；第三，明确获得长期教师职位的条件，并提出对教育、科学研究和社会服务的基本要求。根据不同的学科，可以建立几种基本要求的替代方案。工作条件主要从定性和定量两个方面进行描述：定性方面应反映申请人的学术水平和对学科的影响；定量方面是一个参考系统，它取决于测量和定位。

（四）规范科学认知，营造健康的学术生态

除了需要采职传统的监管和规范措施外，新环境制度主义认为，文化认知也是十分关键的因素。"非升即走"制度与终身教师制度不同，其引进是对高校现行教师管理制度的改进和完善，目的是选拔和保留适合教师学术研究和具有专业特点的优秀人才。它不仅是高校提高教师水平的管理文化，也是高校与教师共同发展的高标准素质文化，但它不应该成为高校管理教师的工具。除对高校教师进行考核评价外，该制度也是对教师专业发展、能力提升的成长支持，并对教师合法权益进行保障。高校应当结合评价的过程和结果，对教师在个人成长过程上遇到的困难和问题及时进行把握和了解，并帮助其加以解决。推行"非升即走"制度的目的是提高教师水平，指导和帮助有困难的教师实现学校发展目标。也就是说，管理不是目的，而是手段。从终身工作制到"近终身职位"，折射了高校和教师共同期盼提高师资队伍水平、提升教学科研能力的愿望，这一体制上的转变，也创造出了高标准的质量文化和严要求的科研生态环境，对它们来说，以"非升即走"为主要标准的"非升即走"制度，对打破"只进不出"的终身聘任模式起到了积极作用。但是，不能忽视学术逻辑中知识生产的长期规律与市场逻辑中追求效率的规律之间的矛盾，而如何在结合我国国情的基础上，吸收借鉴国外经验和教训，总结摸索出一条具有中国特色的解决方案，仍然是高等教育理论与实践领域有待探讨的问题。

"非升即走"制度改革的深度和广度一方面取决于国家的宏观政策，另一方面也取决于高校的主动性和创业精神。尽管国家已经提出探索"非升即走"制度的重要政治方向，但尚未针对"非升即走"人员的工作定位、工资绩效、

社会保障等方面出台相应的支持措施。该制度与传统的教师和社会认可的员工管理制度之间还存在一些冲突和困难，虽然国内一些高水平高校已经逐步探索并经历了"非升即走"制度的改革，倡导同行评议和影响力评估指导，为了推行"非升即走"制度落实，在实施过程中，必须有国家宏观政策的支持，营造良好的改革环境，同时密切关注社会环境，引导外部对其认可，保障人才有序流动。建议选择几所国内知名高校开展试点使高校人事制度改革与国家人事制度改革同步进行，达到双向互动的良好效果。对于试点高校，政策上要给予一定的倾斜支持，如教师绩效工资单独列示，以及岗位的长期聘用不受单位总人数和岗位结构比例的限制等。通过试点，逐步形成长期教师岗位得到广泛认可的社会环境。

参考文献

[1] 李连梅，姜林. 中国大学"准聘—长聘"制度的缘起、困境与走向 [J]. 现代教育管理，2021（7）：105-111.

[2] 李晓倩. 高等学校"非升即走"合同纠纷的裁判路径研究 [J]. 中国高教研究，2021（6）：84-89.

[3] 朱玉成. 高校"预聘—长聘制"改革的风险研判及破解路径 [J]. 教师教育研究，2021，33（1）：40-44，59.

[4] 徐靖. 高等学校"非升即走"聘用合同法律性质及其制度法治逻辑 [J]. 中国法学，2020（5）：44-63.

[5] 黄文武. 大学教师"非升即走"制度安排的利弊分析 [J]. 江苏高教，2020（6）：89-96.

[6] 章琳一. "非升即走"制在欠发达地区高校教师队伍建设中的困境分析 [J]. 黑龙江教育（高教研究与评估），2020（5）：62-63.

[7] 范美玲. 美国高校"非升即走"制的中国式实践及路径优化 [J]. 黑龙江生态工程职业学院学报，2018，31（5）：68-70.

[8] 吕黎江，卜杭斌，刘红. "双一流"建设背景下高校教师长聘制度改革初探 [J]. 现代大学教育，2019（5）：85-89.

[9] 刘进，王辉. 什么才是真正的"非升即走" [J]. 重庆高教研究，2020，8（5）：44-54.

[10] 者卉，孙百才. 我国大学教师流动的历程与特征：基于新中国成立70年的历史

分析［J］.教育与经济，2019，35（6）：57-62，78.

［11］潘伟伦.建立高校教师流动机制 促进高等教育均衡发展［J］.中国成人教育，2019（12）：87-89.

［12］李志峰，魏迪.高校教师流动的微观决策机制：基于"四力模型"的解释［J］.高等教育研究，2018，39（7）：39-45.

［13］丁煜，胡悠悠.高校教师流动：向上流动的失序和向下流动的失灵［J］.高教探索，2018（6）：96-100.

［14］郭俊峰，李炎.人力资本产权视野下高校教师流动机制构建策略研究［J］.中国成人教育，2017（14）：40-42.

［15］高秀玲，魏振斌.深化高校教师分类管理 逐步完善开放人才流动机制［J］.经济师，2016（12）：174-175.

第三章 高校教师薪酬水平研究

一、引言

(一) 研究背景

步入科技蓬勃发展的 21 世纪，随着全球经济的高度融合，世界各国在经济、文化、科技等领域的竞争已经进入白热化阶段。在这样的竞争中，其核心仍是培养与争夺优质的人力资源。高等教育在激烈的竞争中发挥着至关重要的作用，而高校作为集聚和培养高素质人才的摇篮，其社会功能也越来越重要。高校教师是高校中不可或缺的一部分，在高校发展建设中发挥着不可替代的重要作用，除了日常教学和科研工作外，还负责培养国家各行各业所需的精英人才。面对竞争日益激烈的全球人才争夺大战，科学有效地吸引、保留和激励高校教师是赢得竞争的关键。而在所有的激励手段中，薪酬制度是一种非常重要的手段，发挥着举足轻重的作用。

随着我国从高等教育大国向高等教育强国的不断转变，我国高等教育的发展进入了一个非常关键的时期。现阶段，知识创新已成为经济发展的关键驱动力，而高校是知识创新的骨干和重要来源。因此，我国开启了"双一流"建设的进程，通过建设世界一流高校来提升综合实力和国际竞争力。在高等教育的发展中，拥有一支专业水平高、富有创新力以及学术活力高涨的教师队伍是至关重要的，这也是"双一流"建设的重要基石。目前，我国高校教师的数量逐渐增加。根据教育部发布的《全国教育事业发展统计公报》，2020年全国普通高校专任教师183.30万人，比上年增加9.28万人，增长5.34%。如何吸引、留住和激励优秀的高校教师，是高校管理者需要充分重视的问题。而薪酬制度作为教师管理的重要财务工具，需要政府和高校给予高度的重视。著名人力资源管理学者马克思·韦伯和诺顿曾提出"人力资源管理中最困难的一步是薪酬管理"。因此，通过薪酬制度的改革，最大限度地激发教师的学术活力、提升教师的创新力迫在眉睫。

近年来，我国高校已经逐步进行了教师内部管理制度的改革，并且采取了多元化的薪酬激励制度。2016年，中共中央办公厅、国务院办公厅印发《关于实行以增加知识价值为导向分配政策的若干意见》，但各高校并未采取相应的行动进行改革来落实此政策。2018年，中共中央、国务院印发《关于全面深化新时期教师队伍建设改革的意见》，明确到2035年，使教师成为有幸福感、有荣辱感、有成就感的职业；进一步推进高校教师薪酬制度改革，建立体现知识价值增长导向的收入分配制度；扩大高校收入自主分配权，在核定的绩效工资总额范围内自主确定收入分配方式。可以说，除了与教师利益息息相关外，教师薪酬制度的公正与否，还将影响学生人才培养工作以及高校人才队伍的稳定性，更进一步来说，高校教师薪酬制度的改革对我国新时代高校建设发挥着重要作用。由此可见，高校教师薪酬制度的实行，面临着多元化、深层次的复杂需求，因此需要综合全面考虑各方面因素，加大对高校教师薪酬水平研究的重视程度。

（二）研究意义

1. 理论意义

我国关于高校教师薪酬的研究相较于英美等西方国家来说比较少，而且我国的研究以介绍英美各国的成功经验为主。本章将结合国内外高校教师薪酬水平现状，运用组织薪酬管理、人力资本等理论，深入研究高校教师薪酬制度改革，分析目前高校的薪酬管理中存在的问题，探究在现有条件下如何建立科学有效的高校教师薪酬制度，对我国高校教师薪酬制度的理论研究有重要意义。

2. 现实意义

教师在高校建设和社会发展中一直扮演着重要角色，是一个国家和民族必不可少的人力资本，而具有竞争力的教师薪酬制度，对于激励教师积极工作、培养人才具有重要作用，有利于高校和社会的可持续发展。本文通过研究高校教师的薪酬制度，对高校教师薪酬制度的基本内容和最佳改革路径进行了揭示，有助于吸引更多优秀人才加入高校教师队伍并打造世界一流的高校教师队伍，有助于促进我国"双一流"建设的进程，有助于保障教师的生活、提升教师的工作积极性、激发教师的学术活力，为高校持续输出创新型高素质人才提供坚实的保障。

（三）概念界定

薪酬（Compensation）一词含义非常丰富，分为外在薪酬与内在薪酬，如图3-1所示。外在薪酬是货币性薪酬与非货币性薪酬的报酬之和，是员工向用人单位提供劳务而获得的各种形式的酬劳。货币性薪酬又称为经济薪酬，由直接薪酬和间接薪酬两部分组成，其中直接薪酬包括基本薪酬、绩效工资、岗位工资、股票期权和各种津贴等；间接薪酬则包括社会保险、带薪休假、家庭补贴和其他福利等。非货币性薪酬又称为非经济薪酬，它主要由环境效应和组织效应两部分组成，环境效应包括工作条件、人际关系等；组织效应则包括组织声誉、社会地位、发展前景等。因此，通常情况下，将薪酬定义为工资（Wage/Salary）与福利（Benefit）的总和。对于高校教师而言，狭义的薪酬是指教职员工依据与高校签订的劳动合同而获得的劳动报酬，即基本工资；广义的薪酬则是指教职员工因为与高校的聘用关系而从学校获得的货币性薪酬和非货币性薪酬的总和。

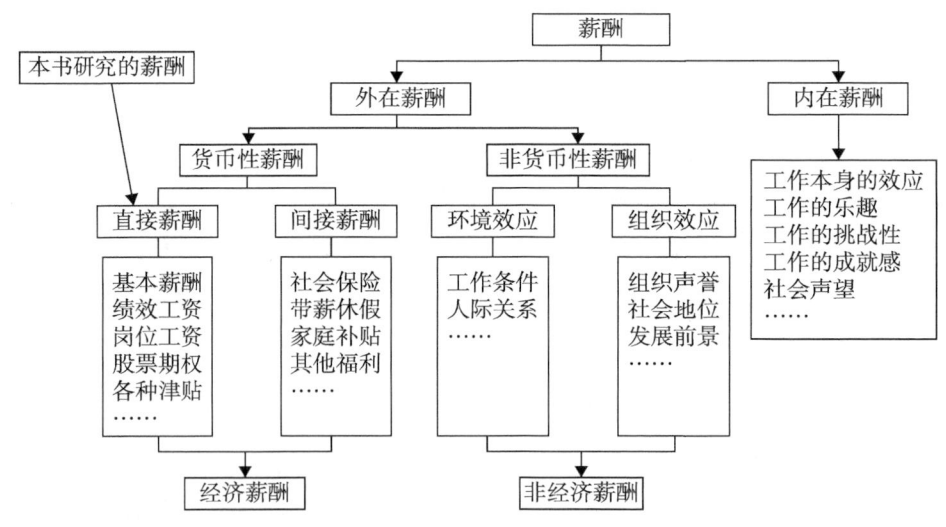

图3-1 薪酬的含义

1. 高校教师薪酬水平

高校教师薪酬，顾名思义是指高校教师通过自己的工作所获得的工资和福利，它对调动高校教师的工作积极性有着重要的作用。具体来说，高校教师工资是指教师根据职称、能力、学历、贡献、工作年限等因素得到的不同待遇。主要分为货币性和非货币性的外部薪酬，以及工作中的乐趣、挑战等内部薪酬，使高校教师获得一定的收入来源，保障其基本生活。在此基础上，高校教师工资水平分为两个方面：一是高校教师整体工资水平，二是高校教师个体工资水平。高校教师工资水平具有保障和激励高校教师的双重功能。它不仅为高校教师的生活、教学和科研提供了物质基础，而且在很大程度上激发了他们的学术活力和科研热情。

2. 高校教师薪酬制度

高校教师薪酬制度包含广义的与狭义的两种含义：广义上是指国家对高校及高校教职员工的薪酬制度，它反映了一个国家的高等教育管理体制和高校教师管理体制；狭义上是指高校根据国家人事管理政策，结合自身发展目标和管理模式，为教职员工提供公平合理的待遇和机会而制定的对所有高校教师均适用的一系列准则。根据米尔科维奇等（2014）的观点，现代薪酬制度主要由五部分组成，即薪酬目标、薪酬结构、薪酬水平、激励计划和薪酬管理与评价。现代薪酬制度的组成内容见表3-1。

表3-1 现代薪酬制度的组成内容

组成部分	具体内容
薪酬目标	指导方针，一般包括效率、公平与合规三个基本目标
薪酬结构	同一单位不同岗位的工资率组合，一般包括工资等级、工资级差
薪酬水平	用人单位向劳动者支付报酬的平均水平
激励计划	绩效工资，一般包括奖金、绩效加成、期权激励等
薪酬管理与评价	对整个薪酬的制定、发放、调整等一系列过程所实施的控制和评价

对于高校而言，上述有关薪酬制度的概念基本适用，但也有些许的区别，主要体现在以下三个方面，即高校教师的工资水平、结构和激励。高校教师的工资水平是指一个地区在一定时期内，高等教育行业从业人员的

平均工资收入，包括名义工资水平和实际工资水平两种。名义工资水平是以现行货币水平进行衡量的，而实际工资水平则是以实际代表的购买力为衡量标准，即按照购买力平价（PPP）来调整。劳动人员在不同地区和不同时期的生活成本是不同的，然而实际工资水平排除了生活成本因素的变化，使其更具有可比性。高校教师的薪酬激励主要是指对教学工作和科研工作的绩效奖励。目前，我国的高校岗位绩效可以分为基础性绩效和激励性绩效两大类。教师按时按量地完成工作任务后所获得的报酬属于基础性绩效，只要符合年终考核和评价的基本标准便可获得这部分报酬，但基础性绩效的总体标准是相对较低的。对优秀成果和突出业绩的奖励（如国家重大课题项目、国家重要奖项等）属于激励性绩效，该部分奖励的标准远远高于基础性绩效。

二、相关概念及理论依据

（一）理论依据

1. 人力资本理论

20世纪50年代，美国著名经济学家舒尔茨创立了人力资本理论（Human Capital Theory），开辟了关于人类生产能力的崭新思路。根据这一理论，资本可分为物质资本和人力资本两类，其中物质资本是指物质产品上的资本，而人力资本是指体现在人身上的资本，即对生产者在教育和职业培训上的支出及其在接受教育时的机会成本的总和，表现为人所包含的各种生产知识、劳动与管理技能以及健康素质的存量。该理论从一种全新的角度出发，探讨和研究了经济实践与理论，并打破了传统的资本论的束缚，认为人力资源是目前相较于其他资源来说最不可或缺的资源。丹尼森和贝克尔两人在舒尔茨提出的人力资本理论的基础上，又分别对人力资本理论进行了进一步的解释，并且提出了自己对人力资本的观点。以上三人有关人力资本理论的具体内容见表3-2。

表 3-2　人力资本理论

代表人物	主要观点
舒尔茨	1. 人力资本的积累是社会经济增长的源泉 2. 教育促进经济增长是通过提高人们处理不均衡状态的能力的具体方式实现的 3. 人类时间是人力资本的组成部分，有效、合理地使用与分配时间的能力也是人力资本的构成部分 4. 教育也是使个人收入的社会分配趋于平等的因素
丹尼森	1. 认为教育不是生产中的单独因素，而是生产中人力因素的一个组成部分 2. 教育因素和教育投资指的是受正规教育年限的多少 3. "知识增进"是人力资本的组成部分 4. 正规教育因素对于经济增长，只有其中的 3/5 在起作用。除教育因素外，还有其他因素的作用，如天赋、才能、工作经验等
贝克尔	1. 人力资本投资的目的，既要考虑当前的经济收益，又要考虑未来的经济效益 2. 在职培训是人力资本的重要内容 3. 收集信息、情报资料也是人力资本的内容之一，同样具有经济价值 4. 提出了人力资本投资收益率公式 5. 提出了年龄—收入曲线 6. 用具体数学计算和实证研究说明了高等教育收益率，同时也比较了不同教育等级之间的收益率差别

由人力资本理论可知，高校教师是人力资本中较为特殊的一种知识型劳动者，他们在高校的可持续发展中起着至关重要的作用。同时，与其他行业相比，高校教师拥有较高的人力资本存量。因此，人力资本理论对研究高校教师薪酬水平的最大指导意义就是考虑教师人力资本存量的差异。

2. 组织薪酬管理理论

组织薪酬管理理论以"效率、公平和合法性"为基本目标，在薪酬制度的具体设计中，必须考虑"内部一致性、外部竞争力和员工贡献度"。它们是建立薪酬制度的基石，是指导薪酬管理实现既定目标的行动纲领。

内部一致性即内部公平性，是指组织内各岗位报酬水平之间必须保持合理的比例，这样才能形成合理的薪酬结构的战略理念。它要求薪酬结构必须适应组织的结构和特点，支持工作和管理过程，促进员工行为与组织目标一致。同一组织内不同职位或不同技能水平之间的薪酬比较关系是内部一致性的具体体现形式。其核心是在支持组织实现其目标的前提下，合理拉开不同员工之间的收入差距，维护组织内部的公平，从而促进组织效率的提高。

外部竞争力即外部公平性，是指为了提高劳动力市场的竞争力，本企业的薪酬水平相对于其他竞争对手的薪酬水平的定位。它对薪酬目标有双重影响：一是与吸纳人才和稳定员工的能力有关，二是与劳动和劳动力成本的控制有关，这是提高企业效率和竞争力的关键因素。

员工的贡献意味着个人的公平，意味着在薪酬分配中必须重视员工的绩效。在合理的薪酬结构中，员工的实际绩效必须体现在科学的绩效考核体系、有效的激励方案和薪酬形式上。

财政支付能力是对薪酬体系更客观的约束，而薪酬政策是对企业薪酬体系更主观的约束。当然，组织的薪酬政策本身会受到组织的一些客观条件，如组织财务支付能力等的制约。一些组织的薪酬政策更倾向于组织的战略人力资源，这些组织为其战略人力资源提供极具竞争力的薪酬。一般人力资源的薪酬水平相对较低，一些企业组织的薪酬政策对所有员工都一视同仁。

战略薪酬是薪酬管理的重要组成部分，它将薪酬从管理职能转变为战略职能。影响组织竞争战略和薪酬规定的因素包括组织的财务支付能力、组织文化和组织目前所处的生命周期。

此外，当组织规模对薪酬体系具有明显的影响时，组织的规模是比较小的。基于横向而言，薪酬水平自然相对较低，反之亦然。在规模较大的组织中，不同薪酬水平的员工有不同的基本工资。组织薪酬水平的决定要素见表3-3。

表 3-3　组织薪酬水平的决定要素

一级要素	二级要素	三级要素
宏观环境要素	社会经济发展水平	劳动力市场供求状况与竞争状况
	市场经济体系	竞争对手薪酬水平
		地区居民生活水平
		物价变动
	政府的薪酬政策	再分配政策
微观组织环境	组织性质与内容	人力资本密集型、资本密集型
	组织经济效益与实际支付能力	发展阶段、财务状况
	组织的生命周期与战略	初期、成长、成熟、衰退
	组织文化	职能型、流程型、时间型、网络型
	组织薪酬分配方式与结构	横向结构与纵向结构
	组织成员的配置	规模、人力资源质量
人力资本要素	人力资本投入	学历、技能
	人力资本存量	职务、经验
	人力资本价值创造	绩效
歧视性要素	性别、种族	—

3. 激励理论

纵观世界各国的激励理论，可以发现这些经典的理论都有一个共同的特点，即围绕激励，既要关注人的物质需求，又要注重个体的精神需求。目前，激励理论可以分为三个学派：行为激励理论、认知激励理论和综合激励理论。行为学派认为，激励需求是基于个体目标、行为动机、个体需求和行为模式之间的关系，它的主要观点是需求孕育动机，一个人可以根据需求确定自己的行为目标，这一学派强调满足人们的物质需求，理性的经济人是当前人们的最大特点。认知学派则认为人不是单纯的经济人，而是社会人。其主要观点是，激励应该更多地注重人的内在需求，只有内在需求得到满足后，激励才能持久有效。综合学派将前两者有机结合，认为内在需求与外在需求具有同等重要的地位，两者需要同时满足，精神与物质的激励需要同步进行。各个派系理论的具体内容见表 3-4。

表 3-4　激励理论

派系	分支	内容
行为激励理论	马斯洛需求理论 赫茨伯格的双因素理论 阿尔德福的 ERG 理论 斯金纳的强化激励理论	该派系认为管理的本质是激励过程，组织通过采取各类激励方式和方法引导个体做出期望行为。因此，激励者的首要任务便是选择适当的激励手段，以引起被激励者的相应行为反应
认知激励理论	弗洛姆的期望理论 亚当斯的公平理论 麦克利兰的成就激励理论	在研究人类行为的产生和发展中，需要考虑人的心理因素对其个体行为的影响，如个体特有的思想意识和价值观念等。该理论派系突出研究个体需求的重要内容和相关构建以及怎样推动人类的行为
综合型激励理论	勒温早期综合激励理论 波利与劳勒综合型激励模型	该派系认为内在需求与外在需求具有同等重要的地位，两种需求需要同时被满足，精神与物质的激励需要同步进行

4. 效率工资理论

效率工资理论是劳动经济学的一个重要理论，它从人力资源管理的角度重新对工资的决定因素进行了审视，并考虑了工资决定因素中除先天禀赋、人力资本投资之外的因素。工资不再等同于边际生产率，而是提高生产率的一种管理手段。在完全竞争市场的假说中，企业将根据工人的边际生产率来支付工资，但在不完全信息的劳动力市场中，企业支付给员工的工资远远高于市场平均水平的工资，以此来促进员工更加努力地工作。通过向员工支付高于市场平均水平的工资，企业不仅可以有效地激励专业人员，还可以提高生产力和经营业绩。在不完全信息的劳动力市场中，效率工资能够通过激励效应、选择效应、劳动力流动效应等方式来影响劳动者的生产率。

所谓激励效应，是指高工资会增加员工渎职或失职的机会成本，从而促进员工更加努力地工作。选择效应意味着雇主无法真正了解员工的实际生产率，但高工资能够吸引生产率高的员工，并保留工资更高的员工。流动效应意味着高工资可以降低员工的流动性，从而降低企业的搜索成本。效率工资可以看作一种筛选机制，它通过高于市场平均水平的高工资选择高素质的员工，并将他们留在企业中为其做出更多的贡献。随着知识在经济增长中的作用日益显著，知识、技能和经验日益成为劳动力市场上的稀缺性资源，资本对一般性劳动的替代作用日益增强,而且资本与知识性劳动之间的互补效应日益突出,效率工资在劳动力市场中的这种作用越来越明显。

在过去的20年中,效率工资理论已经发展成为世界主要发达国家的高校进行绩效工资改革的重要理论支撑。多年来,美国和加拿大等市场化国家通过引入竞争机制来提高高校教师的工作效率,将产出与教师的工资挂钩,同时建立绩效评估机制来确定工资分配方案,并且大多数国家已经开始实施这一制度。由政府主导的传统形式国家,如德国、法国、瑞士和芬兰等也在逐步进行该项改革。后续研究可以基于效率工资理论对我国高校教师绩效薪酬进行设计研究,以提高高校教师职业生涯对优秀人才的吸引力,提高各类教师人才的留用率,减少各高校之间教师的流动性。

(二) 文献量化分析

基于Java语言开发的信息可视化软件CiteSpace是目前应用最广泛的科学知识图谱可视化软件之一,它可以生动地呈现一个研究领域的来龙去脉,直观地表达隐藏在大数据中不易被发现的规律。CiteSpace自动聚类的实现是基于谱聚类算法,在共引网络中,基于链接关系而不是节点属性的聚类使其具有天然的优势,它可以帮助研究者把来自不同学科视角的文献予以综合全面的归纳,对知识领域有一个全面、系统、客观的认识。该软件提供了一种信息可视化的方式,可以绘制作者与出版机构的合作网络、关键词共现图、主题聚类图等,可以重点展示某一知识领域的热点问题和检测研究前沿,对文献数据进行统计描述和科学分析。

本研究选择中国知网作为数据检索源,以"学科"为检索项,以"高校教师薪酬"为检索词,检索截至2021年的所有期刊文献。文献来源均为期刊,排除会议、报纸等文献来源,并排除了不相关文献,最终得到471篇中文文献,以Refworks格式导出,记录包括标题、作者、摘要和关键词。直接导出所有文献资料,并运行CiteSpace 5.7.R5(64 bit)的CSSCI文献数据格式转换工具完成数据格式转换。在此基础上,首先分析了文献发表趋势、共被引文献、共被引期刊、作者以及机构,呈现出了高校教师薪酬研究成果的基本模式和基本格局。其次,运用关键词分析功能,得到主题聚类图,对高校教师薪酬的研究主题进行分析。最后,利用关键词凸显功能,挖掘高校教师薪酬研究的主题演变过程和未来研究重点。

1. 可视化分析

文献资料是科学研究的重要载体和交流平台，为了在总体上把握高校教师薪酬研究的基本格局，就要从文献发表趋势、共被引文献、共被引期刊、核心作者和高产机构之间的联系入手进行研究。

第一，文献发表趋势分析。从发表文献的时间序列分布，可以看出2000—2021年高校教师薪酬水平-发文数量趋势，如图3-2所示。

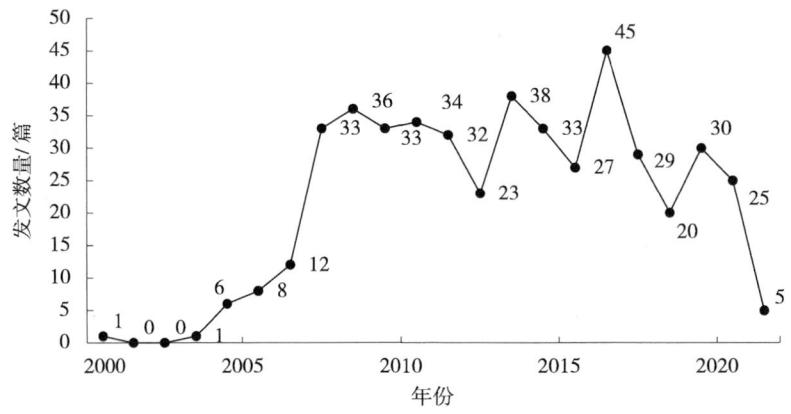

图3-2　2000—2021年高校教师薪酬水平-发文数量趋势图

2000—2021年，高校教师薪酬水平相关主题研究的发文数量达471篇，发文数量持续增长。2000—2006年，发文数量较少，说明在这个时期，政府没有充分重视高校教师薪酬水平，相关的政策制度并没有得到实施。而从2007年起，发文数量呈大幅度上升趋势，关于高校教师薪酬主题的研究成果年均20篇以上。这反映出高校教师薪酬研究者群体规模的不断扩大，该主题的社会关注度和重要性不断提高，同时也体现出明显的政策导向性和政府支持力度的关键性。

第二，共被引文献共现分析。共被引成果是指两篇文献被同一篇文献引用的现象，从分析结果来看，该研究领域的关键文献主要有两类：一是运用实证研究分析高校教师薪酬问题；二是从理论角度剖析高校教师薪酬制度。

第三，共被引期刊共现分析。高共被引文献见表3-5。通过对共被引期刊的分析，可以发现高等教育学科和经济学学科的期刊是高校教师薪酬研究的重要期刊来源。高校教师薪酬问题既属于高等教育学科的问题，也属于经济学学科的问题，现有的研究通常交叉运用多学科知识体系来解释高校教师薪酬问题。

表 3-5 高共被引文献

作者	文献
沈红，熊俊峰	高校教师薪酬差异的人力资本解释，2013
赵丹龄，王善迈	高校薪酬制度改革若干问题的探析，2006
高校教师薪酬调查课题组	高校教师收入调查分析与对策建议，2014
骆品亮，陆毅	我国研究型高校薪酬制度的研究，2004
赖亚曼	美国高校教师薪酬外部竞争力分析及启示，2008
刘金伟，张荆，李君甫，赵卫华	北京高校教师薪酬满意度及其影响因素分析：基于北京地区18所高校教师的抽样调查，2012
阿特巴赫，等	高校教师的薪酬：基于收入与合同的全球比较，2014

第四，作者发文共现分析。核心作者是推动某一研究领域发展的骨干力量，是发挥重要影响力和作用的核心科研人员。它们发表的论文成果颇丰，其科研成果代表了该研究领域的文献质量水平，能够反映该领域的研究方向和热点动态。因此，有必要对核心作者发表的论文进行研究。表3-6统计了2000年以来发表论文数量排在前10位的核心作者，通过表格数据可以发现，高校教师薪酬水平的研究者很多，但是大多数研究者发表的文章在3篇以下。

表 3-6 2000 年以来发文数量排前 10 位的核心作者

排名	作者	篇数	首次发文年份	排名	作者	篇数	首次发文年份
1	刘名宇	3	2019	6	赵士谦	3	2013
2	李冰	3	2012	7	王军	3	2010
3	应永胜	3	2007	8	马鸿哲	3	2018
4	刘晓峰	3	2010	9	汪雯	3	2004
5	赖亚曼	3	2018	10	周金城	3	2011

作者共现网络能够反映某研究领域内核心作者的交流与合作情况，科研成果的完成离不开作者之间的合作研究。网络密度可以反映作者之间的合作情况，网络密度越高，说明该领域作者之间的交流与合作越频繁。利用 CiteSpace 绘制高校教师薪酬水平研究的作者共现网络图，图中共包含 425 个节点和 164 条链路，网络密度仅为 0.0018。可见，学者们在高校教师薪酬水平研究领域缺乏合作和交流。

第五，机构发文共现分析。通过机构发文共现分析，可以看出科研力量的分布情况。从研究机构发文情况统计表（表 3-7）来看，各个发文机构有关高校教师薪酬水平的研究成果并不是很多，而且机构与机构之间的合作也非常少，合作关系并不密切。

表 3-7 研究机构发文情况统计表

序号	发文机构	篇数	序号	发文机构	篇数
1	内蒙古财经大学人事处	3	6	西安邮电大学经济与管理学院	2
2	河北金融学院	3	7	上海交通大学	2
3	中山大学南方学院	2	8	武汉理工大学教育科学研究院	2
4	福州大学高等教育研究所	2	9	福建商学院	2
5	华中科技大学教育科学研究院	2	10	广西民族师范学院人事处	2

2. 热点分析

研究热点反映了一定时期内学术界对该领域的关注焦点，关键词可以完美地提炼和概括文章的核心内容。关键词共现可对研究内容进行深入的主题分析，系统地把握主题研究的发展动态，预测研究发展方向。关键词的中心性越强，表示该关键词在共现图中与其他关键词同时出现的概率越高，是一段时期的研究热点。因此，通过关键词的词频统计和话题聚类，可以科学有效地把握某一研究领域的热点。

第一，关键词可视化分析。基于关键词共现网络图，表 3-8 统计了词频位于前 10 位的关键词。可以发现，学术界研究热点集中于以下三个方向：一是高校教师薪酬制度的研究；二是高校教师薪酬激励制度的研究；三是民办高校教师薪酬制度的研究。中介中心性是衡量关键词在某个研究领域的重要性的指标，通常大于 0.1。使用最频繁的关键词是"高校教师"，出现的频次高达162，中介中心性为0.67，说明其起到了非常好的核心枢纽作用；"薪酬""高校""薪酬制度""教师薪酬""激励机制"的中介中心性也大于0.1，说明它们在共现网络中起着关键作用。

表3-8 关键词词频分析

排名	关键词	词频	中介中心性	排名	关键词	词频	中介中心性
1	高校教师	162	0.67	6	教师薪酬	45	0.36
2	薪酬	77	0.17	7	激励机制	43	0.15
3	高校	71	0.24	8	薪酬激励	35	0.09
4	薪酬制度	59	0.13	9	教师	35	0.03
5	民办高校	56	0.26	10	薪酬管理	31	0.08

第二，关键词聚类分析。图3-3所示为对高频关键词进行自然聚类，形成高校教师薪酬水平研究热点聚类图（Cluster View）。聚类图侧重于研究不同领域的知识结构，依据谱聚类算法将大量文献的研究主题聚类，从而呈现文献的分类和标签。以关键词（keyword）为节点类型进行主题聚类分析，证明聚类的效果是有效的、可信服的。运用CiteSpace中的K聚类方式对关键词进行聚类分析，得出网络模块数$Q=0.5554$，一般而言，当Q为0.4~0.8时，说明聚类效果符合预期要求。S能够衡量聚类紧密程度，取值范围一般为$[-1, 1]$，其数值在0.7以上则表明聚类主题是高度有效的。

本研究得出的$S=0.8328>0.7$，说明得出的聚类主题高度有效。从关键词聚类结果来看（图3-3），可以将热点主题总结划分为三类：一是高校教师薪酬制度的来源、内容等，如教师薪酬、薪酬制度、教师薪酬制度等；二是高校教师薪酬激励制度的相关研究，如绩效薪酬、模糊综合评价等；三是从高校教师角度入手，进而探索更加科学有效的薪酬制度，如高校教师、教师、民办高校教师等。

图 3-3　高校教师薪酬水平研究热点聚类图

从聚类主题词的有效性和平均综合年份来看（表 3-9），研究主题主要分布在 2008—2009 年和 2011—2012 年，并且逐渐由高校教师薪酬制度概念、来源的研究转向高校教师薪酬制度在我国的实施情况、激励制度与绩效制度的研究，注重高校教师学术积极性的提高。

表 3-9　高校教师薪酬水平研究热点聚类

聚类号	节点数量	Silhouette 指数	平均年份	聚类主题
0	82	0.800	2012	高校教师
1	68	0.887	2011	教师薪酬
2	65	0.835	2011	薪酬制度
3	59	0.765	2012	民办高校
4	46	0.746	2012	薪酬
5	21	0.929	2009	绩效薪酬
6	17	0.876	2008	教师
7	12	0.958	2005	教师薪酬制度
8	10	0.970	2009	民办高校教师
9	5	0.987	2018	模糊综合评价
10	3	0.994	2008	模糊综合评价

基于文献资料和关键词聚类分析的结果，我国高校教师薪酬研究主题分布如下：首先，以高校教师薪酬的实际数据为基础，分析了高校教师薪酬的竞争力，从薪酬水平和结构来看我国高校教师薪酬的公平性和功能性；其次，进一步研究高校教师薪酬水平的影响因素，分析高校教师薪酬的决定机制；再次，从薪酬管理的角度探讨薪酬的核心主题，即薪酬激励，并从主要特征和激励方案的角度出发，寻找符合高校教师职业特点的薪酬激励机制；然后，通过比较研究，对高等教育发达国家的高校教师薪酬制度进行阐释，以期为我国高校教师薪酬制度的完善提供参考方案；最后，对高校绩效工资理论与实践展开相关研究。

(三) 研究评析

1. 高校教师薪酬水平与结构研究

高校教师薪酬水平与结构是高校教师薪酬的外部竞争力和内部公平性的表征，相关研究包含的关键词有：有效薪酬、薪酬差异、薪酬水平、工作绩效、组织公平感、薪酬结构等。

(1) 高校教师薪酬水平

薪酬水平是衡量薪酬竞争力的关键指标，通常用工资率来衡量。提供具有竞争力的薪酬是建设高水平教师队伍的重要手段。近些年来，我国高等教育从精英化阶段逐步迈进大众化阶段，高校教师人均工资水平也从1999年的不足12000元/年上升至2013年的70000元/年以上，年均增长率超过了30%。我国高校教师薪酬是否具备较高的竞争力，现在的研究主要是从不同的劳动力市场来衡量，其中包括国际学术劳动力市场、国内劳动力市场和国内学术劳动力市场。

2008年，Altbach对全球学术职业薪酬待遇的调查结果显示，在6个大洲的28个国家中，我国高校教师的薪酬水平位列倒数第三，在国际学术劳动力市场中不具备足够的竞争力。在我国劳动力市场中，高校教师的薪酬水平也低于具有相同人力资本储备的知识密集型行业的从业人员，如金融、科技行业等。以高等教育资源最为丰富的北京为例，据调查结果显示，2011年北京市高校教师平均工资为82945元/年，在国民经济的19个行业中排第7名，是排名第一的金融行业平均工资的50%，比IT行业低40.7%。在我国学术劳动力市场中，高校教师薪酬呈花瓶状分布，年收入在 10 万元以下的人数相对集中，年收入在 20 万元以上的人数较少且相对分散，中低收入（年收入在 15 万元以下）教师占比 85.9%。在考虑生活成本因素和行业差异因素的基础上，有的研究构建了高校教师薪酬水平的竞争力指数，在进一步排除经济发展水平和高校经费及使用差异对该指数的潜在影响后得出结论：虽然我国高校教师的名义薪酬持续上升，但高校教师薪酬的"净"竞争力只在 1999—2003 年期间提升速度较快，而后回落至 2001 年的水平，并且北京、上海等地名义薪酬水平较高的省级行政单位高校的薪酬水平竞争力反而处于最低水平。总体而言，我国高校教师薪酬的竞争力还不是很强，如果继续这样下去，将导致高校人才的流失和高等教育质量的下降。

（2）高校教师薪酬的结构

薪酬结构是薪酬曲线的斜率，反映了组织内部的薪酬差距，根据薪酬等级的数量和不同等级之间的薪酬水平差异确定。薪酬结构分为均等结构与差序结构，前者表示薪酬曲线稳定平缓，薪酬差距在一定范围内被压缩；后者表明薪酬曲线凸起陡峭，内部薪酬差距较大。我国高校实行差序薪酬结构，高校薪酬由岗位工资、薪级工资、绩效工资和津贴补贴四部分组成。岗位工资主要反映被聘用岗位的职责和要求；薪级工资反映资历和历史贡献；绩效工资反映工作业绩和实际贡献。从构成结构来看，固定薪酬比例较低，仅占约 30%；而绩效薪酬比例较高，占比高达约 70%。这种薪酬模式隐含的价值取向是各部分承担不同的职能并有机结合，体现出薪酬的保障和激励作用。然而，我国高校的陡峭差序薪酬结构存在一定的问题，并没有使薪酬各部分有机结合起来并充分发挥其功能，反而出现了高校教师薪酬保障性和激励性不足的问题。2013 年，我国高等教育学会薪酬研究分会的调查结果显示，教师的基本工资占总收入的 14%，薪酬稳定性和保障性明显减弱。因此，有学者提出，在现行高校工资制度框架下的绩效薪酬应分成两部分：基础绩效薪酬和激励绩效薪酬。此外，还有研究从理论层面分析了高校教师的薪酬结构，提出了高校教师薪酬结构的 3P1M 模型，即基于个体人力资本（P）、岗位（P）、绩效（P）和市场的薪酬结构设定（M），强调固定薪酬的保障性、绩效薪酬的激励性和市场薪酬的竞争力。

2. 高校教师薪酬决定机制研究

高校教师薪酬来源的多样性和层次性造成了其决策机制的复杂性。高校教师薪酬水平一方面取决于个人人力资本的积累，另一方面也受其所处的组织环境的影响。相关研究的关键词包括保留工资、组织社会资本、省际差异、工资竞争力、求职理论、私人社会资本等。

(1) 个人人力资本的积累

个人人力资本的积累主要包括受教育水平、教育经历、教学年限、职称、学术成就、行政职位等。现有研究普遍认为，个人人力资本的积累对高校教师的薪酬水平具有显著的影响，但不同人力资本要素对高校教师薪酬水平的贡献程度仍存在争议。一些研究指出，教师职称是导致收入差距的最重要因素，它长期以来一直是薪酬的第一决定因素；其次是教学年限。然而，也有一些研究提出，决定高校教师薪酬高低的最主要因素是行政职位和职称，学历和教学年限对薪酬没有影响，而其交叉效应微弱，此外，教师个人的劳动投入对收入也没有影响。

(2) 组织环境

教师所处的组织环境包括学科、院系、高校类型以及地区，组织的市场需求和筹资能力对教师的薪酬也会有显著影响。首先，由于不同学科的市场需求程度不同，教师的社会服务机会和市场价值也有所不同。例如，与人文学科相比，商学、法学等学科有较高的市场需求，教师的社会服务性收入也相应增加。其次，教师薪酬中的津贴来源于中央、地方政府、高校和院系多个层级。因此，高校类型及其所在地区的经济发达程度、院系的创收能力都直接影响着教师的薪酬。

3. 高校教师薪酬激励研究

高校教师薪酬激励是高校教师薪酬研究的核心主题，相关研究的关键词包括知识经济、人才引进、激励措施、质量保证、教育教学、岗位聘任、自我驱动、绩效薪酬、薪酬激励、绩效工资等。

(1) 高校教师薪酬激励效果研究

高校尽量通过提供一定薪酬的方式，激励教师努力提高科研产出、教育教学质量以及提供必要的社会服务。薪酬制度是否具有激励性是以往高校教师薪酬改革关注的重点内容。从津贴制度、绩效工资制度到年薪制，高校通过调整结构、提高水平来增强高校教师薪酬激励的效果。一些研究成果表明，津贴制度的实施确实改善了教师待遇，提升了教师薪酬的外部竞争力和内部公平性，稳定了内部骨干教师，吸引了外部高素质的优秀人才，提高了组织绩效。然而，基于职称和资格分配的津贴制度对青年教师的激励效用有限。绩效工资制度对高校教师工作绩效的激励作用仍然存在争议，特别是在研究型高校中，教师的多任务代理特征以及部分任务的业绩不易观察和验证的特性，导致了代理人任务之间的替代效应，使基于客观绩效评价的薪酬制度激励效应有所减弱。年薪制实施的时间比较短、所涉及范围较窄，其激励效用尚未得到相关研究的评价。

(2) 高校教师薪酬激励方案再造

针对高校教师薪酬制度激励不足的问题，研究者结合高校教师职业的劳动特点，如高人力资本投入、多任务代理、产出成果难以量化、科学研究高风险性、创新性和科研自由性等，并根据高校教师的需求特点，借鉴高等教育发达国家的经验，重新设计了我国高校教师薪酬激励方案。首先，认为薪酬激励机制的设计需要满足教师参与约束与激励约束，多任务激励和能力筛选，并坚持公平性、激励性、竞争性、经济性以及合法性的原则。其次，倡导在信息不对称的条件下实施个人绝对绩效多元组合的计件工资制、个人相对绩效产出冠军制和团队绩效产出的薪酬激励方案，并逐步实施宽带薪酬评级体系，延伸薪酬评级线，减少薪酬类别，完善未来收益绩效型薪酬增长机制。

4. 国际高校教师薪酬制度比较研究

"他山之石，可以攻玉"，发达国家的高等教育同样也是比较发达的，他们的高校教师薪酬制度的实践经验和研究成果是可以被借鉴的。相关研究的关键词包括收入分配制度、绩效与薪酬管理、人力资源管理、薪酬模式等。

(1) 政府主导型国家高校教师薪酬制度

日本、韩国、德国和法国等将高等教育视为公共事务的国家对高校教师实行政府主导的薪酬制度。与公务员一样，高校教师享有相对稳定的收入和终身聘任待遇。教师薪酬在劳动力市场中处于中等以上水平，市场不会直接调整教师薪酬水平。高校教师具有公务员地位的优势，收入标准是由政府部门制定的，高校没有权力决定教师的工资水平。强大的学术社区和稳定的收入保证了高校教师能够全身心地致力于科学研究和教学。然而，政府主导的薪酬体系面临的挑战是高校教师的成本效益和激励效果较差。因此，这些国家试图逐步对该系统进行绩效改革。以德国为例，该国根据薪酬体系的类型划分教师的工作类型。一方面，它为高校教师的公务员地位和教研工作提供了固定的薪酬保障；另一方面，它实施绩效工资改革，充分发挥基本工资和浮动工资的结构功能，在总体上形成了合理的收入分配关系，兼顾公平与效率统一的分配原则。

（2）市场主导型国家或地区高校教师薪酬制度

美国、英国、加拿大等国家将高等教育视为准公共事务，这些国家实行以市场为导向的薪酬体系。教师受雇于高校，高校对未取得任期的初级教师或助理教授实行"非升即走"政策，以保证一定的流动性。这种教师管理制度的薪酬体系也是以市场为导向的，学校对教师实行单一工资制和合同工资制。因此，教师工会发挥集体谈判的作用，协调教师和高校的权利及义务，保护教师的合法合理权益。

市场化薪酬制度的优势在于高校外部的市场激励增强了高校教师的自主性和逆向性压力，其挑战在于高校内部市场化激励增强了高校对教师的问责和奖惩。在美国研究型高校中，教师薪酬的目标主要是外部竞争力和内部一致性，教师薪酬水平是基于外部劳动力市场和内部劳动力市场的双重决定，具有较强的外部竞争力。同时，教师薪酬管理以高校为主导，大部分实行合同工资制，且具有薪酬调整和增长的问责机制。

5. 绩效工资理论与实践研究

绩效工资是高校教师薪酬改革的新尝试，相关研究涉及的关键词包括分配公平性、绩效评价、能力导向、绩效管理、教师绩效、薪酬激励、长效增长机制等。

（1）绩效工资理论基础

绩效工资是高校激励教师、促进教师队伍建设的重要杠杆，绩效工资制度通过降低基本工资的比例和提高绩效工资的比例来调整教师的薪酬结构，并根据绩效进行支付，以吸引优秀的高绩效教师。通过对高校教师绩效工资理论的研究得出以下结论：第一，绩效工资理论与激励理论是一致的。绩效工资体现了以能力为导向、以绩效为导向的原则，能够达到吸纳和留住优秀人才的目的。第二，高校教师绩效的可测量性使得绩效工资制度在技术上具有可行性。高校教师的绩效主要包括三个方面：教育教学、科学研究和社会服务。尽管教育教学评价以及发表学术论文的数量和质量不能充分衡量高校教师的教育教学贡献与科研成果,但在现实中,教育教学评价的测量方法与发表文章的数量和质量挂钩在很大程度上得到了高校教师的认可。就社会服务而言,教师的社会服务是在市场机制下进行的,自然会产生市场定价。因此,高校教师的绩效具有一定的可测量性和结构性特征。第三,高校教师的不同表现可以是相称的。不同类型的绩效可以是工作之间社会价值的"当量",不同级别的绩效可以相互转换,这就保证了绩效工资制度的合法性。

(2) 绩效工资实践研究

实证研究表明,绩效工资的实际激励效果并不令人满意。其结构比例不合理、考核方法简单量化、考核过程不够透明,都导致了绩效工资短期激励弱化,长期激励缺乏。以往的研究将绩效工资在实践中存在的问题归结为四个方面的原因:一是传统制度环境的惯性影响,绩效工资"现代企业制度化"的痕迹明显,改革计划通常由院系管理者完成,教师在学术体系中的话语权缺失。二是绩效考核标准偏离学术逻辑和轨道,片面地以项目替代创新成果,以项目资金和学生人数衡量教师水平。三是绩效评估的工具理性滋生了绩效主义,将教学科研与薪酬直接挂钩,对各种工作要素进行分解和量化,使教师为了追求短期利益而忽视了能够获得长期利益的工作。四是薪酬内部激励机制障碍。绩效工资评价体系将教师的工作等同于计件工作,过分强调外部激励而忽视内部薪酬激励,以学术生涯为乐趣的自我动力和内部意识受到抑制。

三、我国高校教师薪酬制度的发展

(一) 高校薪酬制度改革的主要历程

中华人民共和国成立以来,我国高校薪酬制度经历了多次改革。通过梳理我国高校薪酬制度的历史沿革,可以发现高校薪酬制度改革的主要过程大致可以分为以下三个阶段。

第一阶段是岗位等级薪酬制度的建立。岗位等级薪酬制度是指按照一定的标准对高校员工的岗位进行分级,并根据分级结果分配相应的工资。中华人民共和国成立之初,面临着经济社会发展困境,不同地区、不同行业的薪酬制度错综复杂。1950年,中央劳动部召开全国工资编制会议,根据当时经济和社会发展的实际情况，决定对包括高校在内的机关事业单位实行统一的等级工资制度。具体而言，岗位等级工资制度的建立主要经历了以下两个具体阶段。

第一，"供给制"与"工资制"并存的职务等级工资制阶段。这一阶段从1949年持续到1956年，这一时期高校岗位等级工资制度的具体实践主要依靠"供给制"和"工资制"。一方面，"供应制"的分配制度具有"共产主义总平均"的性质，根据当时国家财政状况和个人生活的基本需要，"无偿"为有关人员提供生活必需品，高校"供给制"的工资对象主要是原党政机关领导干部和新录用的高校青年教师。另一方面，城市老教师仍然享有"留存工资"，其基本沿用中华民国时期的工资制度，薪酬对象主要包括高校教授、专家或工程师。考虑到物价波动的具体情况，"储备工资"制度下的具体工资数额一般以即时米价、油价、盐价或布价为主要参考标准。

第二，高度统一的职务等级工资制阶段。除"文化大革命"外，这一阶段从1956年持续到1985年。1956年，随着"社会主义三大改造"的完成，有关部门积极运用强有力的行政手段调整国家工资分配，实行高度统一的职务等级工资制。根据国务院《工资改革方案》的基本精神，教育部于1956年发出了《关于1956年全国普通教育、师范教育事业工资改革的指示》，规定高校实行分类管理的薪酬制度，对教学人员、教学辅助人员和管理人员分别实行不同的薪酬制度。其中，教职员薪酬制度分十二级，教授执行1~3级工资标准，副教授执行3~6级工资标准，讲师执行6~9级工资标准，助教执行9~12级工资标准。十一届三中全会以后，高校的薪酬制度发生了一些变化。1979年，财政部颁布了文化、教育、科研、卫生事业单位和行政机关"预算包干"试行办法。根据该办法，高校实行"预算包干"后，可以从增加的收支中提取一定比例的资金用于支付教职工奖励津贴；同时，一些小额补贴也得到了相关政策的支持。总的来说，这一时期我国高校的薪酬制度主要是高度统一的职务等级薪酬制度，辅以临时性的奖励或津贴安排。

第二阶段是津贴薪酬制度的引入。自1985年以来，随着改革开放进程的深化和加快，市场对人力资源管理的意义越来越突出。高校人力资源管理中高度统一的职务等级薪酬制度的弊端逐渐显现。因此，构建能够更好地反映市场机制需求的激励机制和更加灵活的高校薪酬制度，成为高校薪酬制度改革的目标。

第一，津贴的初步引入。这一阶段从 1985 年持续到 1993 年，1985 年中共中央、国务院发布了《关于国家机关和事业单位工作人员工资制度改革问题的通知》。其中规定了高校工资制度改革的基本原则：一是按劳分配原则，即适当体现奖优罚劣、奖勤罚懒的原则；二是薪酬分配要体现职称、岗位责任、工作绩效的原则；三是建立健全正常的加薪晋升机制。在上述原则的指导下，全国各高校开始探索基于教师工作内容、工作特点和具体职责的薪酬分配制度。1985 年 8 月，劳动人事部发布了《高等学校教职员工工资制度改革实施方案》，明确高校应积极推行工龄津贴，在奖励津贴和其他津贴的基础上，实行以岗位为核心的结构性薪酬制度，遵循薪酬制度改革的基本原则。

第二，补贴的广泛引入。这一阶段从 1993 年持续到 2006 年。在此期间，高等教育面临的经济社会发展背景发生了巨大变化，客观上要求高校进一步改革薪酬分配制度；同时，"基于工作的结构性薪酬体系"主要参照党政机关的人力资源管理模式，未能更好地体现高校人力资源管理的特点。高校的薪酬不能准确匹配按劳分配的要求和原则，在一定程度上影响了教师的积极性。鉴于此，1993 年，新一轮事业单位工资分配改革明确了高校工资分配要与党政机关分开。在此背景下，一些高校提高了补贴在教师工资总额中的比例，部分高校教师的补贴收入占工资总额的 30% 以上。随后，教育部于 1999 年发布了《关于当前深化高等学校人事分配制度改革的若干意见》，指出"高校要加快内部分配机制改革，教职员工的薪酬应直接关系到岗位职责和工作绩效，真正体现按劳分配、优劳优酬的原则"。2000 年教育部发布的《关于深化高等学校人事制度改革的实施意见》强调，高校要积极探索"适合本单位特点的多种分配形式和方式，建立按岗计酬、按劳计酬、优劳优酬的分配制度"。在上述精神的指引下，研究型高校所代表的重点高校已经开始探索适合高校特色的资助体系，以促进薪酬合理分配，更好地关注重点岗位和人才，成果反映了知识和技术转化所产生的社会效益。津贴的具体项目包括特殊岗位津贴、课时津贴、学科津贴、导师津贴和各种当地津贴等。

第三阶段是实行岗位绩效薪酬制。这种薪酬制度自 2006 年以来一直延续到今天。进入 21 世纪以来，随着高等教育外部环境的变化，"进一步强调组织目标和绩效责任，突出高校办学效益，已成为高校人力资源管理的新趋势"。鉴于此，有关部门积极开展高校岗位绩效薪酬制度改革。岗位绩效薪酬制度改革实施以来，大致可分为以下两个具体阶段。

一是过渡阶段。这一阶段从 2006 年持续到 2010 年。2006 年 6 月，人事部、财政部联合发布《关于印发事业单位工作人员收入分配制度改革方案的通知》，决定从 2006 年 7 月起全面推行岗位绩效工资制度。随后，根据全国高校工资分配的实际情况，教育部于 2006 年 10 月发布了《高等学校贯彻〈事业单位工作人员收入分配制度改革方案〉的实施意见》，旨在指导全国高校实施岗位绩效工资制度。根据教育部相关文件精神，高校应在教师工资结构中增加绩效工资，绩效工资具体金额应根据实际贡献或业绩来确定。同时，教育部鼓励不同类型、不同地区的高校根据自身发展需要和特点，积极探索个性化、特色化的绩效考核分配机制。

二是深化阶段。在绩效工资制度改革的过渡阶段，全国高校基本完成了薪酬结构改革任务，在薪酬结构中增加了绩效工资。然而，现实中高校教师的绩效考核标准和考核机制并不完善。同时，一些制度措施没有及时跟进，导致绩效工资制度改革的精神并没有得到落实。根据区域高校薪酬制度的实际情况，部分省（市）人力资源和社会保障部门在 2011 年前后陆续制定了绩效薪酬改革实施办法，督促指导全区高校持续深入推进绩效工资制度改革。根据有关规定，高校工资总额由相应的主管部门核定。核定的主要依据是师资力量规模、岗位设置、公益目标完成情况、绩效考核等。同时，高校要在上级批准的工资总额内，自主制订绩效工资制度实施方案，建立健全绩效考核制度。近年来，根据相关部门的要求，高校致力于完善绩效工资制度，这是一种更加科学、具体、实用的考核制度。

综上所述，本章论述了我国高校薪酬制度改革的主要过程。需要强调的是，高校薪酬制度改革过程中的上述阶段划分是相对而言的。通过这种阶段性的划分，希望能帮助人们更好地了解高校薪酬制度的演变过程。由此可见，岗位等级工资制度适用于计划经济时期相对集中的宏观管理体制。在实践中，这种薪酬制度在一定程度上保障了高校教师的基本生活。但同时也应该看到，在整个计划经济时期，等级薪酬制度安排下的薪酬管理在管理体制、薪酬结构、薪酬水平等方面都存在不足或缺陷。自 1985 年以来，津贴的引入克服了原有离职后工资制度的一些弊端，为教师自利选择和主观性的发挥提供了一定的空间。但是，由于历史和现实的原因，在实行补贴工资后，实践中一些高校的工资分配制度仍存在诸多不足，主要包括：国家工资管理与内部分配管理的协同关系没有理顺；岗位津贴没有考虑关键、重要和普通岗位的总体分布。2006年以来，绩效工资制度改革将高校教师的绩效考核结果作为工资分配的依据之一，极大地激发了教师的主观能动性。在绩效工资制度安排下，教师的工资水平与高校发展目标的实现相统一，客观上促进了教师与高校利益共同体的形成。

（二）高校薪酬制度改革的效应分析

高校薪酬制度改革离不开经济社会发展的宏观背景和相应的制度变迁。新中国成立以来，在国家经济体制改革的背景下，我国高校薪酬制度改革取得了不少成绩。但是，高校薪酬分配现状仍存在一些不足，主要是缺乏外部竞争力和内部激励。

第一，高校薪酬体制缺乏外部竞争力。一般来说，高校作为知识传播、知识生产和知识应用的学术机构，具有典型的知识密集型产业特征。知识密集型产业的特点客观上要求高校员工拥有大量的高级人力资本投入，而人力资本的高投入应该期望相应的薪酬回报。事实上，高校中高技能、高学历、高素质人才的数量明显高于其他社会组织。然而，高校员工相对较高的人力资本投入与实际工资水平之间存在一定程度的不匹配。主要表现为，一方面，高校薪酬水平的行业竞争力不足。相较于社会上其他知识密集型行业，高校的薪酬水平相对较低。有学者对比了几个知识密集型行业与高校的薪酬水平，发现高校的薪酬水平明显低于其他知识密集型行业。绩效工资制度实施以来，特别是近年来，随着绩效工资制度的逐步完善和国家"双一流"高等教育战略的实施，高校薪酬水平有所提高，但总体来看，我国高校薪酬水平的行业竞争力仍然不足。另一方面，我国高校薪酬水平的国际竞争力较弱。美国学者阿尔特巴赫（Philip·G·Altbach）曾对全球公立高校的薪酬水平进行比较研究。结果显示，我国高校整体薪酬水平较低，高校新入职青年教师的薪酬水平相对较低。总体来说，我国高校的薪酬水平明显低于欧美等世界发达国家，甚至与一些亚洲国家相比也存在差距。现实中，高校薪酬缺乏外部竞争力，不利于吸引优秀人才投身高等教育事业，也不利于高等教育战略的实施。

第二，高校薪酬体制缺乏内部激励性。薪酬制度的相关安排是高校激励机制的重要组成部分，对提高教师工作满意度、激发其工作活力、增强其凝聚力具有重要作用。因此，薪酬制度是否具有良好的激励性是高校薪酬制度改革的重点。一般来说，好的薪酬制度应该具有激励功能，即高校可以通过相应的薪酬机制，促使相关学科更好地服务于人才培养、科学研究和社会服务活动服务，有利于高校整体组织目标的实现。应当承认，在绩效工资制度安排下，高校薪酬的激励作用是突出的；但与此同时，高校现有的薪酬激励机制并不完善。一方面，各种形式的"资历"仍然是决定工资水平的重要因素。绩效考核并没有完全摆脱薪酬分配中"论资排辈"的倾向。教师的资历、职称和各种形式的"学术帽子"或"人才头衔"通常是获得更高工资的权重。另一方面，薪酬激励标准短视。这种短视主要体现在片面地以定量的方式作为评价高校教师工作绩效的主要标准，而相对缺乏对教师工作绩效的定性评价。教师完成学时数、指导学生数、科研项目数、发表论文数成为高校绩效考核的主要内容。这种做法实际上鼓励了高校教师追求眼前利益，加剧了高校的功利主义倾向，滋生了学术不端行为。

在深层次看，薪酬改革过程中遇到的问题大多是因为没有正确处理竞争力与可持续性、规范性与灵活性、激励性与公平性、稳定性与差异性、短期效应与长期效应之间的关系。

其一，薪酬体系的竞争力与可持续性的关系。为了保持关键岗位的薪酬竞争力，高校通常对绿色通道人才、教师等关键岗位采取行业领先的策略。为了激发大家的活力，每个岗位的工资每年都需要保持一定的增长。在总量增加不明显、不充分的情况下，高校通常很少调整正式系列教师和可替代性强的岗位的薪酬。在充分考虑薪酬竞争力的前提下，根据高校的实际财务状况，制订可持续的薪酬增长计划。

其二，工资制度的规范性与灵活性的关系。如何在不同的发展阶段和外部环境的变化下，为各个岗位制定合理的薪酬标准，及时调整薪酬管理体系，也是薪酬改革过程中必须考虑的因素。过度规范将导致薪酬体系灵活性的下降，而过度的灵活性又会使薪酬体系难以管理。

其三，薪酬分配的激励性与公平性的关系。目前，高校对工作性质的不同要求，体现了不同级别、职级、岗位的薪酬价值差异。激励性薪酬通常是以岗位工资总额为基础，按比例发放。但对于工资基数较低的教师来说，这种方法的激励效果并不明显。

其四，薪酬结构的稳定性与差异性的关系。一方面，高校应合理地控制各学科和人员之间的薪酬差距，不能过多地影响薪酬结构的稳定性；另一方面，差别工资制度的缺失无法体现高价值工作和突出贡献的重要性。

其五，薪酬激励的短期效应与长期效应的关系。一方面，高校需要考虑岗位工资、绩效工资等短期激励性薪酬。另一方面，基于美国心理学家弗雷德里克·赫茨伯格（Fredrick Herzberg）提出的双因素理论，高校也需要考虑职务晋升、住房补贴、职业年金、岗位培训、学术休假和奖金池等福利计划作为长期激励补偿。如果在聘用合同或教师手册中没有明确短期和长期之间的显著区别，通常很难维持教师和其他人才队伍的长期稳定。

（三）我国高校教师绩效薪酬政策的逻辑演变

随着我国机关事业单位工资制度的改革，高校教师工资制度也在发生变化。1949年以来，我国机关事业单位工资制度主要经历了1956年、1985年、1993年和2006年的四次改革。2006年以前，我国高校教师工资制度改革并未涉及绩效工资的概念和内涵，但它在高校教师工资制度中起着基础性作用。这次改革中的薪酬制度的"附加"改革，直接影响到随后的绩效工资改革。高校的国家定位决定了其建设资金大部分来自公共财政。政府相关职能部门，如财政部、人力资源和社会保障部、教育部等，根据其管辖范围和职责对高校进行管理。在我国，政府及其职能部门对高校的绩效薪酬管理遵循了"政策制定—高校实践—发现问题—分析问题—解决问题"的逻辑脉络。

1. 绩效薪酬政策的出台

2006年以前，我国高校收入分配不统一、不规范，补贴也不统一。总的来说，各高校之间是不平衡的。我国于2006年进行了工资制度改革，原人事部、财政部联合发布了《事业单位工作人员收入分配制度改革方案》（以下简称《改革方案》），其中涉及高校绩效工资的诸多改革内容。例如，事业单位要实行岗位绩效工资制度，完善机关事业单位补贴制度，调整机关事业单位离退休人员待遇。

2. 绩效薪酬政策的高校实践

2006年，事业单位人事制度改革进一步促进了高校的"办学活力"。通过绩效工资的自主设计，迫使教师进行岗位管理、绩效考核和目标管理，在一定程度上激发了教师的工作积极性和主动性。同年，高校教师绩效工资改革进入实际操作层面。经党中央、国务院批准，原人事部、财政部下发了《关于印发事业单位工作人员收入分配制度改革方案的通知》，改革了事业单位工资制度，建立了符合事业单位特点、体现岗位绩效、分级管理的收入分配制度。

针对实践中存在的问题，绩效薪酬管理者、设计者和实践者对高校绩效薪酬能否对教师起到激励作用等问题进行反思、分析和把握，如高校实施绩效薪酬是建立个人绩效薪酬还是团队绩效薪酬？高校绩效薪酬是以科研为主还是以教学为主？在实践中，这些问题常常困扰行政改革者和高校管理者。我们试图从理论上解释它们，绩效薪酬的理论框架如图3-4所示。

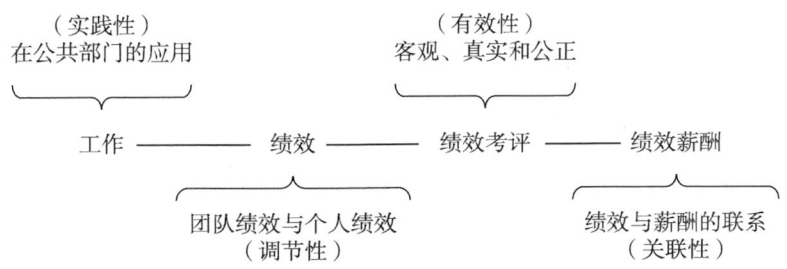

图3-4 绩效薪酬的理论框架

我国高校教师绩效薪酬改革顺应了高等教育的快速发展，遵循了"移植—外延—耦合"的逻辑脉络，强调了我国高校以绩效为导向的教育管理体制，绩效薪酬管理正从工具理性向价值理性转变。今后，我国高校管理者、实践者和研究者应遵循公共部门尤其是高校的管理实践和特点，构建适合我国高校和教师的绩效薪酬制度，鼓励教师充分发挥原动力，提升我国高等教育的整体水平，凸显我国国家治理体系和治理能力现代化的本质特征，实现教育大国向教育强国的转变。

（四）我国高校教师薪酬制度中的问题

1. 缺乏长期有效的激励作用

激励措施是支持高校教师发展和建设，提高其主动性和创新性的出发点。健康的激励机制是科学的、合理的、长期的、可持续的。而我国高校的激励措施往往是一次性的、临时性的，缺乏系统的、长期的激励机制。例如，在引进优秀人才的过程中，教师入职时往往会获得较高的薪酬，但没有持续的互补激励机制可循。从长远看，这将降低教师的工作积极性，使教师对高校管理缺乏信心。

2. 薪酬管理中存在的公平问题

公平是高校薪酬管理的关键因素。高校教师多为知识工作者，其学历较高、知识结构丰富、创新能力强。因此，不能用简单的"按劳分配"的方法来衡量教师知识的价值。然而，目前我国高校的薪酬管理仍以传统管理模式为主，薪酬分配制度不包含知识价值，导致教师的薪酬水平与市场上同类人才的"价格"存在明显差异。高校薪酬管理不与市场接轨的现象不仅不公平，而且不利于我国高校的发展。

近年来，我国高校主要实行岗位绩效津贴制度。这种薪酬管理制度通常将工作业绩作为衡量薪酬的基本标准和依据。然而，目前高校还没有完善、科学的绩效评估体系来支持"复合型"专业评估。评价指标通常是基于简单的量化方法，而没有考虑到不同方向和学科之间的差异，也没有明确区分教师和研究人员。这必然会导致高校薪酬分配的不公平。

四、完善高校教师薪酬制度的建议

（一）基本思路

薪酬体系分析的主要意义在于为现有薪酬体系的优化提供基本思路。美国加州大学洛杉矶分校比较高等教育研究中心主任伯顿·克拉克（Burton Clark）曾认为，"政府、学术、市场"是高等教育体制改革的影响因素和驱动力。任何高等教育体系的整体演变或高等教育体系内部要素的变化，都应着眼于构建政府、学术和市场导向的三方合力机制"。基于这一认识，深化我国高校薪酬制度改革应遵循以下思路。

第一，优化行政管理模式。在我国高校薪酬制度改革的过程中，高校薪酬制度的变化在很大程度上受到行政权力的影响。行政权力影响下我国薪酬制度改革的宏观背景，极大地推动了高校现行薪酬制度的形成和完善。历史上，行政权力主导着高校的运行，在特定背景下促进了高校的发展，对高校薪酬制度改革提出了客观要求。从这个意义上说，进一步优化我国高校薪酬制度离不开行政力量的支持。但与此同时，行政权力过度主导了高校的办学过程，形成了我国独特的高等教育管理体制，长期困扰着高校薪酬制度改革的实际表现。应当认识到，在我国当代高等教育环境中，行政权力仍然控制着核心办学资源的配置，如财力、物力等，行使相关行政权力的主体在资源配置过程中未能实现"管办分离"和"管评结合"，这是影响高校薪酬制度改革成效的因素之一。因此，依靠行政权力的支持，自觉确定恰当的政学关系，推进高校薪酬制度的改革与完善，是优化高校薪酬制度的必然要求。需要注意的是，从某种意义上来说，"行政权力干预"与"高校自主分配"是辩证矛盾的，但优化高校薪酬制度并不意味着政府对高校坐视不管，而是要求政府在为高校提供基本办学资源的同时，改变管理模式，进行宏观调控和间接调控，以保证高校薪酬体制的不断优化和有效实施。现实中，政府应深化落实"放权、管理、服务"的相关精神，厘清"委托代理"的权力关系，明确"办学权"与"教育办学权"的本质区别，逐步建立良好的高等教育治理生态，巩固高校独立工资分配的宏观制度基础。

第二，重视学术权力。高校是学术机构，负责传播知识、生产知识和应用知识。从这个意义上来讲，高校不同于政府机关和其他企事业单位。具体来说，从组织目标来看，高校是非营利性、非生产性机构；从组织功能来看，高校具有使命模糊化、目标多元化的特点；就组织结构而言，高校是"有组织的无序系统"和"松散的组合系统"；同时，作为一个学术专业团体，高校教师追求核心学术价值观，以先进知识为专业资本，具有一定的专业性。一般来说，学术专业群体具有职前投入高、工作任务重、工作结果不可预测的特点；同时，与其他职业群体相比，高校教师有自己独特的需求，具体体现为"物质需求的基础""成就需要的引领""需求层次的差异"。上述因素决定了要优化我国高校薪酬制度，必须正视高校作为学术机构的独特性和高校教师作为学术专业群体的特殊性，充分发挥学术权力在高校薪酬制度改革中的作用,这对研究型高校尤为重要。现实中,加强学术力量对高校薪酬改革的参与,要求高校进一步加强内部薪酬管理能力建设。随着高校薪酬分配自主权的增加,高校内部治理体系和治理能力的缺陷往往成为高校薪酬制度优化的障碍,影响高校薪酬制度改革的成效。鉴于此,高校应充分发挥学术组织的优势,丰富和发展薪酬管理体系中的学术权力话语体系,培养和提升学术权力参与高校薪酬管理的水平和能力。在加快高校薪酬制度改革的强烈要求下,尤其需要鼓励和组织学术委员会的多学科参与,而不是简单地把学术委员会当作咨询机构。

第三,引入市场力量。一般认为,市场力量代表社会秩序中的非政府领域,即不受国家控制的社会和经济安排、规则和制度。密歇根大学前校长丹尼尔·利特尔(Daniel Little)曾承认,"高校工资制度的形成和完善不能忽视强大的市场力量"。在旧的计划经济集权模式下,高校的薪酬分配受行政权力支配;在多元化的市场环境下,市场力量对高校薪酬分配格局的影响有增大的趋势。因此,优化高校薪酬体系,应引入与高校密切相关的市场力量,形成行政力量、学术力量和市场力量的多元互动关系。事实上,市场力量凭借其独特的性质和优势,可以对高校薪酬制度改革起到一定的推动作用。它也是行政权力和学术权力无法替代的强大力量。具体来说,一方面,市场力量可以提高高校对社会需求的敏感度,帮助高校提高办学效率,获取更多的办学资源,从而夯实高校薪酬分配的物质基础。另一方面,市场力量有助于高校在优化薪酬体系的过程中协调各方的需求和利益,提高薪酬分配的效率和质量,促进高校达到相对理想的薪酬分配状态。正如伯顿·克拉克所说,"市场的主要优势在于它可以刺激高校适应不断变化的经济和社会发展"。高校作为社会的"轴心机构"和"服务站",应成为一个复杂、开放的体系,应为社会发展奠定基础,激发创新和进步的强大生命力。

(二)对策建议

1. 建立多样化的激励制度

良好的激励制度不仅包括可量化的奖励,如奖金,还包括不可量化的奖励,如为教师提供培训和参加国际会议的机会,以及改善其工作环境。其次,一些个人荣誉奖励也可以提高教师的荣誉感和对高校的归属感。实现薪酬多元化，既能激发教师工作的内在动力，又能实现对教师自身的保护，体现高校的人文情怀。

2. 建立长期发展的薪酬待遇制度

从某种意义上说，高校的聘任制能够满足教师最迫切的需求，决定教师的社会地位。但考虑到聘任制的长期性，当教师达到一定的职称水平时，很容易因为安于现状而对工作产生消极的态度。因此，需要给教师一个不断成长和更新的目标，同时不能给他们的日常工作带来太大的压力。例如，在招聘人才时，要有短期和长期的目标与要求，合同的签订要有成长要求。如果不符合要求，应采取一定的处罚措施。在教师的聘用合同中，工资和其他福利应该与其成长挂钩，更高目标的达成要与工资挂钩。这样可以长期保持高校教师的工作积极性。

在对高校教师薪酬进行定位时，可以将知识价值纳入薪酬评价体系，从而在社会整体薪酬水平上公平对待教师。

3. 遵循政策变迁动力的演进逻辑

研究发现，我国高校教师薪酬研究的主题演变遵循政策变迁的动态逻辑，即高校教师薪酬研究的主题与高校教师薪酬政策的内容密切相关，研究主题随着政策内容的变化而变化。1998—2021年，补贴制度、绩效工资和年薪制政策分别形成了高校教师薪酬研究成果显著增长的三个阶段，研究主题也从讨论岗位津贴转变为薪酬结构和薪酬激励。

1998—2005年，这一阶段的研究重点与"津贴制度"政策的内容高度一致，研究涉及收入、财务管理、岗位津贴和工资等关键词。1999年9月，教育部发布了《关于当前深化高等学校人事分配制度改革的若干意见》（以下简称《意见》），指出教师工资收入应与岗位职责、工作业绩、实际贡献直接挂钩，知识、技术和成果转化产生的社会经济效益应向优秀人才与关键岗位倾斜，从而充分发挥工资的激励作用。《意见》推动了新一轮高校人事分配制度改革。1999年年底，北京大学和清华大学率先实行岗位津贴制度。2000年6月，中共中央组织部、人事部、教育部联合发布《关于深化高等学校人事制度改革的实施意见》，再次强调高校应积极探索适合自身特点的多种分配形式，建立以优秀劳动报酬和岗位工资为主要内容的岗位工资、按劳分配和内部分配方式。因此，对这一阶段高校教师薪酬的研究主要集中在高校的收入和财务管理以及高校教师岗位津贴的分配上。

2006—2012年，这一阶段的研究重点与绩效工资政策的内容密切相关，相关研究涉及分配制度、薪酬激励机制等关键词。为进一步实现绩效导向，完善薪酬的激励和调节功能，2006年，人事部、财政部启动了事业单位工作人员收入分配制度改革方案，建立了与岗位职责密切相关的薪酬体系，注重工作表现和实际贡献。对这一阶段高校教师薪酬的研究也较为深入。从对高校教师岗位津贴的探讨到对高校教师薪酬分配制度的研究，更注重从经济学的角度分析高校教师薪酬的定价机制和收入分配制度。

2013—2021年，这一阶段的研究重点与"高层次人才年薪制"的政策内容高度相关，包括工作满意度、绩效工资、薪酬结构、民办高校、青年教师、薪酬激励等关键词。2010年，《国家中长期人才发展规划纲要（2010—2020年）》（以下简称《人才规划纲要》）和《国家中长期教育改革和发展规划纲要（2010—2020年）》相继出台。两个规划纲要都提出要从激励和保障机制方面促进人才发展，提高教师素质。《人才规划纲要》指出："探索高层次人才和高技能人才约定薪酬制度、项目薪酬制度等多种分配形式"。在此期间，高校对教师薪酬分配的自主性增强，更多的研究集中在薪酬管理和高校教师薪酬激励上。

（三）未来研究重点

结合高校教师薪酬研究的关键词凸显图和文献，预判未来研究重点有三个主题。

1. 高校教师薪酬结构的依据与模式研究

薪酬结构是指薪酬不同部分所占的比例。在岗位绩效工资体系中，岗位薪酬和薪级薪酬的作用是保障，而绩效工资和津贴则起到调节和激励的作用。现有研究普遍认为，岗位绩效工资制度存在基本工资比例低、工资保障功能差、激励不足等问题。因此，明确高校教师薪酬结构设置的依据，构建薪酬结构模型，是高校教师薪酬改革的重要研究方向。

2. 民办高校教师薪酬研究

2018年，教育部发布了735所民办高校名单，占当时全国高校总数的1/4。民办高校已成为我国高等教育机构的重要类型。民办高校要想在市场竞争中立于不败之地，师资队伍建设是重中之重。但是，由于民办高校资金来源单一，教师学历和职称水平较低，教师整体薪酬水平不高，激励不足，教师队伍不稳定。如何在有限的资源条件下建立合理有效的薪酬体系，充分发挥薪酬的激励作用，是民办高校教师队伍建设亟待解决的问题。

3. 高校青年教师薪酬激励研究

高校青年教师是高校中极具创造力和潜力的群体，是高校教师队伍建设的重要力量。高校青年教师具有"学历高""受教育年限长"和"工作年龄大"三大特点，同时面临着科研、教学和家庭的压力。如何减轻高校青年教师的生活压力，充分发挥薪酬的激励作用，让他们充分发挥创造力，吸引优秀青年投身学术事业，是建设高素质教师队伍需要解决的问题。

总之，1998—2021年，我国高校教师薪酬课题的研究成果数量稳步增加，高校教师薪酬理论取得了重大进展，有力地推动了高校教师薪酬制度的改革。然而，就研究内容而言，我国对高校教师薪酬竞争力、薪酬结构与功能、薪酬决策机制的研究相对较少。在研究视角上，未能综合运用经济学、管理学、心理学等多学科视角，缺乏对高校教师薪酬决策、薪酬组合优化、内部公平性和外部竞争力的研究；在研究方法上，则缺乏基于高校教师薪酬大数据的实证研究。今后，学术界应加强多学科视角的运用，进一步研究高校教师的薪酬结构、竞争力和决策机制；倡导由人力资源和社会保障部门牵头，高校参与建立我国高校教师薪酬数据库，通过实证研究推动我国高校教师薪酬体系的改革与发展。

参考文献

[1] WEBB, NORTON. 教育中的人力资源管理：人事问题与需求 [M]. 北京：中国轻工业出版社，2005.

[2] 游高端. 基于岗位绩效的高校薪酬管理制度分析 [J]. 企业改革与管理，2020 (5)：110-111.

[3] SUTTON T P, BERGERSON P J. Faculty compensation systems: Impact on the quality of higher education. [R]. ASHE-ERIC Higher Education Report, 2001, 28 (3): 138.

[4] HEAN L L. Impacting the positioning of teaching as life-long career [J]. Educational Research for Policy and Practice, 2003, 2 (2): 87-92.

[5] 米尔科维奇，纽曼，格哈特. 薪酬管理：Compensation（第11版）[M]. 成得礼，

译. 北京: 中国人民大学出版社, 2014.

[6] 由由, 朱菲菲. 我国高校工资水平竞争力的实证分析 [J]. 教育与经济, 2017, 33 (4): 17-25.

[7] 曾凡. 人力资本及资本范畴的重新界定 [J]. 江西社会科学, 2010 (12): 233-237.

[8] 文跃然. 薪酬管理原理 [M]. 上海: 复旦大学出版社, 2004.

[9] 米尔科维奇, 纽曼. 薪酬管理 (第六版) [M]. 董克用, 等译. 北京: 中国人民大学出版社, 2002.

[10] 郭惠容. 激励理论综述 [J]. 企业经济, 2001 (6): 32-34.

[11] 伊兰伯格, 史密斯. 现代劳动经济学 [M]. 潘功胜, 等译. 北京: 中国人民大学出版社, 1999.

[12] 赵丹龄, 张岩峰, 汪雯. 高校教师薪酬制度的国际比较研究 [J]. 中国高教研究, 2004 (S1): 32-40.

[13] 仇勇, 李宝元, 董青. 我国高校教师的薪酬制度改革研究: 基于历史走势分析与国际经验借鉴 [J]. 国家教育行政学院学报, 2015 (10): 84-90.

[14] 陈悦. 引文空间分析原理与应用: CiteSpace 实用指南 [M]. 北京: 科学出版社, 2014.

[15] 杜晓利. 对我国教师工资水平的实证分析与政策建议 [J]. 教育理论与实践, 2014 (34): 20-24.

[16] KLEMEN CLC M. Paying the professoriate: a global comparison of compensation and contracts [J]. European Journal of Higher Education, 2013, 3 (2): 235-237.

[17] 柯文进, 姜金秋. 世界一流大学的薪酬体系特征及启示: 以美国5所一流大学为例 [J]. 中国高教研究, 2014 (5): 20-25.

[18] 陈越. 国际学术人才市场中我国学术职业竞争力及其提升路径 [J]. 教育发展研究, 2016, 36 (11): 30-36.

[19] 马君, 山鸣峰. 科研导向下绩效工资的 "倒U" 效应: 高校陡峭型薪酬结构的影响及优化 [J]. 上海大学学报 (社会科学版), 2013, 30 (1): 111-124.

[20] 刘军仪, 杨春梅. 人力资本视角下中美高校教师薪酬制度的比较研究 [J]. 高教探索, 2017 (7): 68-72.

[21] 刘婉华, 陈娟, 刘敬孝, 等. 高等学校绩效工资项目设置与结构比例研究 [J]. 中国高等教育, 2010 (17): 49-50.

[22] 熊俊峰. 大学教师薪酬结构研究 [D]. 武汉: 华中科技大学, 2015.

[23] 余荔, 沈红. 我国高校教师收入差距状况及其决定因素：基于2007年和2014年调查数据的比较分析 [J]. 高等教育研究, 2017, 38 (10): 30-38.

[24] 刘金伟, 张荆, 李君甫, 等. 北京高校教师薪酬满意度及其影响因素分析：基于北京地区18所高校教师的抽样调查 [J]. 复旦教育论坛, 2012, 10 (1): 71-77.

[25] 鲍威, 吴红斌. 象牙塔里的薪资定价：中国高校教师薪资影响机制 [J]. 北京大学教育评论, 2016, 14 (2): 113-132.

[26] 邢志杰, 闵维方. 高校收入分配制度变革与教师工作业绩的关系研究：以岗位津贴制度的实施为案例 [J]. 高等教育研究, 2006 (3): 91.

[27] 骆品亮, 陈祥锋. 研究型大学教师薪酬制度再设计研究 [J]. 科研管理, 2000, 21 (5): 10-15.

[28] 李燕萍, 沈夏珏. 高校薪酬体系构建：国内实践和国外经验 [J]. 中国高等教育, 2016 (7): 14-17.

[29] 丁浩, 王美田. 高校教师激励的困境分析及治理路径选择 [J]. 高校教育管理, 2012, 6 (1): 39-43.

[30] 苗晓丹. 德国高校教师薪酬制度及其特征分析 [J]. 外国教育研究, 2016, 43 (8): 75-87.

[31] 赵丹龄, 张岩峰, 汪雯. 高校教师薪酬制度的国际比较研究 [J]. 中国高教研究, 2004 (S1): 33-41.

[32] 王蓉. 关于"中国特色一流大学"的思考：财政的视角 [J]. 教育经济评论, 2016 (1): 46-55.

[33] 尤伟, 刘旭东. 价值的旁落与回归：大学教师绩效工资制度的审思与优化 [J]. 江苏高教, 2017 (8): 27-30, 60.

[34] 张海峰. 基于适度公平的高校教师绩效工资分配体系研究：以中部某省5所地方本科高校为例 [J]. 华中师范大学学报（人文社会科学版）, 2015, 54 (4): 47-55.

[35] 臧兴兵. 学术职业绩效、薪酬与追求循环机制的构建 [J]. 教育发展研究, 2014, 34 (5): 47-54.

[36] 张婉斐, 江燕明. 高校教师薪酬制度缺陷及改革有效性研究 [J]. 生产力研究, 2009 (11): 119-120.

[37] 胡咏梅, 唐一鹏. 高校教师薪酬研究：概念、理论及实证研究进展 [J]. 教育与经济, 2019, 35 (5): 43-51.

[38] 刘曼元. 论高校工资制度改革 [J]. 黑龙江高教研究, 1995 (5): 44-47.

[39] 胡耀宗, 张莹. 我国高校教师薪酬研究的主题及其演进: 基于CSSCI文献的可视化分析 [J]. 江苏高教, 2019 (2): 67-73.

[40] 闫岩, 毛燕梅, 冯亚静. 高校教师激励因素和相互关系探讨 [J]. 现代企业教育, 2014 (22): 132-133.

[41] 陈万明, 冯承强. 高校教师薪酬制度改革理性评析与展望 [J]. 复旦教育论坛, 2006, 4 (4): 52-55.

[42] 周秀英. 从高校教师职业特点看薪酬制度改革 [J]. 经济研究导刊, 2009 (10): 115-116.

[43] 骆品亮, 陆毅. 我国研究型高校薪酬制度的研究 [J]. 研究与发展管理, 2004, 16 (2): 63-70.

[44] 李志峰, 李菁华. 我国高校教师薪酬激励制度价值取向的变迁 [J]. 黑龙江高教研究, 2007 (12): 10-12.

[45] 王萍, 张宽裕. 高校教师薪酬激励机制探讨 [J]. 郑州航空工业管理学院学报, 2006, 24 (2): 67-71.

[46] 刘剑虹. 效率与公平: 高校人事分配制度改革的模式选择 [J]. 国家教育行政学院学报, 2002 (6): 43-48

[47] 刘剑虹. 转型期高校人事制度改革的过渡性特征与制度重构 [J]. 高等教育研究, 2005 (3): 39-43.

[48] 杨春如, 陈厚丰, 欧阳玉. 对高校实行岗位津贴制度的思考和建议 [J]. 中国高等教育, 2003 (5): 38-39.

[49] 钱大益, 王维才, 邵龙. 知识密集型行业高层次人才工资收入比较研究 [J]. 中国高教研究, 2004 (B09): 27-32.

[50] 弗兰斯·范富格特. 国际高等教育政策比较研究 [M]. 王承绪, 等译. 杭州: 浙江教育出版社, 2001.

[51] 刘昕. 薪酬福利管理 [M]. 北京: 对外经济贸易大学出版社, 2003.

[52] 竺杏月. 优化我国高校办学自主权的思考与对策 [J]. 中国电力教育, 2009 (8): 1-4.

[53] 李立峰. 高等教育改革: 组织变革的视角: 读《高等教育新论: 多学科的研究》 [J]. 宁波大学学报 (教育科学版), 2004, 26 (5): 33-36.

[54] 姚晓咸. 试论我国高校的办学自主权 [J]. 中国电力教育, 2010 (18): 1-4.

[55] 朱萍. 对伯顿·R·克拉克《高等教育新论》的文本解读 [J]. 连云港师范高等

专科学校学报，2006（3）：44-47.

[56] 周凯兴. 论依法落实高校办学自主权的现状、问题与对策：以高校人事自主权为例 [D]. 长沙：湖南师范大学，2012.

[57] 王承绪. 高等教育新论：多学科的研究 [M]. 杭州：浙江教育出版社，2001.

[58] 韩骅. 高校政府市场：对高等学校与社会关系的比较研究 [J]. 教育研究，1996（8）：34-39.

[59] 杜德施塔特. 舵手的视界：在变革时代领导美国大学 [M]. 郑旭东，译. 北京：教育科学出版社，2010.

[60] 刘昕. 薪酬管理三误区 [J]. 经济管理文摘，2005（3）：10-11.

[61] 马尔托奇奥. 战略性薪酬管理 [M]. 刘昕，译. 北京：中国人民大学出版社，2015.

[62] 孙卫华，许庆豫. 洪堡的宗教思想与高等教育自由原则：基于《论国家的作用》第六部分的审思 [J]. 现代大学教育，2016（1）：28-36.

[63] 李红，夏春婷，陈光巨. 积极探索创新 推进分配改革：北京师范大学分配制度改革的实践与效果 [J]. 中国高教研究，2004（B09）：74-78.

第四章 高校教师流动机制研究

一、引言

随着"双一流"建设的推进,加强师资队伍力量成为建设一流高校的重要组成部分,教师合理有序流动是推动高校师资队伍建设的重要策略。目前,我国高校教师存在不合理流动现象,教师的无序流动造成了人才市场恶性竞争、阻碍人才资源优化配置、增加高校教师队伍管理困难、影响教师队伍稳定等弊端,最终阻碍了高等教育的快速发展。本书从我国高校教师流动机制的政策演变、当前高校教师的不合理流动现状、对高校教师合理流动的判别依据、我国和美国高校教师流动机制的比较等方面入手,结合当前"双一流"建设的现状,借鉴国外高校教师流动机制的有益经验,提出应该从健全高校教师流动政策体系、规范高校教师劳动力市场、完善高校教师流动机制三个方面入手完善我国高校教师流动机制,来改变当前高校教师不合理流动的现状,保证"双一流"建设中教师的合理、有序流动,从而促进高等教育的发展。

(一)研究背景及意义

1. 研究背景

教育对于一个国家经济的发展和综合国力提升的重要性不言而喻,从洋务运动提出学习西方知识、创办京师大学堂,到1995年提出的"科教兴国",

再到现在提出的建设"人才强国""人力资本大国"等,都深刻地表明了科技和人才对于经济发展、对于一个国家发展的重要性。科技的发展和人才的培养都离不开教育的发展,而教师在教育中扮演着重要的角色,教师的教书育人功能促进了学生的进步,带动了教育的发展。尤其是我国"双一流"建设的开展,教师资源的重要地位更加突出,好的高校需要好的教师,好的学科建设则需要名师。因此,教育的高质量发展需要一批高质量的教师,教师队伍的质量和结构的优化组合对于高等教育的发展至关重要。所以,为了满足教育发展的需要,必须合理配置教育资源,而教师是教育资源中十分重要的一环,合理配置教师资源有助于教育的优化发展。近年来,随着高等教育由精英教育向大众化教育的转变、教师人事制度管理和户籍制度的改革、教师"非升即走"政策的实施,高校教师的人事制度变得更加灵活,教师的流动相较之前也更加灵活。由于地区经济发展水平差异、高校综合实力差异等原因,往往会存在教师资源不合理流动的情况。教师聚集在名校、在经济发达地区、在一线城市等情况,对于经济相对落后、教师资源本来就匮乏的中西部地区十分不利。随着"双一流"建设的开展,各高校出现争夺优秀教师资源的情况,高校教师争相向发达地区、名校大幅度流动,这对中西部地区来说无疑是雪上加霜。高校教师的无序流动,不仅表现为由中西部地区流向东部地区等沿海发达城市,更有高校教师在经济发达地区和名校之间的频繁流动,以期通过频繁的流动来获得更多的名利。高校教师流动原本是为了促进各地区高校均衡发展,使人力资源达到合理配置,缩小地区之间教育水平的差距,从而缩小区域经济差距。在"双一流"建设中,希望通过合理、有序的教师流动,建设世界一流大学,建设世界一流学科。然而,由于高校教师的无序流动,在一定程度上阻碍了"双一流"建设快速发展的脚步,在高校和教师内部带来了一系列不利影响。因此,对高校教师流动机制进行研究,改变目前高校教师不合理流动的现状,从而促进高等教育快速发展,值得我们重点关注。

2. 研究意义

(1) 研究的理论意义

本章通过对高校教师流动机制的研究,在"双一流"建设的基础上,探讨了高校教师无序流动带来的弊端。通过对高校教师合理流动的判断,从理论上提出了高校教师合理流动的建议,以期能够更好地从制度理论层面来规范我国高校教师流动机制,从而促进我国高等教育快速、高质量发展。

(2) 研究的实践意义

高校教师流动机制对高等教育的发展至关重要,尤其是在高校大力推进"双一流"建设时期,高校教师的合理、有序流动,有助于高等教育合理均衡的发展。本研究旨在通过研究高校教师流动机制的合理性,探讨高校教师流动中出现的无序流动现象,分析其深层次原因,从不同角度规范教师流动机制,对保证教师的合理、有序流动具有现实意义。

(二) 研究综述

高校教师流动属于人才流动的范畴,学者们对人才流动的研究起步较早,但对于高校教师流动的研究在 20 世纪才逐步发展起来。20 世纪 50 年代以后,关于高校教师流动的研究在欧美等国家迅速发展起来,这方面的研究文献和资料也不断增多。我国学者对于高校教师流动的研究要晚于欧美等国家,近些年,随着我国社会教育大环境和政策的发展,高校教师流动频繁,得到了研究人员的强烈关注。为了使研究更加有针对性,笔者在中国知网上以"教师流动"加上"高校"或"大学"为主题查阅相关文献,发现目前关于高校教师流动的文献很多,大多数是对高校教师流动机制主要是地方高校教师流动机制、我国与美国高校教师流动机制对比、高校教师流动的利益主体、高校教师不合理流动等进行阐述。本书对以上文献进行梳理并得出如下结论。

1. 高校教师不合理流动的原因

孙涛 (2020) 认为,高校教师不合理流动加剧了人才市场恶性竞争,阻碍了人才资源优化配置,增加了高校教师队伍管理难度,影响了教师队伍的稳定性;人才向下流动渠道不畅,高校教师职业风险凸显。董树军 (2018) 认为,高校教师不合理流动容易造成人才资源浪费、学科结构失衡、区域教育不公以及教育生态恶化等问题。党彦虹 (2018) 认为,高校教师流动出现失序、失衡,甚至是失控,加大了高校间的发展差距,影响了学术共同体的学术产出,最终不利于国家"双一流"建设发展大局。刘金松 (2017) 认为,高校教师流动的过度逐利导致了工具理性对价值理性和交往理性的僭越,高校在教师流动的过度短视行为比短期利益溢出更制约高校的长远发展。曾先锋（2017）认为，当前高校教师流动不足与流动过度的矛盾突出，地区间人才单向流动明显加剧，高层次人才流动不均衡问题凸显，显性流失与隐性流失并存现象突出，人才高流失和无序流动状况日益加剧。

2. 促进高校教师合理流动的策略

张曦琳（2021）认为，推动高校教师流动治理，一方面要充分发挥市场调节机制的基础性作用，以促进人力资源在校际之间、区域之间的最优化自由流动；另一方面要针对流动过程中的失序问题采取相应的规制举措，以避免"疯狂挖人"所造成的恶性竞争。陆慧琳和曹辉（2019）认为，在"双一流"大势之下，高校教师的合理流动必然存在一些问题，可通过"双一流"高校与"非双一流"高校的合作、"非双一流"高校之间的合作、转变人才培养模式等措施来促进高校教师的合理流动。丁煜和胡悠悠（2018）认为，应减少政府对高校管理的行政干预，推进高校的"去行政化"改革，并积极倡导高校的人才流动文化。张伟杰和姜宇（2017）认为，可以从规范学术劳动力市场发展、健全高校人才管理制度、倡导教师个人文化等角度出发，来改变当前高校教师流动的无序性。廖志琼、李志锋、孙小元（2016）认为，需要从不完全学术劳动力市场迈向完全学术劳动力市场，强化市场在学术劳动力资源配置中的功能，弱化政府的干预和控制作用，以此促进高校教师自由、公平、有序流动。由由（2014）认为，应从高校目标与领导、学术工作条件、行政管理与沟通、教师工作与生活平衡等方面入手，来改善高校工作环境、提升教师满意度，以吸引和留住人才。孙丽昕（2013）认为，应通过逐步推行教师非终身制、吸纳"非升即走"制度和"非走不升"制度的精髓、完善教师公开招聘制度和健全高校兼职教师制度等，来构建我国高校教师流动机制，让高校教师得以真正流动。

二、相关概念理论依据

（一）相关概念

1. 机制

机制在物理学和机械工程学中一般理解为机械装置或结构。"机制"一词来源于拉丁语，过去主要用来描述物理学中的物理过程或机械运动，如自然现象的产生。后来被应用到生理学、心理学、哲学和经济学等多门学科中，如生理学中的生理机制和机理、心理学中的心理机制、经济学中的运筹机制等。

2. 流动

劳动力的流动是经济发展条件下的必然现象，随着市场灵活性和开放性的增加，只有劳动力保持流动，才能促进经济的发展。所以，在任何时候，无论是对经济的发展还是对劳动者自身的发展来说都需要流动，尤其是对高等教育来说，更需要教师的流动。既然有流动，必然就会有有利流动和不利流动。我们希望教师的流动能够促进不同学术思想的交流，能够促进学科的建设，通过教育质量的提高来提升学生的综合素质，最终实现"双一流"建设的目标，通过高质量的教育推动经济的发展，最终实现建设教育强国的目标。在高校教师流动中如果流动机制不够完善、流动频繁、流动时只考虑自身因素而不顾学科发展，那么必然会出现不利流动的现象，阻碍教育的发展。人们追求的流动是相对稳定的流动，即在有利于教育发展的前提下，教师在高校之间进行选择，不能是出于其他目的的无序流动。保证教师流动的稳定性，有利于保证高校教师队伍的稳定发展，实现人力资源在流动中的合理配置。

3. 合理流动

强调合理流动是因为人才流动中存在不合理现象。一些人认为，人才流动并不是人才的有进有出，而是人才的流失，这是一种认知上的错误。随着经济的发展，物价水平不断上涨，生活压力增大，面对工资待遇不高、区域位置不佳和自身发展受限的情况，一些教师便会流动到能给予其更优厚待遇的高校或者直接流入社会其他行业。对于教师的合理流动，人们应该改变认知上的偏见，因为教师的合理流动能够促进人才的学习与成长，而不是通常理解的教师的流动一定会给高校带来损失，阻碍高校的发展与进步等。高校教师的合理流动促进了教师资源的合理配置，对教师资源内部进行整合才能有效地利用资源，从而达到1+1>2的效果。同时，教师的有序、合理流动能够形成教师队伍中老、中、青教师的优势互补，一所高校的教师队伍中应该合理配置这三种教师，这样既能带来不同学术思想的交流，让青年教师的创新型思想与前辈级教师的教学和科研经验相结合，从而共同促进高校的发展，促进我国在"双一流"建设中加速迈向高等教育强国之列。

4. 高校教师流动机制

学者们还没有对我国高校教师流动机制的概念进行统一的界定，不同的学者从不同的角度构建了研究框架。有的学者认为，高校教师流动机制从制度研究范畴来看，是一种制度形式的约束框架，是高校教师在进行流动时应遵循的规则。有的学者从系统管理的角度出发，认为我国高校教师流动机制由价值系统、组织系统和运行系统构成。也有学者从运行机制的角度出发，将我国高校教师流动机制分为三个部分，即聘任制、晋升制和终身制。笔者尚未对高校教师流动机制进行深入探究，难免存在表述较为肤浅的问题，有不少探索性的概念和表述还有待进一步深化与明晰，内部逻辑结构需要进一步调整，很多较为抽象的概念需要用形式化、规范化和定量化的表达方式来阐述。

（二）理论基础

1. 人力资本理论

20世纪50年代末、60年代初，西方出现了"人力资本"这一概念。人力资本指的是凝结在劳动者身上的知识、技能所表现出来的能力，在人力资本的构成要素中，教育资本非常重要。高校教师通过传播知识的方式提高学生的能力，增加学生的人力资本，提升学生的素质。同时，高校教师自身具有充分的人力资本，对于高校的发展尤其是目前的"双一流"建设来说，优秀的师资是建设一流高校和一流学科的中流砥柱，高校对优秀教师的需求其实是对凝结在教师身上的人力资本的需求。高校建设需要更多的人力资本，拥有更多人力资本的教师需要更满足自身发展的条件，因此，高校教师的流动是必然的。高校教师在流动过程中将自身的人力资本带到其他高校，与高校中其他教师在教学、科研等方面进行优势互补，发挥高校教师人力资本的最大效用。舒尔茨认为，一个社会的人力资本由构成要素的质量与数量决定，即社会的总劳动力以及劳动者所拥有的知识、专业技能、工作能力及责任态度等价值维度。一个社会的劳动力供给所反映的是人与人之间的经济关联性，是社会不同组织之间权益关系的均衡及影响。我国从计划经济发展到市场经济，人事制度的契约形式反映了社会对劳动力资源的投资与收益关系的稳定性，表达了国有制度对人力资源支配权及生存方式的决定作用。在高等教育发展过程中，高校对于优秀教师的引入实际上是对这些教师身上所具有的人力资本的引入，通过引入更多的人力资本与本校原有人力资本做整合，来促进学校的建设与发展。因此，高校在引入优秀教师时，不仅要对其内部的人力资源进行整合，吸纳能够与本校教师互补的人力资源，同时也要通过培训、交流等方式促进教师和管理者自身人力资本的增长，让高校和教师都能够实现良好的发展，从而达到双赢的效果。

2. 推拉理论

推拉理论起源于19世纪，根据推拉理论的内涵，可以将引起劳动力流动的原因分为"推力"和"拉力"两个方面。推力是指所在地迫使劳动者进行转移的因素，主要包括所在地恶劣的环境、不足以满足生存条件、就业机会较少等；推力是指目标地吸引劳动力转移的因素，主要与所在地的迫使因素相对，即较好的生存环境、更多的就业机会，能够改善生活状态，从而吸引劳动力转移。推拉理论从基础层面阐述了劳动力流动的原因，高校教师属于劳动力范畴，因此推拉理论同样适用于高校教师的流动。从推拉理论看来，迫使高校教师流出原有高校的"推力"主要为薪酬福利低、区域位置较差、个人发展受限等；吸引教师流入目标高校的"拉力"主要是目标地高校能够满足教师发展的需要。

3. 马斯洛需求层次理论

马斯洛需求层次理论将人的需求分为五个层级，这五个层级由低到高分别为生理需求、安全需求、归属需求、尊重需求和自我实现需求。马斯洛认为，这五种需求在人的不断发展中需要逐级被满足，满足低层级的需要后便会向高一层级递进。这五种需求并不是完全按上面划分的层级顺序得到满足，而是会根据实际情况的不同有所改变，但总体来说，人只有在低级需求得到满足后，才会有想要满足高级需求的冲动和欲望，而人的终极需求就是自我实现需求。高校教师属于高知群体，他们拥有的学识和智慧较多，除了需要满足自身的生理需求、安全需求、归属需求、尊重需求之外，他们更渴望能够在自身知识的传递和对学科的贡献中满足自我实现需求。高校教师的流动在一定程度上符合马斯洛需要层次理论，这从侧面反映出教师所在高校在某些方面可能不适合教师的发展，不能满足教师的需求，教师为了实现自己的需求将流入更适合自己发展的高校。

三、我国高校教师流动机制的发展

(一) 我国高校教师流动机制的演变

我国高校教师流动机制是不断变化的，从我国有大学开始便涉及高校教师的流动。我国的第一所大学可以追溯到 1898 年，作为戊戌变法的"新政"之一，创建了我国近代第一所国立大学，标志着我国近代国立高等教育的开端。本书仅从改革开放后我国高校教师的流动开始阐述，将高校教师流动机制从改革开放到现在进行划分，大致演变历程可以分为以下三个阶段：由政府主导的被动流动阶段（1978—1984 年）、政府和市场共同参与的主动流动阶段（1985—1998 年）和市场参与并主导的自由流动阶段（1999 年至今）。

1. 由政府主导的被动流动阶段 (1978—1984 年)

这段时期，我国经济遭到破坏，高等教育也受到了一定摧残，高校教师队伍中教授和副教授所占的比例有所降低，教师队伍结构不合理。改革开放以后，我国开始大力发展经济，改善人民生活，而经济的发展需要大量的人才，面对百废待兴的经济现状，我国各行各业的人才都十分紧缺。当时的人力资源无论是在结构上、数量上，还是在质量上，都不能满足国家对经济发展的要求。所以，要想发展经济，提高我国的综合国力，改变落后的面貌，人才就成为经济建设的关键。国家开始恢复高考，大力发展高等教育事业，教育部在 1980 年颁布《全国重点高等学校接受进修教师工作暂行办法》。同时，为了推动科技的发展，增加人才的流动，推动各行各业的发展，在 1983 年为了进一步推进国家经济发展，国务院颁布了《关于科技人员合理流动的若干规定》，主要目的是从各大高校选拔人才支援经济和科技落后的地区。由此可见，这一时期高校教师的流动是在国家政策的指导下进行的，多为计划性和指令性的流动。并且在这一阶段，教师的人事权力在中央，是中央集权性的。高校没有人事权力，从而无法安排教师的流动。因此，这一阶段的教师流动完全由政府主导，政府根据国家建设的需要安排教师流动，教师没有自行流动的权利。

2. 政府和市场共同参与的主动流动阶段 (1985—1998 年)

1985 年 5 月，为了进一步扩大高校的办学自主权，中共中央颁布了《关于教育体制改革的决定》。国家经济的发展需要教育给予支持，高等教育为国家建设发展直接输送人才，面对当时高等教育发展落后、原有政策诸多方面不适宜教育发展的现状，我国开始推进高等教育体制"机制"改革，相关配套制度的完善被提上了议程。其中，高校人事制度改革也成为这一时期的重点建设内容，国家先后出台了一系列关于高校教师聘任的政策。为了完善科技人员管理制度，鼓励科技人员合理流动，国务院于1986年发布《关于促进科技人员合理流动的通知》。1991年，国家教委、人事部发布《关于高等学校继续做好教师职务评聘工作的意见》，逐步放开和加强了高校对教师评聘的自由，同时强调高校应分类型开展相关的评聘工作。1993年《中华人民共和国教师法》的颁布，意味着高校逐步掌握了教师聘任自主权。此外，随着1994年《中国教育改革和发展纲要的实施意见》和1996年《人才市场管理暂行规定》的颁布，市场逐渐参与到高校教师人事制度中，高校教师可以根据自己的意愿选择工作和学校。一系列有关高校教师流动政策的出台，使得高校教师流动迎来了春天，即高校与教师之间相互选择的空间更大，教师的流动可以根据个人意愿做出选择。随着高校教师流动空间的加大，教师主动流动的可能性增加，同时，由于市场机制的引入，包括高校教师在内的劳动力有了更好的择业环境，但也使得教师的流动更加频繁，其中高校教师"流失"和校际流动现象非常明显。根据《中国教育统计年鉴》的数据，1991—1998年，全国高校专任教师调离高校的人数远多于其他行业调入高校的人数。原因是20世纪80年代末，由于国家财政吃紧，教育经费有限，高校教师的福利待遇偏低，而其他行业的工资待遇相对较好，于是部分教师选择了"出走"，流向了工资更高的行业。另外，就校际流动来看，由于经济发展水平不同，中西部地区高校师资力量与东部地区相比存在明显的差距。"孔雀东南飞"是对中西部地区教师向东部地区高校流动的形象比喻。根据教育部1997年的调查结果，经济欠发达地区高校教师流失现象较为严重，流入欠发达地区的教师相对较少。例如，由于西北地区在经济发展程度、地理位置因素等方面与东部地区相比存在较大差异，高校教师的流动比较频繁，虽然每年会有教师调入西部地区任教，但从整体数据来看，西部地区教师的流出人数是流入人数的两倍之多，并且流向东部发达地区的教师基本都是中青年骨干教师，西部地区的高流出率阻碍了当地教育的发展，造成了东西部地区经济差异越来越大。总体而言,这一时期较为宽松的流动政策,为高校教师流动提供了政策保障,教师可根据学术兴趣、个人意愿等选择流向其他行业或其他高校。然而,由于宽松的流动环境加上流动政策的不完善,导致教师无序流动的现象有所增加。

3. 市场参与并主导的自由流动阶段(1999年至今)

社会主义建设需要人才,面对人才规模不能满足经济建设需求的现状,从培养更多人才入手,我国高校进行了大规模扩招。高等教育从精英教育转变为大众教育,相对应的,高校学生规模相较之前快速扩大。这一时期,伴随着高校学生的增多和提高人才质量的需求,高校教师的数量和质量成为培养人才的关键。在市场参与并主导的主动流动阶段,高校教师流动比较频繁。校际之间的流动使得经济欠发达地区、非名校教师流失严重,不利于当地人才的培养,经济发展受到人才缺乏的牵制。还存在一部分教师从高校流向其他行业的情况,使得高校教师储备变得更加匮乏,加上高校扩招,导致高等教育的发展不够均衡。为了改变当时教师流动不合理的状况,完善高校教师流动机制,教育部在1999年9月颁布了《关于当前深化高等学校人事分配制度改革的若干意见》,指出高校具有对教师进行聘任的权力,同时具有根据学校实际情况自行确定教师工资的权力,并且鼓励各高校之间教师的合理流动。2000年印发了《关于加快推进事业单位人事制度改革的意见》,旨在扩大高校的人事权力。一方面,要鼓励高校教师流动,做到人尽其才,达到学术繁荣和学术争鸣的景象;但另一方面,放开了高校教师流动后,必须由政策进行规制,以保证教师流动的合理有序。为了保证教师流动不至于影响高等教育的发展、合理设置教师岗位,2007年颁布了《人事部、教育部关于印发高等学校、义务教育学校、中等职业学校等教育事业单位岗位设置管理的三个指导意见的通知》。我国高等教师人事制度从之前的完全由中央决定的、计划的、被动的、单向的流动变为高校有自主权的、按照教师意愿的、主动的、双向的流动。

(二)建立高校教师流动机制的必要性

建立高校教师流动机制既是对教师职业的尊重,更是通过流动将教师资源进行合理配置,推动高校建设、高等教育发展、人才培养,促进经济发展的重要手段。从市场经济的角度来说，高校教师属于劳动力市场的一部分，在市场经济的框架下，通过遵循市场机制，对高等教师如何流动进行规划，有利于促进市场经济的发展，完善高校教师流动机制。高校教师作为劳动力具有双重属性：一方面，教师作为人力资源，隶属于自己；另一方面，教师与高校签订人事合同，属于高校人事管理的范畴，因此又隶属于高校。从教师的角度来说，教师既要满足自身发展的需要，又要满足高校发展的需要。用马斯洛的需求层次理论来解释，无论是基于个人还是基于高校的角度，教师希望能够创造自身价值同时为所在高校带来价值，最终满足自我实现的需求。

（三）高校教师流动存在的问题

高校教师的流动既是高校发展的要求，又受到市场经济大环境的影响。随着市场经济的发展，高校也被囊括在市场当中，需要不断进行改革。在市场中，人力资本极其重要，高校教师作为培养人才的中坚力量，在学科建设方面必然作用重大。一方面，高校教师的流动会带来教师自身能力和综合素质的提高，有利于教师自身的发展；另一方面，教师由原本的高校流动到新的高校会带来学科之间新观点的融合与碰撞，有些教师是某个领域的"带头人"，通过将自身知识传授给青年教师，在很大程度上提升了该校在这一领域的研究水平。目前的"双一流"建设，提出要建设世界一流学科，就需要通过高校教师的流动带来学科上的争鸣，让众多领域的研究跻身世界前列。高校教师流动是必然趋势，任何事物的发展都有利有弊，各大高校为了推进"双一流"建设，提升学校办学水平以及国际与国内知名度，不惜重金聘请各领域的优秀教师，纷纷打起了"价格战"。高校教师的流动已经不是由于学科发展而流动，而是演变成了"哪里钱多就流动到哪里""哪里经济发达就流动到哪里"，这种对于人才的恶性竞争造成了教师的无序流动，影响了教师队伍的平衡，扰乱了高校的教学秩序。总之，高校教师的不合理流动，对教师、对学科、对高校、对社会等都会造成一系列不良影响。

第一，高校教师流向经济发达地区，加剧了"马太效应"。由于地域上的优势，东部发达地区无论是在师资方面还是生源方面都要优于西部地区。东部经济发达地区的地理位置好、环境优美、生活条件便利，是大多数教师的首选。随着高校拥有教师的人事权，高校和教师都有了更大的自主选择性。高校利用高薪引入优秀教师，教师也因为东部地区的条件纷纷流入位置更优越、更著名的高校，这时，对于经济欠发达的西部地区来说，要想留住人才，就需要给更多的福利才能保证教师队伍的稳定。那么，要想引入优秀教师，也就需要投入更多的资本去吸引教师入职，否则，就会出现教师纷纷流向东部地区的情况。西部地区某所高校的校长曾经谈道：我校流失的优秀教师都够建一所"211"大学了。可见西部高校人才流失的严重性。所以，高校教师的无序流动既破坏了东部地区原有的教师秩序，又加剧了西部地区优秀教师的缺乏程度。

第二，高校教师的流动呈现"唯帽子"的现象。高校在引入人才时，大多都是看重这些人才所具有的"帽子"，如长江学者、杰出青年、优秀青年、千人计划等称号。或者是"唯论文"，即用在某一学科领域发表高质量论文篇数、论文被引次数来衡量人才的价值。各大高校绞尽脑汁想要将这类人才引入本校，纷纷向这些教师抛出"橄榄枝"，包括丰厚的待遇、科研经费等。表面上看，这些高校是为了自身的发展，提高办学水平和教学质量而引入高层次人才，促进高等教育的发展。但实际上，某些高校在引入人才时，其在这一学科的教师数量是能够满足当下需求的；还有一些高校明明没有配备能够满足该学科发展的设施和环境，却要盲目引入人才。从更深层次来看，许多高校其实是为了引入人才而引入人才，却没有考虑本校实际学科发展建设情况，没有考虑本校是否有适合人才发展的环境与土壤，更没有在人才引入后对人才进行规划与培养。比起学科和教育质量的提高来说，一些高校更看重的是"帽子"能够给本校带来的实质性利益，如国家更多的资金投入、学校更靠前的排名、更容易获得的项目申请等。

第三，高校教师的不合理流动导致了"职业跳槽者"的出现，在教师领域出现了"打一枪换一地"的现象。通常高校引入人才的主要手段是给予教师丰厚的报酬，但是这些报酬并不是终身的，因为随着教师固定事业编制的改革，高校与教师之间会签订聘用合同。那么，高校给予丰厚报酬的承诺期限也就是3~5年，在合同上的聘用期过后，便会出现薪资报酬问题：是继续按照引入时的薪资体系，还是按照高校规定的薪资体系。对于薪资体系的选择，会极大地影响教师的流动。如果以引入时的报酬续签合同，一方面，增加了高校的开支；另一方面，涉及高校教师薪资公平性问题，呈现"外来的和尚好念经"的现象，在一定程度上会削减其他教师的积极性和工作热情。如果按高校原有的薪资制度签订合同，被引入教师很可能会选择其他高校，从而导致了"职业跳槽者"的出现，即一旦聘期结束，便立即转向其他高校。这种情况会带来一系列弊端，例如，高校这一学科可能正处于发展阶段，由于聘期的结束，教师的流出，会造成该学科发展缓慢甚至中断，将阻碍本学科的建设；还可能存在教师跳槽、无心钻研，一味地对以前的科研成果进行不同程度包装的现象。

第四，高校教师的不合理流动扰乱了学术生态，破坏了人才流动秩序，助长了不良风气。教师的职责是教书育人，习近平总书记也多次强调教师要"立德树人"，而"立德树人"的根本是教师要有"德"，这样才能在言传身教的过程中潜移默化地影响学生，最终达到"树人"的目的，才能把学生培养成全面发展的社会主义建设者、接班人。但是，不合理的教师流动使得部分教师为了获得所谓的"称号"而无心教学，只做科研，从而多出成果、多发论文，却忽略了教师的本职工作——教书育人。"双一流"建设需要一流学科做支撑，而高校教师正是建设一流学科的中流砥柱，一流学科的建设与发展需要教师能够坚定地潜心于教学、潜心于学术。我国高等教育经过几十年的发展才逐渐成熟，对于高校教师的不合理流动降低教育质量的现象，一定要引起我们的关注。

（四）高校教师流动的合理性判别

劳动力市场中人力资源的合理流动和配置是社会与市场进步的表现，社会的发展需要市场中不断流动的劳动力带来新的知识和技术。高校教师同样符合劳动力市场人才流动的规律，他们作为高知群体在流动中又必然会与市场中其他劳动力的流动有所不同。同时，为了稳定高校的教学和科研秩序，高校教师的流动应该是有秩序的、合理的，每所高校的发展由于历史和现实的不同有其自己的特质，教师的流动应该在促进高等教育发展的同时符合自身成长与发展的需要。所以，把高校教师的有序流动作为标准，需要从不同方面判断其流动是否合理。下面将从个人、高校组织、地区范围和行业发展角度来判别教师的流动是否合理。

1. 从个人角度来看：是否能最大限度地满足流动主体的需求

高校教师作为劳动者与劳动力市场上的其他劳动者一样，他们期望自己所从事的工作能够满足主体需求，但对于满足程度的要求有所不同。从高校教师与市场中其他劳动力的相同之处和不同之处入手，高校教师是致力于教学和科研工作的高素质群体，笔者认为高校教师在工作中需要满足以下需求，才能更好地发挥其工作的积极性和热情。在生理需求方面，高校教师希望通过自己在教学和科研方面的工作来满足自己和家人的基本生活需求，这也是最基本的需求；在安全需求方面，高校教师希望自己能够在稳定的工作环境中潜心工作，通过安全系数高的工作来保证自身的安全；在归属需求方面，高校教师希望能够在高校找到归属感，能够在科研和教学中有获得感；在尊重需求方面，高校教师希望通过自己的工作影响更多的学生，使学生学有所获、学有所成，希望自己的劳动能够得到社会的广泛认同，能够得到同行和高校的肯定，能够得到学生的尊敬和爱戴；在自我实现需求方面，高校教师希望自己能够在教学上实现桃李满天下，在学科上有所建树，在科研中能取得为社会的发展和进步做出贡献的成果，这是他们追求的最终目标。

2. 从高校组织的角度来看：是否能够有效利用师资力量，使得人尽其才

高校教师的流动可以是校际之间的流动，也可以是校内的流动，就单个学校来说，教师的流动是指校内不同岗位或者不同学科之间的流动。对于高校来说，教师的不合理流动会阻碍其学科的发展和整体水平的提升，所以高校在调动教师时，应根据教师的个性特点、学术特点等进行综合考虑，做到人尽其才、合理配置，最大限度地发挥人力资源的有效性。尤其是目前各大高校都在争相进行"双一流"建设，而"双一流"建设的最关键之处便是优质的师资队伍，为了加快建设，一些高校不惜以重金引入人才，但却忽视了对高校内部资源进行整合的重要性。高校应该对其内部教师资源进行划分，每个人都有自己比较擅长的方面，高校教师作为某一学科的优秀人才，更有自己需要钻研的地方，高校管理者应该充分挖掘每一位教师的独特之处，让教师能够在适合自己的岗位上不断发展。另外，可以根据教师的个性特点，将其分为学术型人才和管理型人才，有的教师特别适合做学问，而不善于担任管理者，高校领导者要充分认识到这一点，不能因为该教师在学术上颇有建树就将其晋升为管理人员，应该让教师在适宜自身发展的土壤和环境里成长。所以，高校领导者首先要充分了解校内已有教师，了解每位教师的特点并合理配置资源，在此基础上，再针对本校发展所缺少的人才引入外校优秀教师。

3. 从地区范围的角度来看：是否能够充分释放区域内人力资本的最大潜力

人力资本理论之父舒尔茨认为，人可以在后天的发展中通过投资来提升自身的人力资本，而在提升人力资本的众多途径中，教育是一种非常快速有效的方法。教育是能够实现跨阶层流动的最快的方式之一，通过教育能够提升国民综合素质和实力，尤其是高等教育能够直接为社会和国家的发展输送高素质人才。一直以来，我国西部地区由于地理位置不佳和经济发展水平落后，高等教育质量和教师资源质量一直低于东部发达地区，进一步加深了不同地区之间教育和经济发展的不平衡。从目前高校教师的流动情况来看，优秀资源主要流入了名校和东部发达地区，这不利于最大限度地释放区域内的人力资本潜力。所以，国家需要考虑如何在留住西部地区优秀教师的同时，从其他地区引入优秀教师到西部地区任教，这是目前关于高校教师流动的关键问题。西部地区本身就缺少优质教师，这阻碍了西部地区教育的发展，通过政策的倾斜与支持吸引优秀人才为西部地区的教育发展做出贡献，减少由师资差异带来的经济发展不平衡现象。

4. 从行业发展的角度来看：是否有利于促进社会的发展

高校教师的流动是一个宽泛的概念，在谈到教师的流动时，一般是指教师在教育领域内的流动，如某教师从一所高校流向另一所高校或者从本校的一个岗位流向另一个岗位，这是从狭义的角度来探讨教师的流动。从广义上来看，教师的流动还包括教师在不同行业之间的流动。随着社会的发展，教师流向其他行业的现象越来越多，尤其是优秀高校教师作为某个学科中的佼佼者，通过培养学生进入该学科对口的行业为社会做贡献，对于教师来说，他们也可以选择自己进入该行业，促进该行业的发展和经济的进步。在探讨教师跨行业流动的合理性之前，首先要规避不合理的跨行业流动现象，即个别教师为了追求金钱和利益，在社会上或机构中以讲师或者专家的身份营销自己、提高自己的身价以获得更多钱财，这种跨行业流动不能带来社会的进步与发展，是应该予以整治和规避的。这里探讨的教师跨行业流动是能够使高等教育得到发展的流动，如高校教师在企业中担任职务或作为机构讲师，或者是企业中的人员被聘用进入高校担任教师。高校教师作为机构讲师，只是不隶属于高校，但依然是以教师的身份向学生传递知识，这时的学生群体将不再只是大学生这一单一群体，除了大学生之外，还有需要学习的社会人士。此时，教师作为讲师只是流出高校，但并没有转变本身的教育行业，仍作为教师为教育和社会服务，只是方式更为灵活，所覆盖的学生群体更加广泛，大大促进了教育的发展和社会的进步。高校教师在企业中担任职务，主要是高校教师将某一行业的理论知识或者研究成果带入企业，通过高校教师输入的理论知识，促进企业将原有技术与先进理论相结合或者通过吸收更新的理论知识来指导企业的生产实践。企业技术的发展需要更精深的理论知识作为指导，高校教师流入企业，为企业职工带去知识的同时也能够指导实践，从而可以大大提高生产效率，改变以往不合理的生产模式，带动企业进步，进而推动社会的发展。企业需要理论知识来指导生产实践，高校也需要对理论知识进行应用与实践，以检验理论成果的正确与否，通过理论与实践的结合促进高校知识的更新迭代和企业生产技术的创新发展。企业人员转行到高校担任教师职务，能够将自己在实践中获得的经验更好地融入课堂，学生毕业后进入企业时，便能够将理论与实践结合起来，成为技能型和实用型人才。从这一层面来说，企业人员流入高校能够推动高校教育的发展，提升学生的实践与应用能力，也能够很好地解决人们一直关注的"大学生毕业找不到工作""大学生的能力与企业需求相脱节"的问题。

以上分别从个人、高校组织、地区范围、行业发展四个方面对高校教师流动合理性的判别进行了阐述，由于不同高校具有其特殊性，因此在判别教师流动合理性时需要结合学校实际情况进行，以保证高校教师流动的稳定性、有序性、合理性，从而最大限度地实现高校教师资源的合理配置，加快我国"双一流"建设，使我国跻身世界教育强国之列。

四、中、美两国高校教师流动机制的比较

当前各国都把教育发展摆在国家发展的重要位置，教育的发展对提升国家综合国力的重要程度不言而喻。教育的目的是培养众多优秀人才为国家经济建设做贡献，而教师是培养人才的关键，尤其是高校教师培养的人才在毕业后直接走向社会进入工作岗位，因此高校教师在人才培养中拥有不可撼动

的地位。所以，高校为了提升办学质量和办学水平，会在学校内部大力地培养教师专业能力，同时对外积极引入优秀教师，以促进各学科的发展和进步。高校教师流动机制的建立与完善除了要在自身内部找原因进行改进外，还应借鉴其他国家在教师流动方面卓有成效的做法。美国是世界高等教育强国，在高校教师流动方面有一套成熟的机制，我们应该立足于目前我国高校发展的现状，借鉴美国高校的成功经验，摸索出适合我国高校发展的教师流动机制。现从任期机制、晋升机制和招聘机制三个方面比较中美两国高校教师流动机制的不同，从中找出建立我国高校教师流动机制的可借鉴之处。

（一）任期机制

美国高校实行的是聘任制和终身制相结合的任期机制，对教授实行终身制，对副教授和讲师实行聘任制，也就是"非升即走"制度。美国是世界高校中较早实行"非升即走"制度的国家，对讲师和副教授进行人才引进时一般会有三年的考核期，即在三年之内需要完成高校安排的任务。如果达到学校要求的教学和科研要求，则可以继续留校任教；否则，就会被学校解聘。美国的"非升即走"制度有利于高校教师不断提升自身教学和科研水平，产出更多教学和科研成果，有利于促进学术上的合理竞争，从而促进美国高等教育的发展。

我国的高等教育由于历史和社会的原因，对于教师的聘用一直是计划型和集权型的。随着人事管理制度的改革，近些年，一些高校改变了之前计划型的用人制度，转而实行"非升即走"制度，具体实施情况与美国相似，也是对未能达到考核标准的讲师和副教授不再聘用。但由于我国实行计划型聘任教师制度的时间已久，故在具体实行"非升即走"制度时存在一定障碍，与美国的实施情况相比存在差距。另外，美国高校对于未能达到考核标准的教师实行有保障的退出机制，使这部分教师不会因为"流出"高校而有过多的负担，而且仍然有机会任职于更出名的高校，是一种非常人性化且考虑到教师发展的退出机制。我国在高校教师的退出机制上还没有建立完善的措施，没有给予"流出"教师以充分的保障，导致这部分教师几乎只能向下流动。因此，在继续坚持实施"非升即走"制度的基础上，应思考如何建立一种良好的退出机制，保证我国高校教师流动"能下又能上"。

(二) 晋升机制

上文谈到中美两国高校对教师都实行"非升即走"制度,主要讲述了考核不达标教师的"走"的问题,有必要进一步了解中美两国高校关于优秀教师的晋升采取的策略。对于高校中的优秀教师,当其各项考核都能够达标,且科研、教学成果突出时,必须给予晋升,以调动教师的积极性和工作热情。美国对于高校教师晋升的评判主要从教学、科研和社会服务三个方面入手,以教学人员为例,其晋升路径为讲师—副教授—教授。美国高校多为私立高校,其实行董事会负责的高校管理制度,很少受国家和政府的控制,在教师的晋升与考核上采取公开、透明的形式,晋升在教学、科研和社会服务上有突出贡献的教师。

我国高校在对教师进行考核时,也比较注重其教学、科研和社会服务情况,但目前仍存在考核机构不完善的问题,容易导致考核的不公平和不合理。我国早期对于高校教师的考核一般都是根据教师教龄、论文数量、科研成果等,但这种考核方式并不能考核出真正的优秀教师,反而因为过分强调论文数量、科研成果等量化数据,而使教师一味地投入到科研任务中,目的是产出更多的成果、发表更多的论文、赢得更高的头衔。对于高校教师来说,论文数量和科研成果固然重要,但教师的首要任务是教学,其精力应该更多地用于教学上,如果教师为了晋升将大部分精力放在科研任务上而无心教学的话,对于教师来说,会因为承担过大的科研压力而不利于其长期发展;对于学生来说,教师的教学成果和教学质量得不到提升,不利于学生的学习和成长,最终会影响到高等教育的发展。鉴于旧的考核机制不利于保证晋升的公平性和合理性,对高校教师进行考核时要从多方面进行评定,严禁从单一指标入手评定人才,应将"师德"放在首要位置,严禁出现"唯论文""唯帽子"等的"五唯"现象。对高校教师进行考核时,除了要以论文数量、科研成果、教学水平等为依据,还要注意不能以"唯"的指标进行评价,而是要以更加公开、透明的考核结果,更加广泛、多方面的评判标准来实现优秀教师的晋升。

(三) 招聘机制

美国高校在招聘教师时遵循公开招聘的原则,从各大高校、社会等多渠道招聘优秀人才，同时将眼光投向国外，吸纳国外优秀教师前来任教，可以说，美国高校在招聘教师时是宽领域的招聘形式。为了避免学术上的"近亲繁殖"，促进学术思想的多元化，避免学术上的保守性，美国一些高校坚决不聘用本校的硕士和博士毕业生，因为毕业生留在本校任教，不易带来不同思想的碰撞，不利于教学和科研上的创新，不利于优秀人才的脱颖而出，从而会影响学校的发展和声誉。

我国高校在教师招聘方面，早期的政策是鼓励优秀硕士和博士毕业生留在本校继续为本校的教学和科研发展做出贡献。高校管理者认为，教师师出同门有利于保持学术和科研队伍的稳定性，毕业留校的学生更了解导师的研究方向和研究路径，其一直以来接受的学校文化的熏陶和导师的思想便于科研工作的开展；在本校完成从学生到教师的转变，这样的学生对学校有非常高的忠诚度，有利于保持整体教师队伍的稳定性。近些年，随着经济的发展和社会大环境的改变，创新型人才在高校发展中所起的作用越来越明显，本校毕业生留校任教带来了一系列弊端。例如，同一科研队伍的成员大多都出自同一师门，有着相似的学术思想，不能带来科研上的创新和发展，导致我国的高等教育缺少创新性。而高等教育正处在创新型的时代，要想建设教育强国、科技强国，必须有新思想作为先决条件带来新科技的产生。因此，高校现已认识到招聘教师渠道应该多元化、人才种类应该多样化，这样更有利于高等教育的发展，从而促进我国经济实力的增长。

五、构建我国高校教师合理流动机制的建议

当前，我国"双一流"建设正处于深入推进阶段，吸引高层次人才成为高校深化一流大学建设的重要路径。高层次人才的合理有序流动为高校发展注入了新的活力，甚至带来了新的发展机遇。然而，在实际人才招聘过程中，无序流动现象明显，加剧了高校高层次人才市场的恶性竞争，拉大了发达地区与欠发达地区师资水平的差距，增加了非"双一流"高校的人才招聘难度。对此，教育部相继出台了《关于深化人才发展体制机制改革的意见》(2016)、《关于坚持正确导向促进高校高层次人才合理有序流动的通知》(2017)等政策，以应对"双一流"建设背景下，高校以巨额资金抢挖人才而导致的人才不合理流动问题，引导高校把握人才流动的正确导向，理性对

待"学术职称",坚决反对恶性挖人竞争行为。在"双一流"建设中,优秀的教师是重要的一环。高校与人才之间是相辅相成的关系。高校的办学质量和长远发展离不开各部门、各学科人才的奋斗与努力;人才的发展和成长离不开高校提供的资源与平台。在"双一流"建设的大背景下,人才尤为重要。高素质、高水平的人才队伍是"双一流"院校与学科建设效果评估中的重要指标。人才是一个学科和机构的灵魂,是保证教学质量、科研成果和服务社会的中坚力量。只有使仪器设备、实验室、科研环境掌握在一流人才手中,才能发挥优势,实现人力和物力的合理配置。高校教师流动机制是流动制度运行的重要载体,也是推动流动制度改革和发展的重要力量,同时,它也是高校教师流动的基础,对高校教师流动政策体系的建立和完善具有深远的意义,是解决教师不合理流动问题的基础。本书就目前我国高校教师流动的现状与不合理因素,同时借鉴美国高校教师流动机制的经验,提出了构建我国高校教师合理流动机制的建议。

(一)健全高校教师流动政策体系

要改变现阶段高校教师流动不合理的现状,一个关键的方法是从政策角度入手,用政策来保证制度的执行。建立并完善高校教师流动政策,从根本上解决当前高校教师无序流动的现状,使教师流动合理并能够促进高等教育的发展,对于高校教师流动机制的发展具有深远意义。因此,本书针对目前高校教师流动的现状,经过调查分析,主要从政策的制定、执行和监督三个方面提出建议。

1. 优化政策的制定

政策制定是政策执行的前提,怎样让政策掷地有声、让政策执行落到实处,取决于政策制定得合理与否。因此,在制定政策的过程中,一定要保证政策的合理可行。高校教师流动政策的制定,其目的是使教师流动在政策规定的范围内有序进行,不出现不合理流动现象,同时又要保证教师自身得到发展。高校教师流动政策与教师利益息息相关,因此,应从教师的角度出发,政策的制定要保证教师的参与权,给予教师充分的表达权。众所周知,政策的制定要倾听民意,给予民众参与权和话语权,扩大政策制定的主体范围,让政策的制定能够最大限度地符合民众的利益,这样政策的执行才能获得民众的支持。高校教师流动政策的制定也不例外,从高校教师的角度出发,有利于政策的执行和落地。所以,为了制定既符合高校教师自身利益,又能够促进高等教育发展的政策,需要更加关注教师的成长。根据马斯洛需要层次理论,制定政策时需要考虑教师自我实现的需求,因此,高校教师流动政策的制定需要考虑教师自身的发展。教师发展的途径有很多种,为了保证教师能够不断更新知识,提升专业能力,高校可以采用让教师出国访问、进修、培训等方式。合理、有序的高校教师流动能够促进教师自身的发展,应将教师流动稳定在一个合理的范围内,那么,就要思考如何完善教师流动政策,以保障教师个人利益和促进其成长,实现教师的自我实现需求。另外,仅仅依靠高校教师流动政策来改变教师的不合理流动十分困难,一项政策的实施需要多项配套政策的辅助。所以,在优化和实施高校教师流动政策的同时,可以一并实行有关高校教师聘任政策、高校教师职称评定政策、高校教师考核评价政策等。这些政策在高校教师流动政策的执行过程中至关重要,高校教师流动政策不是为了促进流动而制定的政策,从深层次来说,是希望通过教师的合理流动最终实现高等教育的稳步发展,而这些配套政策与流动政策制定的目的相同。因此,相关政策的同步实施,有助于高校流动政策的实施,从而有助于促进高校教师合理有序流动。

2. 完善政策的执行

制定好一项政策后便到了政策执行的环节,对于高校教师流动政策来说,政策的执行是改变当前高校教师不合理流动现象的关键环节。但是,在当前高校教师流动政策的执行过程中,存在一定的官僚作风,政策的执行表现出等级性,等级越高拥有的话语权越多,这已经违背了政策制定的初衷,非但没能改变当前教师不合理流动的现状,还带来了一些负面影响。因此,应该完善政策执行过程,解决高校教师流动中存在的问题。

第一,执行高校教师流动政策时,要解放思想,改变先前对于教师流动持否定态度的保守思想,认识到教师流动是一种正常现象,也是促进教师发展的一种手段。教师流动分为流入和流出两种情况。对于教师的流入,当前的思想是比较开放的,高校可以通过各种渠道、各种方式引入优秀人才。由于当前对于教师流入的宽松政策环境和对人才在思想上的认可,也就滋生出一系列亟须避免的不合理流动现象。因此,教师流动政策执行过程中思想的开放性，主要是指要以正确的心态看待教师的"流出"，要明白教师的流动是一种必然现象，那么教师流出也就是再正常不过的事情。一方面，当教师不合理流出时，应思考采用何种机制能够改变当前现象；另一方面，要思考如何构建合理的"流出"机制，使教师的流出无后顾之忧。总之，流动政策执行过程中思想的开放性有利于为高校注入新鲜血液，促进高校发展。

第二，简化高校教师流动程序。部分高校的教师流入和流出手续较为复杂，一些高校教师反映，办理流动手续时要经过层层审核，比较烦琐。所以，需要对流动程序和机制进行简化。我们认为，办理高校教师流入和流出的手续应该更加扁平化，改变目前手续办理的直线式多层结构。高校教师应把更多的时间放在教学和科研上，而不是手续的办理上。这里有必要提到的是，部分高校在其他手续的办理上也需要简化程序，做到机构精简、流程精简。

第三，高校教师流动政策执行过程中也要考虑感性因素，即给予高校流动教师人文关怀。在执行过程中要遵守政策，但制度是从人的角度设立的，因此，在政策执过程中应更加人性化。即执行政策的相关人员在面对教师流动时，不要把当前的教师流动政策看作对高校教师的规制和约束，而是应该转变思想，认识到这种流动是促进教师发展的手段，只是在流动过程中由于没有完善的政策，才会出现无序流动的现象。所以，对于高校的管理者来说，更需要人性化地执行政策，在政策执行过程中要有配套的激励、奖励等机制来促进政策更好地执行，有效地促进高校教师合理流动。

3. 强化政策的监督

对于任何一项政策来说，其执行必然要由相应政策的监督作为保障，高校教师流动政策也不例外。从政策的角度来说，只有执行没有监督，便不能保证政策执行的效果，从某种程度上说，政策监督能够让政策执行更加有效、更加透明，也能在监督中找到执行效果的不理想之处，及时进行政策的修改与完善。目前，我国高校教师流动的无序现象在很大程度上是由于监督不力造成的。试想一下，如果高校教师流动政策的制定是从教师自身发展和高等教育发展的角度进行的，如果能够按照预期设想执行，便不会出现当前教师流动乱序的现象。所以，在执行过程中必然有许多地方没有按照要求进行，执行不到位的根本原因就是监督机制不完善，监督人员疏于职守。因此，高校教师流动政策的执行要想达到令人满意的效果，一是要建立监督机制，二是要培养监督人员。从监督机制的角度来说，应改变当前教师流动政策监督中不合理的地方，完善监督机制。从监督人员的角度来说，应改变监督人疏于监督的现状，做到工作本分，保证政策有效执行。所以，要设定监督指标，目的是在做好监督工作的同时，通过完成监督指标使政策更加高效地得到执行。政策监督人员对于政策的执行至关重要，即使当高校与教师在流动上出现问题时，监督人员也有权力针对问题进行解决，规范双方权利，共同维护高校和教师的权利。

（二）规范高校教师劳动力市场

高校教师流动从表面上看是教师在高校与高校之间的流动，其实教师属于劳动力范畴，属于人力资本，共同存在于劳动力市场这个大环境下。因此，应把教师流动放在社会和市场的大环境下进行分析，从市场的角度来规范劳动力，实现高校教师合理有序流动。我国高校教师流动不合理的现象是由多个因素共同导致的，但是主要原因仍是我国现阶段劳动市场不完善、劳动市场机制不健全，包含在劳动力市场机制中的人才流动机制自然也存在诸多不合理之处。要想规范高校教师劳动力市场，需要多方合力，劳动力市场、高校、教师等共同维护教师流动的有序性。高校的发展必然需要优质的教师资源，需要新鲜血液的注入来促进文化的多元和思想的争鸣，高校有必要引入人才来充实教师队伍、提高教师水平。高校在引入人才的过程中，要保证人才引入的规范化，根据高校自身的发展和学科建设需要引入相关人才，促进高校发展。在高校教师流动过程中出现的"职业跳槽者"现象，其实是市场诚信机制的问题。高校教师在选择流出的过程中不应只考虑自身利益，还要考虑自己的流失是否会阻碍学科的发展。高校教师担负着"立德树人"的责任，担负着培养青少年成长的使命，教师的诚信对学生有着潜移默化的影响，因此，教师更要做到在市场机制下诚信流动。

1. 政府宏观调控

前文已经提到要规范高校教师劳动力市场，市场机制的运用应与政府的宏观调控相结合，这样才能更好地规范高校教师流动。因此，政府宏观调控在改变高校教师无序流动的规程中具有不可替代的作用，政府应该完善关于高校教师流动的相关法律。我们一直在谈论高校教师的不合理流动，这种不合理流动是无序现象,要研究究竟是什么造成了无序现象,或者反过来说有序的前提是什么。要实现有序,必须利用法律进行规制,将教师流动的整个过程以法律的形式确定下来,按照法律规定的形式执行,就可以避免大规模的无序流动;同时,在流动的过程中,应根据所产生的问题不断对法律进行修订与完善,最终达到有序的状态。当前,我国关于教师管理的法律比较多,但是关于教师流动的法律并不完善,亟须政府出台相关法律政策,并且要做到新出台的法律与已有的法律能够配套,法律的实施不会出现相抵触的情况,这些都需要在执行过程中不断完善与创新。

对高校教师流动进行分析,可以看出教师流动主要是从经济欠发达的中西部地区流向经济发达的东部地区。中西部地区在师资方面相比东部地区本来就落后很多,随着"双一流"建设的推进,高校对于优秀教师的需求程度更高,东部地区的经济条件以及薪酬水平极大地吸引着中西部地区的教师,中西部教师流入东部地区的情况比较普遍。如果是符合学科和教育发展需要的合理分配与流动,则有利于我国高等教育的发展,但当前教师的流动并不都是合理的。首先,对于东部地区来说,在引入优秀教师时要把握一个"度",不能一味地盲目引入人才,人才的引入要能够真正促进学科的建设与发展,人才进入高校时一定要有适宜其发展的配套设施、环境等土壤,以避免出现人才引入后的"水土不服"现象。对于西部地区来说,要思考如何留住人才,人才流失一方面是由于东部地区的经济和薪酬优于西部地区,另一方面是东部地区更有利于教师自身发展。西部地区应该多为教师提供培训、深造等机会,以满足教师自身发展和专业发展的需要。目前我国高校教师人事制度的改革,在教师的聘任上给予了宽松的环境,在一定程度上促进了高校教师的合理流动。例如,很多高校实行优秀人才的"双聘"制度,使得人才能够在不同的高校进行教学和科研,极大地减少了因为优秀人才不足而造成的高校"疯狂抢人"的现象。同时,通过"双聘"制度,教师能带来不同高校的学术观点和思想。除此之外,目前正在实行的"共享人才"模式为高校教师创建了更加宽松的环境,增加了教师与教师之间的对话与交流,极大地促进了我国高等教育的发展。针对西部地区教师频繁流出的现象,应该建立一种补偿机制,可以通过政府财政倾斜和东部地区的补偿机制进行,从而缩小区域间教育发展的差距,促进高等教育资源的合理配置。

2. 学校自主调节

为了改变当前高校教师不合理流动的现状，国家需要出台一系列政策规范高校教师流动。国家制定教师流动政策是在宏观大环境下进行的，是根据全国范围内高校的现状制定的，抓住了高校教师流动的普遍特点进行修订与完善。不同的高校由于所处地理位置、经济发展程度、综合实力等不同，在教师流动过程中除了要遵守法律政策，还要结合自身特点找出适合教师流动的路径，这样才能做到有效的流动。

第一，高校属于高级知识分子的聚集地，其发展依赖于高校与高校之间、教师与教师之间的交流，高校之间的交流不只是国内高校间的交流，更需要与国外高校进行交流。在科学技术、信息技术迅速发展的现代，我国应借鉴国外高校在办学、师资培养、学生培养等方面的经验和成功之处，尤其是在高校教师流动方面。西方发达国家在进行高校教师招聘时，注重多渠道招聘人才的方式，目的是避免学术上的"近亲繁殖"。简单地说，学术上的"近亲繁殖"就是本校学生毕业后直接留校任教，形成某一学科、专业、科研团队的成员师出同门的局面。学术上的"近亲繁殖"是由于我国的文化传统、社会环境等造成的。以前学术界认为，学术上的师承有利于高质量研究团队的建设，但是随着教育的不断发展，高校学生留校任教带来了一系列弊端。学术上的"近亲繁殖"导致了在高校聘任过程中，更倾向于招聘本校学生，在一定程度上造成了学术腐败的滋生，不利于外校人才的引进；另外，学术上的"近亲繁殖"使得高校无法获得"新鲜血液"，减少了思想上的碰撞与创新，阻碍了学术的进步与发展。美国高校在早期是鼓励本校毕业生留校任教的，认为这样可以维护学术队伍的稳定性和促进学术研究的高水平发展。但随着教育的发展，美国高校认识到这种做法会造成严重的学术"近亲繁殖"，阻碍了美国高等教育的发展。为了消除这一弊端，很多美国高校明确规定不允许本校毕业生留校任教，无论学生多么优秀都要离开本校。美国高校开始实行学术上的"远缘杂交"，鼓励不同高校、不同国籍的优秀人才前来任教，改变过去人才结构单一化的现象，扩大了教师来源的渠道。除此之外，美国高校的"非升即走"制度在高校教师流动方面起到了很好的作用，教师在聘任期结束后如果没有晋升就要离开学校，增强了教师的竞争意识，促进了教师的合理流动。关于高校学术"近亲繁殖"的调查报告显示，我国高校"近亲繁殖"的现象依然存在，不利于学术发展。为了改变现状，许多高校借鉴国外高校的做法，不允许本校硕博学生留校任教，如湖南大学从2018年开始就明确规定本校学生不得留校任教，以构建具有独立精神、创新思想、平等宽松的学术环境。

第二，面对高校教师不合理流动现象，高校应该结合自身特点建立教师激励机制。教师激励机制应该作为高校教师流动机制的配套政策，尤其是针对中西部地区和非"双一流"高校来说，更应该建立相应的教师激励机制。一方面通过教师激励机制留住人才，另一方面能够吸引人才的流入。中西部地区优秀教师流失现象比较严重，流失原因一般是原有高校工资低、不利于教师自身发展、地理位置不够优越等。高校优秀教师除了工资外，最看重的就是自我价值的实现，中西部地区以及非"双一流"高校要从教师自身发展入手，建立相应的激励机制，采取更多非物质激励手段，从多角度弥补工资报酬和地理位置方面的不足，提升教师对高校的归属感与使命感。高校大量引入优秀人才的目的是促进本校的发展和建设，少数"双一流"高校将教师引入之后，忽视了教师的自身发展，导致了被引入教师工作积极性的下降，其对高校也就没有足够的归属感和忠诚度。"重引入轻发展"也成为当下东部地区"双一流"高校人才引入的弊端之一。因此，中西部地区高校可以以教师专业发展和教师自我实现为切入点，建立适宜的激励机制，将高校教师自身的发展融入学校的发展规划当中，努力做到心系教师，保障教师权益，提高教师福利待遇。

面对高校教师不合理流动的现状，高校在教师流动问题上与教师关系最为密切。高校在正式聘任教师与教师签订合同时，要严格按照高校人事管理制度的规定进行，要遵循高校与教师双方自愿签订合同的原则。规范的教师聘用合同对于高校来说，当出现教师在校期间不合理流动的情况时，既可以减少由于教师不履行合同所带来的损失，也可以为解决教师与高校之间的法律纠纷提供参考依据；对于教师来说，是维护其自身利益的重要手段，教师流动也应该做到有法可依、有法必依。通过以上分析可知，高校教师流动需要高校根据自身情况进行自主调节，具体调节方式包括借鉴国外高校关于教师流动的成功经验、多方面完善教师激励制度、依法签订劳动合同等，通过以上手段改变当前高校教师不合理流动现象，促进高校教师健康有序的流动。

3. 教师诚信流动

诚信是中华民族的传统美德，对于高校教师这一群体来说，诚信则更加重要。高校教师不仅要自身做到诚信，还要培养学生的诚信品质。习近平总书记多次强调要"立德树人"，"师德"不佳在教师考核上具有一票否决的效果，而诚信正是师德的重要表现。教师在"立德树人"方面承担着不可替代的角色，学生的"德"需要教师潜移默化的影响。高校教师属于高级知识分子，本来就受到学生和家长以及社会大众的尊重，因此更要起到为人师表的作用。强调教师的诚信流动，是因为目前我国高校教师流动存在不合理的现象，其中教师的非诚信流动在无序流动中占很大比例。第一，教师在与高校签订劳动合同时，要对合同内容进行研究。通常高校的用人合同是在与教师签订之前就提前拟好的，所以在签订合同时，教师一定要熟悉合同内容，对于合同中不清楚或不明白的内容一定要主动提出并与校方商定，在双方达成一致协议的情况下进行合同的签订，以保障教师和高校双方的合法权益。第二，高校教师在学生教育、学校发展中的作用至关重要，教师进入某一高校任教时，应该做好教书育人的本分。若因自身发展需要进行校际或者地区之间的流动应遵守相关政策，以促进自身的发展和流入高校的发展。若流出的高校教师在某一学科上具有重要作用，或是该学科的带头人或负责人，主导着该学科的建设和发展，那么，该教师的流动对该学科的建设势必会造成一系列影响。尤其是当教师没有事先告知校方或者不辞而别时，会影响高校该学科的教学和科研进度。因此，允许教师自由流动的前提是，教师要做到诚信流动，避免"职业跳槽者"的出现，教师要建立对高校的忠诚感和归属感，在高校的教学和科研中发光发热，培养一批优秀的学生，为国家的教育事业贡献自己的力量。

(三) 完善高校教师流动机制

从高校人事管理的角度分析，高校教师队伍应保持一定程度的稳定性，这样有利于高校的稳定发展。但部分高校人事管理者会为了稳定而稳定，没有从教师自身发展的角度看待教师流动问题，当面对教师无序流动的现状时，人事管理者对于教师流动的管控存在不合理现象，未能很好地把控教师流动，造成了教师队伍的稳定性下降和高校教师的不满情绪。因此，高校人事管理者应该从教师队伍的稳定性和教师自身发展的角度来完善高校教师流动机制，从而改变目前高校教师无序流动的现状。

1. 规范法律法规的约束机制

高校教师的合理流动必须通过机制的建立和政策的完善来实现，高校教师流动机制的执行应该在法律规定的范围内进行，使高校教师流动政策与国家法律法规不相悖。随着人事制度的改革，高校教师的人事管理制度也在发生变化，教师拥有更大的流动自主权，高校在教师的管理上也拥有更大的自主权。高校对于人事自主权的行使一定要在国家法律政策的框架下进行，用法律法规进行自我约束，同时要有完善的监督机制来保证政策的有效执行。

高校教师流动归属于高校人才流动管理中心管理，要保障教师流动机制的合法合规，高校人才流动管理中心必须具备独立法人的性质，但目前我国高校人才流动管理中心并不具备法人性质，这就导致了教师流动合法性有所欠缺，应该根据市场人才流动机制建立相应的高校教师人才流动机制。高校在与教师签订合同时，应该明确规范合同订立的标准，包括教师的工作年限、薪资待遇、任教学科、职称评定、担任工作等，应该在教师明确了解各方面情况的条件下签订合同，而且合同中不应存在含糊不清的条款等。签订合同前，校方应该提醒教师仔细阅读合同条款，这既是为了保障教师权益，也是为了保障高校自身的权益。总之，高校应在遵守国家法律法规的前提下，对高校教师流动政策进行规范和约束，并保证高校和教师严格执行各项政策，促进高校教师健康有序的流动。

2. 完善教师流动机制

高校教师流动分为流入和流出两种类型，应针对不同流动原因，对教师流入和流出采取不同对策。优秀教师对于高校的发展至关重要，教师的流出会使高校失去优质资源，给高校造成损失，不利于高校的发展。但随着社会的发展，优质教师人力资本的流动已经成为必然，不能采用强硬的手段一味地阻止教师的流动，这不符合市场发展规律。为了保证高校教师合理流动，不至于给流出和流入高校带来不良影响，应该完善教师流入流出机制，促进高校教师流动的稳定有序。对于高校教师的流入即高校在引入人才时，要做到引入人才的广泛性，前文已经谈过学术"近亲繁殖"不利于学术和教育的发展，所以高校在引入人才时，应尽量避免本校学生的引入，即使有必要聘用本校学生，也要把数量控制在一定范围内。高校应该广开招聘渠道，吸纳优质人才，多样化人才基本都来自不同的高校，他们的思想和学术观点都不相同，不同思想的碰撞更能产生学术上的火花，有利于高等教育的发展。所以要多渠道、宽领域地引入优质人才。另外，虽然优秀教师的引入能够提升高校的名气、促进教育的发展，但是在引入人才时，一定要评估高校的实际情况，不能为了引入而引入。当高校缺少某学科的人才、某学科的优秀教师不足，阻碍了学科建设，并且学校的配套设施能够满足引入教师的科研需要时，优秀教师的引进才是必要且合理的。否则，既会造成高校资源的浪费，又不利于教师自身的发展，对校方和教师来说都是一种伤害。"德"在教师群体中的重要性不言而喻，所以高校在引入人才时，不能只看教师的教学和科研水平，而是应该考察教师的综合素质，对于师德不佳者应该一票否决，品行不端者即使学术能力再强也不能引入。对于高校教师的流出即高校人才流失时，高校不能采取强硬的手段留住教师，而应摆正心态，充分理解高校教师的流出是一种正常现象，只有教师合理流动，才能带来思想的流动与创新，带来教学的进步与发展。高校应该思考教师流出的原因和避免教师流出的措施。造成教师流出的原因有很多种，高校应对教师流出原因进行分类，针对不同情况采取合理的措施，用科学的手段留住人才。例如，高校可以通过招聘吸纳"新鲜血液"；部分教师的学术和教学能力达不到要求，高校可以通过培训的方式提升这部分教师的实力来达到学校要求；也可以通过"非升即走"制度控制教师的流出。高校在实行"非升即走"制度时，不能只让教师流出，应该给予流出教师后续支持，即"非升即走"制度要有相应的配套流出机制作为补充，让被迫流动的教师无后顾之忧。对于那些高质量优秀教师的流出，高校一定要分析其流出的原因，从流出原因入手改善学校自身的薄弱环节，在减少教师流出的同时吸引优秀教师流入。

3. 制定合理的教师聘任制度

高校教师的不合理流动在很大程度上是由于教师聘用制度中的一些规定已经不适应当前教师的发展。在传统的计划经济体制下，教师没有流动的自主权，以国家分配为主，教师聘任制度也就相对受计划经济的影响而缺少活力，阻碍了教师的自由发展和教育质量的提升。随着社会主义市场经济的发展，需要根据市场用人需求的变化制定出符合人才发展的规章制度。近些年，我国提出要大力建设"双一流"高校,而建设"双一流"高校需要优质教师资源,加上传统的国家分配式的用人制度已经被改革后的人事管理制度所替代,高校教师可以选择在校际间和行业间流动,人才竞争制度的实行,加大了教师的流动比例。无论是自愿流动还是被迫流动,高校都应该制定合理的教师聘任制度,从制度上规范和保障教师权益,让教师在流动中拥有更多的自主权。提到教师聘任制度,人们想到的都是高校和教师之间的工作签约关系,将这一关系局限于校园范围之内,我们应以开阔的思路看待教师聘任制度,高校既要在学校有关方面给予教师关心,还应该在教师社会生活的其他方面提供帮助和支持。高校应制定合理的教师聘任制度,同时制定福利津贴、教师考核、职称评定等配套政策来支持教师聘任制度的顺利实施。从制定并完善高校教师聘任制度入手规范高校教师流动,改善目前高校教师不合理流动的状况,使教师在有序、健康的环境下合理流动,从而促进学科建设和发展,促进高校"双一流"建设,促进我国高等教育质量的提升。

参考文献

[1] 孙涛. 困境与出路:"双一流"建设视域下的高校教师流动 [J]. 北京社会科学, 2020 (6):37-45.

[2] 董树军. "双一流"建设背景下高校教师流动及其治理 [J]. 高等教育研究, 2018, 39 (10):63-67, 74.

[3] 党彦虹. "双一流"建设背景下高校教师流动现状、问题与对策 [J]. 黑龙江高教研究, 2018, 36 (9):1-4.

[4] 刘金松. 高校教师流动的合理性冲突及限度建构 [J]. 教师教育研究, 2017, 29 (6):53-58.

[5] 曾先锋. 当前我国高校教师流动的理性分析 [J]. 江苏高教, 2017 (8):49-52.

[6] 张曦琳. 规制抑或自由:高校教师流动治理中的价值冲突与选择 [J]. 中国高教研究, 2021 (1):26-31.

[7] 陆慧玲, 曹辉. "双一流"建设背景下高校教师流动及其合理性判别 [J]. 河北师范大学学报(教育科学版), 2019, 21 (6):57-63.

[8] 丁煜, 胡悠悠. 高校教师流动:向上流动的失序和向下流动的失灵 [J]. 高教探索, 2018 (6):96-100.

[9] 张伟杰, 姜宇. 高校教师流动的影响因素与现实反思:布迪厄场域论视角 [J].

中国成人教育，2017（16）：146-149.

[10] 廖志琼，李志峰，孙小元. 不完全学术劳动力市场与高校教师流动 [J]. 江汉论坛，2016（8）：110-113.

[11] 由由. 机会成本与高校教师流动意向的实证研究 [J]. 中国高教研究，2014（3）：60-67.

[12] 孙丽昕. 我国高校教师何以流不动：基于西方国家高校教师流动机制的分析 [J]. 河北师范大学学报（教育科学版），2013，15（12）：38-44.

[13] 段从宇，伊继东. 高校教师流动的本质内涵及合理性判别：兼论"双一流"建设背景下的高校引才 [J]. 高校教育管理，2019，13（3）：89-96.

[14] 王慧英. 我国高校教师流动政策研究：基于制度分析的视角 [D]. 长春：东北师范大学，2012.

[15] 唐嫚. 高校教师流动的微观机制研究 [D]. 武汉：武汉理工大学，2014.

[16] 章凌. 中美高校教师流动问题的比较研究 [D]. 曲阜：曲阜师范大学，2016.

[17] 胡诗琪. 基于推拉理论的高校教师流动差异性研究 [D]. 武汉：武汉理工大学，2018.

[18] 教育部. 全国重点高等学校接受进修教师工作暂行办法 [EB/OL]. (1980-07-10) [2021-10-09]. http://www.law-lib.com/law/law_view.asp?id=2115.

[19] 国务院. 国务院关于颁发《国务院关于科技人员合理流动的若干规定》的通知 [EB/OL]. (1983-07-13) [2021-10-09]. http://laws.66law.cn/law-21206.aspx.

[20] 白维维. 美国高校教师的流动机制 [D]. 保定：河北大学，2011.

第五章 高校教师科技创新能力研究

在我国，每年都有众多科技创新成果诞生于各大高校，高校教师无疑成为我国科技研发的主力军和领导者，其科研实践创新能力的高低可以在相当大的程度上体现一所高校的科研实力和水平。为了进一步提升高校总体的科研实力，政府、社会和高校自身都要努力做出方向性的调整，为高校教师打造友好的科研环境，使得高校教师在实践中能够充分发挥其主观能动性，促使教师实现自身科技创新能力的长足进步。通过阅览分析大量相关文献，本章对高校教师科技创新能力的现状、影响因素、改进方向等进行了研究和总结，并在此基础上提出诸多建设性建议，以期助力高校教师科技创新能力的提升。

一、引言

改革开放以来，我国基本完成了对现代主要科学技术的引进、学习、吸收和再创新，逐步适应了世界科技的发展速度，但是，我国最核心的尖端技术依然受制于人。中美贸易争端、我国芯片领域受制于人等现实事件已经表明，国外的核心关键技术是难以被开放学习和研究的，核心技术的研发需要我国自身孜孜不倦地努力。在中美贸易争端的背景下，我国的科技创新需求十分迫切，全面加快科技创新成为我国提高国际实力的重要目标之一。随着创业热潮的愈发涌起，各种科技创新成果纷纷涌现，呈现出欣欣向荣的态势。高校是从事科技创新成果研发和生产的重要组成部分，而高校教师则是产出科技创新成果的劳动者主体，其科技创新能力不仅与一所高校的自身科研实力息息相关,也在很大程度上影响着整个国家的科技创新水平。此外,高校教师科技创新成果的有效对接与转化也能给企业带来一定的经济效益,从而促进社会经济的发展。可见,对高校教师科技创新能力的研究是一个具有重大现实意义和社会价值的话题。本研究将从我国高校教师科技创新能力的发展现状入手,分析、总结现有科研环境的优势与不足之处,从而根据分析结果提出提高高校教师科技创新能力的建议。

二、相关概念及理论依据

(一) 相关概念

1. 高校的概念界定

我国对高等教育机构的划分主要包括以下几个方面。

第一,按照高等教育机构类别进行划分,可以细分为"211""985"等项目和工程建设高校、部属高校、全国各地区共建的高等教育机构等,这些高校的师资队伍综合实力、办学规模、质量和水平,以及科研创新能力一直处于国内领先地位;除上述教育机构外,其余包括各种高级技术类学院和中高级职业技术类学院。

第二,按照高校类型进行划分,可以分为工程院校、综合性大学、医科大学、农林院校、师范院校、高职高专院校等。

第三,按照高校创办和投资主体进行划分,有国家创办的公立高校,私人投资的民办院校和各种其他形式的公办民助高校以及二级独立学院。

第四,按照高校教育层次的高低进行划分,可以划分为两种类型:本科院校和中高等职业院校。

第五,按照高校的基本功能进行划分,可以分为研究型高校、教学型本科院校,以及以从事职业技术培训工作为主的研究型高职、中职院校。

第六,按照高校的行政隶属关系进行划分,可以细分为部委、教育部门的直属机构,地方性院校。也可大概划分为部属高校、省属高校和民办高校。省属高校一般泛指附属于全国各省、市、自治区,大多依靠地方财政补贴供养,由地方行政机关划拨资金和经费的普通高职院校。教育部直属高校和中央各级部委所属高校一般办学层次较高,科研能力也较强。省属高校中的地方高校虽然办学时间和历史较长,但办学层次以普通本科院校为主,有很大一部分院校是由职业技术院校升级转型而来的，师资队伍力量较为薄弱，学科的门类不够齐全，学科创新能力和科研能力都比较差，整体能力也偏弱，科研成果的转化率和产业化能力亟须提高，从各个方面来讲均有很大的提升空间。

2. 教师科技创新能力

科技创新是科学研究与技术创新的总称，科学研究与技术创新能够丰富人类的认知，促进产品的更新迭代。根据已有研究，科技创新可以分为三种：知识创新、技术创新和由现代科技引领的管理创新。相关学术文献中对科技创新能力的解释大致有以下几种。

第一，科技创新能力一般泛指科研单位、高校、企业或个体等在特定的科研技术领域内所具有的一种创新和技术转化的整体综合能力，主要包括科学研究工作者的专业知识和基础素质、学术知识的结构、科研经历、研究设备、经济基础实力、创新精神六个方面。其中专业知识和基础素质是进行科技创新工作的底层条件；学术知识的结构是科研人员必须具备的相互协助和合作的知识框架；科研经历是科研人员从事某一科学领域的研究与开发所产生的创新成果和经验；研究设备是本机构开展科研实验需要具备的硬件设备；经济基础实力是指开展科研活动和相关实验需要承担的经费支付实力；创新精神是科技人员自身和其所在单位拥有的创新能力、创作热情和创新意识等。

第二，在现代工业化的时代，科技创新能力的培养是指企业为了提高其生产效率，通过多种方法和途径，对从投入到最终产出全过程的要素进行性能测试和比例重组，以实现低投入和高回报。

第三，科技创新能力是指完成一项科技创新成果的综合能力，包含科技基础、科技实力、科技体制机制、科研环境等因素。

另外，一些专家和学者提出了高校的科技创新能力应具备科技创新成果产出的能力、科技创新的基本能力、科技成果的转化和利用能力，以及环境保护和支撑的能力，并提出了一套相应的评价指标框架。对于高校科技创新能力的阐述大致如下。

第一，高校的科技创新能力主要是指高校具备有意识、有计划地根据自身的科研实力和外界环境的助力，应对市场需求的变化，有效地把握和识别高校科技发展的机遇，从而开展创新性研究，并实现科研成果转化和产业化的能力，主要包括对科技创新投入的支持和产出。

第二，科技创新能力主要包含对科技创新项目的投资能力、成果产出能力和成果转换能力三个层次。其中对科技创新项目的投资能力主要由资金与人力成本等投入决定；科技创新成果的产出能力主要包括技术性专著、研究型成果、论文发表、认证成果次数和技术性奖励；科技成果的转化能力主要包含专利销售、共同申请专利、科技交流与贸易等。

第三，高校科技创新能力是指以高校中从事科研创新工作的研究人员为主体，利用并整合政府、企业、金融中介等相关机构的资源，以基础科学、技术科学的知识发现和技术开发为目标的一种活动过程及结果。

综上所述，高校科技创新能力应包括科研创新的基础环境，如科研经费投入、科研硬件设备投入和科研人力资源投入；知识和技术创新能力；科研工作者的人数及学历水平；科技创新成果的产出和转化能力；国际合作交流研究等方面。高校的科技创新一般是指高校以促进科技创新成果的产出与生产为主要目标，根据自己所有学科研究领域发展的前沿与热点，对于科研活动需要的人力资源、硬件基础设施、信息搜集系统、有效劳动结构等各种基础要素进行合理分配与组合，建立一套高效率的科技创新操作系统，使用具有创新性的科学方法，扩大新的领域，取得突破性绩效的过程。而高校教师的科技创新能力就是使得这一科技创新过程得以完整实现的能力，主要包括教师的创新意识及精神、科技创新资源投放能力、科技成果产出能力及科学技术知识的流转能力。高校学生和教师从事的科技创新活动实际上是一种具有挑战性、复杂的智慧劳动，其中的科技创新能力主要表现为对科技成果的生产和输出能力；科研成果的生产主要包括高校申请成果的课题研究、获得奖励的科技成果、公开发表的学术论文以及专利授权。本书拟以此为依据，深入剖析我国普通高校教师的科技创新能力。

（二）研究意义

教师是科技创新的主体，是科技成果的主要生产者。本书将研究探讨高校教师的科技创新能力，深入分析各类高校教师科技创新能力的现状，发现科研环境制度中的不足，进而根据现有的政策和战略机遇，对以后高校教师的科技创新工作提出有针对性的意见与建议。通过进行针对高校教师科技创新能力培养和提升的研究，来推进国家创新驱动发展战略的深入实施，有效推动高校教师科技创新成果的产出与研究成果的转化，全面贯彻落实社会主义科学发展观，推动社会和经济的稳步发展；有助于国家创新体系的建设与完善，提高高校的科研能力和人才培养质量。本书在高校教师科技创新能力研究方面的具体理论和实践价值如下。

1. 具有重要的实际价值和借鉴性意义

有统计资料表明，截至 2020 年，全国共有普通高等院校 2738 所，其中本科院校 1270 所（包括本科层次职业院校 21 所），高职（专科）技术院校 1468 所。各种高等教育院校平均每年入学就读学生规模达 4183 万人，高等教育毛入学率达到 54.4%。这意味着目前我国的高等教育已经开始走向一个大众化的阶段。高校承担了众多科研项目，进行高校教师科技创新能力的研究，有利于把握发展机遇，增强高校科研实力和综合竞争力，实现科研成果的转化和产业化，从而促进国家经济发展和软实力增长，实现高校学术功能与科研功能的最大化。

2. 具有基础理论价值和重要战略意义

第一，在当今以转变知识经济创新发展方式为主的移动信息化和互联网发展时代，国家正在与时俱进地逐步提出落实科学发展观、科教兴国和科技创新发展驱动等极具前瞻性的国家发展战略。应根据实际发展情况和我国相应的社会政策及经济背景，积极开展相关基础理论的研究。这些研究有利于丰富和完善当前我国普通高校在高校教师的专业科技创新和高效率的科技创新管理服务领域的相关基础知识与理论实践。当今发展阶段，我国对高校教师科技创新能力的基本认识和发展研究仍然处于萌芽阶段，本书重点分析了高校教师科技创新的整个宏观背景和发展现状，通过深入分析高校教师的科技创新能力体系建设所面临的技术挑战和发展可能以及存在的突出问题，明确高校教师科技创新能力建设水平不断提升的影响因素，提出更多更加具有针对性的问题解决措施与对策建议。这样不仅能够推进我国高校科技创新水平的提高，还能促进高校科技创新能力这一研究的体系建设。

第二，本书将通过深入分析与探讨，研究高校教师科技创新能力提升的现状和存在的问题，借鉴国外高校和中小型企业人力资本以及其他相关人力资源管理领域的理论知识，研究高校教师的科技创新能力提升这一课题，以丰富高校教师科技创新能力研究的视角。教师应该是对自身综合素质和职业技能都具有较高要求的教育科研工作者，科研活动是一种具有挑战性和极其耗费脑力的智慧劳动，科技创新能力需要教师具备扎实的专业基础、丰富的理论背景、认真严谨的生活和工作态度、勤劳笃学的治学精神。本书通过借鉴和分析相关理论，如薪酬及激励理论等，并综合考虑当今高校教师的科技创新能力发展现状，构建提升高校教师科技创新能力的培养机制，这对我国高校师资队伍结构的优化、高素质人才培育、教师综合素养的提高与科技创新竞争力的增强都具有重要的理论意义。

(三) 理论基础

1. 人力资本理论

舒尔茨曾经提出：人力资本就是凝结在人体中的，能够使价值迅速增值的知识、体力和技能的总和。该理论主要是在宏观层面上阐释了高等教育与社会经济快速增长之间的相互作用，他还针对高校人力资本概念、人力资本的投融资和人力资本的形成路径等问题进行了具有开创性的讨论，主要观点概述如下：关于高校人力资本的内涵，他认为高校人力资本是指从高校人员身上所体现和凸显出的各种知识水平、能力素质水平与健康水平；他认为从学校内部获得大量的人力资本往往需要一定的社会机遇成本和一定的时间成本，人力资本的形成和获取方式主要包括但不局限于正规高校的教育、在职教育培训、成人教育等，其中最关键的就是正规高校的教育、在职教育培训和健康的人力资本。此外，舒尔茨还认为，人力资本比物质资金更有可能直接促进社会和经济发展，应该根据市场需求动态地进行人力资本的投入。舒尔茨指出，教育工作是影响人力资本发展的关键。教育的社会经济意义未必能得到广大民众的充分认可，如果我们能深刻地认识到教育的社会意义，就有可能提高高校教育及科研工作的价值。

高校科研人员人力资本投资与其科研绩效之间有着密切关系。在科研创新工作进行的过程中，需要拥有相当多的科研人员为该科研工作提供智力支持，以保证科研创新工作的高效率、高质量完成，确保科技创新成果的质量。高校科研人员人力资本投资则影响着高校科研人才的存量，只有对高校科研人才人力资本进行足够的投资，才能保证科研创新人才的数量和质量，激励科研人才积极投入到高校的科研事业中，从而提高高校的科研绩效，为科技发展做出贡献。追根溯源地说，二者之间是因果逻辑关系，即高校科研人员人力资本投资提升了高校科研人才队伍的数量和质量，保障了科研人才的工作和生活支出，对于科研创新绩效的提升具有相当大的促进作用，使各项科研事业可以有条不紊地完成。

2. 绩效管理、薪酬管理与激励理论

绩效管理（Performance Management）是由管理人员统计企业员工各种劳动活动的工作量，确保每个员工各种劳动的生产活动量和劳务投入都能够与绩效目标相符合而保持一致的过程，它是一种以目标为导向的管理方法。绩效管理过程包括建立绩效统计评估标准、实行绩效考核、评价考核结果、员工绩效辅导等环节。

薪酬管理（Salary Administration）是组织机构通过统计员工需要付出的劳动量和产出，衡量员工应该获取的薪酬形态及其所需要的薪酬内容。薪酬管理的流程通常由以下几个环节组成：薪酬等级和标准的制定、薪酬体系的确立与调整、人力资源成本的核算、薪酬架构与绩效考核方案的形成。薪酬管理的主要目标是在保证员工基本物质生活需要的前提下，激励员工以更饱满的状态高效率、高产出地完成工作，充分发挥人力资本效用，从而使企业更具竞争力。薪酬管理的具体目标如下：一是吸引并留住优秀人才助力组织机构发展；二是通过薪酬激励员工自主、高效地完成任务和工作；三是控制薪酬管理预算；四是维系员工薪酬发放的公平性与合理性，使员工拥有良性的公平竞争工作环境；五是协调企业目标和员工个人发展之间的关系。薪酬管理应遵循公平竞争、激励发展和合理合法等原则。

激励理论（Incentive Theory）是人力资源管理理论中的重要内容，是实现人力资源管理的重要方式和手段。激励，是指通过满足员工的内在需求，激发员工的工作动力，充分挖掘员工的内在潜力来实现企业组织目标。有研究表明，采取按时计酬制度、采用有效的激励措施，员工潜能可以提高50%甚至更高。激励的目的是使个人目标和组织目标在行为层面上保持一致，激励全体员工尽可能多地发挥他们的积极性、主动性，高质量、高效率地完成绩效。员工绩效激励必须始终坚持以企业目标和效益为导向、公平公正、工时合理、正效率激励与高度负责任激励相协调、物质激励与精神鼓励相协调、按需激励等基本激励原则。

高校的人力资源激励有以下作用：其一，激励可以充分挖掘教师的个人潜力，促使教师提高其在教学和科研创新工作上的效率与产出。其二，激励可以使高校各部门的人力资源组成都得到一定程度的完善，促进高校的稳定运行。通过针对不同教育内容和工作岗位、具有不同要求的优秀高校教职工分别实施社会物质奖励和其他精神物质激励，可以充分满足优秀高校教职工的合理要求，提升他们对高校的事业向心力和社会凝聚力。其三，激励在一定程度上可以降低人力成本。

（四）文献综述

针对地方高校毕业生和教师的专业科技创新能力问题的研究很多。胡晶（2010）针对地方高校教师的科技创新能力问题做了研究。她认为，教师是社会科技创新的参与者和主体，为了提高地方高校的科技自主创新能力和为社会服务的能力，必须重视高校教师科技自主创新能力的培养。她通过深入分析地方高校教师科技创新能力的现状，总结出一条提升高校教师科技创新能力的有效路线：建立一支多学科交叉的项目团队来开展科技创新工作；进行校企合作和中小企业的对接；对接国内外优势专业学科和利用地方技术服务等。政府和地方各高校也应该从政策制定、培训与激励体系等方面共同努力，创造一个能够提高当地各级高校教职工科技创新能力的友善环境。

闫健等（2012）在其报告中强调了当前地方高校青年教师的科技创新能力在实际工作中服务于经济和区域发展的意义和重要性。他们认为，提升地方高校教师的科技创新能力能够促进区域经济的增长和国家整体科技创新能力的提升；我国地方高校青年教师的技术创新能力有待提高，青年教师缺乏实践经验，科研意识薄弱，科研环境欠佳，科研氛围不足。

何兴园（2014）认为，政府及其相关部门和公司应当进一步加强对高校科技创新领域的基础理论研究和资金投入，使得高校的学生和教师都能够更加充分地发挥其主观能动性。据此，他还针对相关问题提出了一系列的建议和意见。

弓建国（2013）详细地分析了乌兰察布地方高校教师科技创新能力落后的原因，认为乌兰察布地方高校教师仍然存在较大的科学创新动力不足的问题。

杜微等（2015）基于动机分析了地方高校教师的科技创新能力现状。他们认为，地方高校虽然在人数上占有较大的优势，但其科技创新能力与重点高校却相去甚远。他们提出了一些措施来提升教师的科技创新能力，如正确地引导青年教师积极开展科技创新课题的研究、积极推动协同创新、推出科学考核机制等。

刘勇（2011）分析了北京五所部属高校的科技创新效益。他选取北京大学、清华大学、北京科技大学、北京交通大学与北京化工大学五所教育部直属高校，运用层次分析法，对其科研投入与产出效益进行了分析与描述。他选取的科技投入指标包括科研人力投入与科研经费内部支出两项，产出指标包括发表科技论文、鉴定成果及专利授权三项。最后得出结论，高校科技创新的效益受多种因素影响，对于进一步挖掘和促进高校教师科技创新潜能的方法，他提出以下四点政策建议：第一，充分认识高校科技创新在促进创新型国家建设和国家经济社会发展中的作用；第二，充分认识高校科技创新所具备的特殊性，注重遵循其管理规律；第三，针对各学科的专业特点，实施相对应的教师科技创新评价和激励政策；第四，注重加强对高校科技创新资金投入与产出效益的监督检查力度。

高校教师科技创新能力的影响因素是一个比较热门的话题。樊贵玲（2016）基于 AHP 对我国高校教师科技创新能力的主要影响因素做出分析。她认为影响因素可以大致划分为三类：个体因素、学校因素和社会政策因素。个体因素又可以细分为科技创新观念、科技创新积极性、科技创新毅力、科技创新团队协作精神、科技创新知识储备；学校因素大致可以细分为科技创新学术气氛和平台建设，学校科研评价、奖励体系，教学和行政任务，科技创新学术资源，进修机会，校-院-系组织结构，校企科技合作力度；社会政策因素可以细分为课题申报难度、政府或地方政府科技支持力度、职称压力、社会和家庭影响。她认为，高校教师科研技术水平的高低与个体因素之间的联系最为紧密，个体因素的影响权重远远超过了其他两个因素，但学校因素和社会政策因素中的个别因子仍然具有较强的优势。学校因素和社会政策因素相比，前者的影响要大于后者，学校是教师发挥科技创新能力的舞台，适当的学校因素为激发教师的创造性和科研积极性提供了保障。

武跃丽和韩焱（2013）研究了高校教师职业满意度对学校科研创新能力的影响。他们发放了280份调查问卷（其中有效问卷181份）并对结果数据进行了分析，以高校教师的职业满意度作为内生潜在变量，以创新队伍建设、创新资源支撑、科技创新能力作为外源潜在变量，构建了一个结构方程模型。分析得出高校教师职业满意度对高校科技创新能力的总体效应为0.6465，证明高校教师的职业满意度不仅对高校科技创新能力有着直接的影响，而且会通过影响科技创新团队的建设和其他科技创新人才资源的支持来间接地影响高校的科技创新能力。因此，应该大幅度提高高校教师的工资薪酬和福利待遇，改善科研创新环境，提供多元化学习和提升的机会，关心教师的个体发展，帮助教师做好自己的职业生涯规划，完善高校教师管理制度。

有学者对高校教师的科研创新评价体系做了研究。王盛认为，高校教师科技创新能力评价指标体系应有四个要素层，即知识存量水平、创新思维能力、创新成果产出和创新成果转化。其中，知识存量水平包括学历和职称两个指标层；创新思维能力包括思维流畅性、思维独特性和思维灵活性三个指标层；创新成果产出包括发表科技论文数、科技著作数和纵横向课题经费三个指标层；创新成果转化包括专利拥有数、专利转让数和技术转让合同总金额三个指标层。

谢楠斌（2012）基于模糊积分评价法对我国高校的科技创新能力做了评价与研究。他构建了高校自身科技创新能力的评价指标框架，运用模糊积分评价法对高校的科技创新能力进行了综合评价。

曾妍和尹飞（2015）认为，我国目前多数高校的科研评价指标都存在一些缺陷，其中一个原因是当前我国多数高校均采用定量评价的方法，按照每个年度的考核指标来衡量教师科研活动的工作量，利用数据来说明其工作量的大小，这样做虽然可以有效地避免人为主观因素造成的影响，但却过度地强调了数字的重要性。高校教师的科研成绩评估考核指标存在单一化、重复性的问题，导致指标的独立性差、代表意义不强。此外，高校对教师科研成绩的评估还受到了行政和管理的限制，评估考核的结果与教师的专业名次评定、奖金额度等直接挂钩，由此给高校教师带来了需要迅速取得学术成果的压力，也很容易滋生科研腐败现象。对此，他们提出了针对性的建议：一是明确评价目的，树立正确、科学的质量观。二是根据科研活动规律，多层次、多体系地进行评价。三是定量和定性相结合，完善评价机制，包括改变重数量、轻质量的单一考核标准；实行定量和定性相结合，重视同行评议的作用；延长考核周期，改变目前固有的年度考核方式；完善评价机制，跳出目前我国行政部门管理科研工作的基础性框架；坚持以人为本，淡化考核的科研指标与奖金、职称的关联性。

最后，许多学者提出了提升高校教师科技创新能力的意见和建议。王盛（2021）认为，民办高校教师科技创新能力面临着一系列的发展困境：教师个体职业倦怠水平相对较高，内在动力不足；科技创新团队不稳定，结构不合理；评价方式过于单一，评价体系缺乏信度和效度；提升策略缺乏针对性，提升效率难以达到预期。据此，他认为应当完善高校科技创新与市场需求之间的沟通机制，大力推进高校科技成果的转化和产业化；建立多学科创新团队，营造良好的创新氛围，开拓教师科技创新思路；加强对科技创新的引导，优化对科技创新的资助和奖励制度，充分调动教师的积极性。

刘宇文和张鑫鑫（2010）认为，根据我国高校教师科研创新工作的发展特点，科研创新工作的驱动力亟待转型，即从外部激励机制向内部激励机制转变。

刘杰和范金林（2019）认为，高校教师科技创新的环境与氛围都有需要完善的空间，科技创新能力建设存在明显不足。因此，应当使科技创新激励机制趋于完善，改善高校教师科技创新的评价荣誉体系，增强其科技创新实践能力。

齐书宇和胡万山（2016）通过对教育部直属高校教师的访谈，提出了关于高校教师科技创新管理的想法和对策。他们发现当前高校存在教师内部结构比例失衡、人才配置不合理、教师任务过于烦琐、科研精力分散等问题。

吴琴等（2015）认为，目前我国高校青年教师在其科研工作发展过程中，拥有良好的技术创新条件和环境，他们的技术创新能力正在逐渐得到提升，但是仍然存在一些问题，如对科学基金计划项目的资助水平仍然有待提高、所发表的论文被引用的频次不足、发明专利申请数量和质量有待改善、科技成果的转化与产业化亟须推进等。据此，他们提出：应当设立青年教师科技创新研究中心；引导优秀青年教师申报交叉学科与技术创新课题；鼓励优秀青年教师撰写高质量论文；优化国家发明专利经费资助政策；建立一支多学科的创新型团队；大力促进科技成果的转化与产业化。

三、提升高校教师科技创新能力的必要性

提升高校教师的科技创新能力能够为我国培养高素质的科研人才提供助力，增强我国的科研实力和国际竞争力。在我国提倡大众创新的今天，普通国民已对科技创新能力引起了重视。作为培养人才的"摇篮"，高校应当把培养出具有科研意识和创新精神的学生作为自己的主要任务；教师是学生学习路上的引路人，因此，教师首先要有扎实的专业基础和足够的科技创新能力，这样才能引导学生打开思维，完成创新性的科学研究。在当今社会，科技创新能力逐渐成为衡量一个国家科技竞争力的指标之一，高校教师既要注重对在校大学生科学技术专业理论知识的不断传授，又要密切关注自身科技创新能力的不断培养，而且要协调好两者之间的关系。国家和高校应加强对高校教师从事科技创新研究活动的鼓励和支持，保证科技创新队伍的不断壮大和经济的可持续发展。科技创新能力的提升能够直接促进社会和经济的繁荣，带来可持续性的经济效益。除此之外，提升高校教师科技创新能力的重要性也体现在以下几个方面。

1. 提升高校教师的科技创新能力，是未来我国高校教育事业发展的一种必然趋势

高校教师的科技创新能力关系到高校科研发展质量，教师的科研创新成果是衡量一所高校科技实力的重要指标。高校的发展与高校教师的科技创新能力之间是相辅相成的关系：高校的平台优势与友好的制度环境能帮助高校教师申请到更好的科研课题与资源；教师的科研创新成果则能"反哺"高校的声誉和实力。因此，提升高校教师的科技创新能力十分重要。

2. 提升高校教师的科技创新能力，是改善高校课程教学效果的一个必然选项

高校是学生进入社会前的最后一处育人之所，学生学到前沿的知识和技能对其日后的发展十分重要。具备扎实的理论基础和较强科技创新能力的专业课程教师更了解其所教授学科的前沿知识，从而能够增强其所教授课程的新颖性和实效性，使课程质量得到保证。因此，提升高校教师的科技创新能力，是增强高校课程教学实效度的必要选择。

3. 提升高校教师的科技创新能力，是提高高校社会服务能力的必然途径

高校的社会服务水平和对社会经济效益的促进作用与高校教师的科技创

新能力密切相关。高校学生和教师的科技创新成果如果能够被有效地转化，则能发挥实效，产生经济效益。通过校企对接，可以将科技创新成果和专利转化为实际经济产出，不仅能为高校自身创收，还能为社会发展做出一定贡献。

四、高校及其教师科技创新能力现状

(一) 高校科技创新能力现状

1. 科研经费

科研经费是评价一所高校科研实力的指标之一，也是创建世界一流高校的保障之一，整体而言，科研经费在很大程度上体现了一个国家对科技发展的重视程度。因此，科研经费的多少从侧面反映了一所高校的地位与实力。众所周知，资金是一所高校赖以生存和发展的物质基础，若没有足够的科研经费，提高高校的科技创新能力就只是空谈。

根据国家统计局《2018年全国科技经费投入统计公报》，截至2018年，我国已累计投入国家科技研究与应用实践技术试验项目开发经费19677.9亿元，比上一年增长11.8%；该项目经费预算拉动强度比上年增长了0.04个季度百分点，总体呈现欣欣向荣的趋势。按照地区分布来看，研究与试验发展经费投入合计超过千亿元的省份主要有6个，依次是广东（占13.7%）、江苏（占12.7%）、北京（占9.5%）、山东（占8.4%）、浙江（占7.3%）和上海（占6.9%）。教育经费投入远超全国平均水平的省份有6个，依次是北京、上海、广东、江苏、天津和浙江，科研经费投入主要集中在经济发达地区。

2. 科技人力资源

(1) 工学背景人才数量和占比最高

在我国工学科技类大型企业聘用人力资源调查中，工学相关专业背景的人才占比最高，为54.1%。工学院校就业数据显示，专科专业院校不同层次就业占比为56.5%，本科专业院校不同层次就业占比为53.9%，研究生专业院校不同层次就业占比为36.3%。与2005年相比，2017年在我国现代工业高新技术发展背景下，工业科技人才培养比例大幅增加。在2017年新增的1063.1万名在校学生（不仅是高等教育自学考试）大型科技企业人力资源中，工学背景的大型科技企业人力资源招生规模约为725.4万名，占68.2%，这一比例远远高于当时我国大型科技企业人力资源招聘中对工学课程背景人才的需求。这说明近期大型科技企业招聘的人力资源中具有工学课程背景的候选人占比较高且存量较大，若按此趋势稳步发展，则具有工学课程背景的人力资源规模将会进一步上升。

（2）学历层次呈金字塔型

我国高校科技人力资源的学历层次呈金字塔型，其中专科毕业生人数最多，所占比例也最高，而本科毕业生人数所占比例次之，研究生所占比例最低。截至2017年年底，我国高新技术人力资源中，专科毕业生、本科毕业生、硕士、博士人数分别达到了4878.1万、3518.1万、576万和75.9万，比2005年分别增长了0.95、1.50、3.76和3.74倍，其中本科及以上各学历层次的高新技术人力资源总量快速增加，研究生人数增长尤为突出。

（3）年轻化趋势愈发明显

根据《2018年全国科技经费投入统计公报》，截至2017年年底，在我国所有符合聘用资格要求的高新技术人才资源中，39岁及以下的从业人员聘用率为76.3%，其中29岁及以下的占39.2%，30~39岁的占37.1%。50岁以上的高新技术企业人才比例只有9.3%。而2005年，39岁及以下的高新技术企业人才聘用率为65.7%。由此可见，39岁及以下的科技型企业人力资源所占比例呈上升趋势，我国科技型企业人力资源的年轻化趋势将愈发明显。

（4）女性比例将进一步提升

根据相关数据的统计，2017年我国女性科技从业人员总数相比2015年增加了411万人，增长率为13.1%，增长速度惊人。在高校招生过程中，女性人才的数量及占比与从事科研工作的女性数量及占比存在着密切联系。据统计，2015—2017年我国高等教育本科学历录取人员中的女性比例稳定在54%~55%，这说明高等教育本科学历录取人员中女性要比男性多。由此可以看出，未来几十年我国高新技术科研人员中，女性所占的比例可能会进一步上升。

（5）培养区域呈东高西低的特点

按照东部、中部、西部三大培养区域进行划分，东部地区在校培养学生人数合计为2878.5万，占我国高等教育培养学生总量的48.0%；中部地区在校培养学生人数合计为1821.6万,占30.4%;西部地区在校培养学生人数合计为1293.6万,占21.6%。东部地区在信息科技领域培养的专业人力资源约占全国的50%,中部地区次之,西部地区的比例最低。

3. 科研论文发表成果

根据中国科学技术信息研究所公布的《2020中国卓越科技论文报告》,按照学科统计,2019年分布在医学领域的卓越科技论文数量最多。卓越科技论文数量能够达到10000篇以上的学科还包括:化学,生物学,电子、通信与自动控制,材料科学,计算技术,地学,基础医学,农学,物理学,药学,中医学,环境科学,能源科学技术。2019年,我国31个省市、自治区均先后发表了多篇卓越论文。其中,北京发表的卓越科技论文数量达到62000篇以上。卓越科技论文数量达到20000篇以上的地区还有江苏、上海、广东、湖北和陕西。

各学科领域影响因子最高的期刊可以被看作是世界各学科最具影响力期刊。2019年178个学科领域中高影响力期刊共有155种,2019年各学科高影响力期刊上的论文总数为58290篇。我国在这些期刊上发表的论文数为13068篇,比2018年增加了1750篇,占世界的22.4%,排在第二位。美国有19561篇,占33.6%。

我国在这些高影响力期刊上发表的论文中有9198篇是受国家自然科学基金资助产出的,占70.4%。中国科研人员作为第一作者发表的论文分布于31个省(市),论文总数居前六位的地区分别是北京、上海、江苏、广东、湖北和浙江。

4. 科研成果转化

《中国科技成果转化年度报告2020(高等院校与科研院所篇)》统计数据表明,2019年,我国共有3450家企业科研院所和大型公立高校通过股权转让、许可、定价等间接交易或直接投资方式进行科技成果转化,科技成果投资合同交易数量同比呈增长趋势。合同建设项目投资总量为15035项,同比增长32.3%;项目合同总投资金额为152.4亿元,较上一年下降19.1%。其中,合同总金额在1亿元以上的科技成果只有24项,比上年减少20%。财政资助项目中所产生的重大科技成果转化合同项目有2815个,比上年增长10.9%;合同总金额为47.0亿元,同比下降18.9%。随着"科技成果转移转化三部曲"的出台和实施，2016—2019 年，全国出现"井喷式"成果转化热潮。高校成果转化合同已履行完毕，科研成果转化规律明显。现有可转化科技成果存量较少，若想实现后续的成果产出和转化，目前仍需时间。部分科技成果转化指标在 2019 年时有所下降，究其原因，是高价值科技成果的产出需要一定的研发周期，不具有连续性。

虽然目前我国的科技成果转化与国家科学技术转移体系的建设已经取得了积极的进展，但是仍存在一些制度机制性的问题。目前，政府部门间科技成果转化部分相关法规政策衔接不够，现有科技成果转化政策落实不到位，医疗卫生机构尤其是高等院校附属医疗机构的成果转化机制不明确。不容忽视的是，科技成果转化金融支持体系仍然有待完善，科技成果转化基地（平台）仍然需要进一步系统地优化布局，科技成果质量和转化动力仍然有待提升。高校反映的"四唯"问题仍然存在，部分科研工作者重基础研究轻应用研究，重论文轻成果转化，不了解市场情况和企业需求，转化动力有待提高。部分科技成果质量不高，一些成果是为了完成项目、发表论文、申报专利和申报职称而凑数。同时，成果转化主体作用有待进一步发挥。虽然 2020 年国家出台了一系列相关政策，但部分单位反映，"四唯"破而未立，如何将科技成果转化放入职称晋升的考核体系没有统一方式，科技成果评价缺乏规范性的问题依然存在。针对上述问题，应该打通科技成果转化政策堵点，引导更多金融资源支持科技成果转化；促进供需两端双向发力，推动高质量科技成果产出。扎实地推进科技成果评价管理制度和结构性改革，以提高工作人员的质量、贡献和转化成果绩效作为发展的导向，激发科研人员的转化热情。

（二）高校教师科技创新能力现状

1. 高校教师科技创新能力整体现状

高校教师进行科学研究与科技创新首先要充分了解自己所在学科和社会发展的先进领域，以掌握科学知识和技能为主要目标，对开展科研活动必需的人力资源、硬件设施、图书情报系统、劳动力结构等各种基础性要素进行优化和组合，建立一套高效率地开展科学研究活动的信息系统，使用具有创新性的科学研究手段和方法，开拓新的科学研究领域，从而获得突破性成果。而高校教师的科技创新能力就是使这一创新进程得以获取和实现的基础。从广义上来说，科技创新是指在进行科学技术研究过程中所产生的突破性和原创意义上的成果。所谓突破性和原创意义，是指具有新颖性和与众不同的价值，体现了突破性思维的一个方面，它要求我们拥有一套科学合理的思维方法，并具备相当的专业素养。实现突破性和原创意义上的成果，是一个长期而又较为艰苦的过程。近年来，虽然每年我国高校的毕业生和教师发表的论文数量都比较多，但与目前世界一流高校开展科技创新研究的强大力量相比，我国高校的原创性研究成果在质量和实力上要薄弱很多。与目前全球排名前20位的研究型高校每年都能在《Nature》和《Science》上发表数十篇论文相比，我国知名高校每年在这两种期刊上发表论文的数量仍然较少。可见，目前与发达国家高校在世界科技创新中所能发挥的作用相比，我国高校的科研创新能力仍有很大的提高空间。

教师的科技创新能力能反映出一所高校的科技创新水平和办学质量，也间接地反映了高校所在地区经济发展的潜能。因此，只有进一步着力培养和发展高校学生和教师的科研创新能力，积极地调动和发挥教师的主观能动性，鼓励高校学生投入自己的科研创新中去，才能提高高校的办学水平和科研实力。在科技创新中，教师起着主体作用，对教师的科技创新现状进行客观分析是扫清科研障碍的前提。有些青年教师的科技创新基础不扎实、创新意识淡薄，研究课题墨守成规，缺乏突破性精神和魄力；一些教师虽然拥有扎实的理论基础，但在实际操作能力上存在短板，缺乏进步、进取的创新意识和精神。一些高校对教师的教学授课计划有着明确的规定，教师需要在规定的学期内完成预设的教学任务，尤其是青年教师还受到行政事务的牵制，这使教师投入科研的时间被压缩，限制了其科研创新的投入度；此外，除了繁重的教学任务外，随着教学体制和考评体制的改革，教师不得不花费更多的时间和精力去研究教学改革和考评机制改革的知识，挤压了其在科技创新上本应投入的时间和精力。另一方面，即使教师和学生有科研创新的意识和主动性，如果科研环境不够完善，还是会限制教师的实际科研进度。在科研氛围不够浓厚的情况下，高校对科研的投入力度不够，导致一些科研设备不够先进，不能给教师和学生提供一个有效的科研平台，导致教师的科研兴趣和热情逐渐被实际条件所打击，也不利于教师科技创新能力的提升。

2. 地方高校科技创新能力现状

从实际情况来看，我国中央部委直属高校在培养拔尖创新型人才和知识革命性创新中起到了很大的作用，在我国高等教育中主要承担精英型教育的使命；地方高校作为人才培养基地，在我国高等教育制度中主要承担大众化教育的使命。地方高校和中央部委直属高校相比，其科技创新人才储备仍然存在很大差距，仅有少数教师能够承担科技创新工作。

高校教师的科技创新目标主要是推动科技成果的产生与转化，把握科学技术信息的前沿，对科研活动所需的各类科研人才、科学活动结构、硬件设施、图书情报系统等各种基础要素进行优化和组合，建立起高效率的科技生产管理体系，采取先进的科研手段，开拓新学科领域，创造各种突破性成果。高校学生和教师的科技创新能力就是使科技创新进程取得成功的能力，它主要由创新主体的意识、创新资源的投入、科研活动的产出、科学知识的流动和管理等环节组成。

高校教师的自主创新能力主要体现在科技创新成果的投入和产出能力上。科研成果的投入主要包含高校申请到的科研课题项目数、公开发表的学术论文数以及获得的专利授权数。地方高校受到相关政策体系束缚、办学经费支持能力欠佳、办学环境条件差等诸多因素影响，阻碍了教师科技创新能力的提升。地方高校肩负着促进当地经济发展、协调区域发展水平的重担，而科技创新则是区域经济发展的重要影响因素。因此，地方高校教师应充分利用高校的平台优势，结合地方区域经济发展需求，提高自身的科技创新能力，从而更好地为社会服务。

五、高校教师科技创新能力的影响因素

事物的变化是内因和外因共同作用的结果，内因是事物变化的基础和依据，外因则是事物变化的条件。个体因素、学校因素和社会政策因素都直接影响着高校教师科技创新能力的提升，其中，个体因素是内因，学校因素和社会政策因素是外因。影响高校科技创新能力的关键性因素是人才资源，而高校教师则是高校人才资源的重要组成部分，教师在科研领域的水平和创新能力直接关系到我国新一代科技人才的培养和国民经济水平的提高。学校是高校教师发挥自身科技创新实力的舞台，学校友好的体制环境可以为激起教师的科研热情提供保证。除了个体因素所包含的影响因子在排序中均靠前外，学校因素中的科技创新学术氛围和平台建设、进修机会、教学和行政任务三

个因子，社会政策因素中的课题申报难度、政府或地方政府科技支持力度等因子对教师科技创新能力的影响也十分明显。

（一）个体因素

在个体因素中，科技创新观念、科技创新积极性、科技创新毅力的影响最大，而科技创新团队合作意识和科技创新知识储备的影响相对较小。由此可见，个体因素对于提升我国高校教师的科技创新能力至关重要。美国的一项调查研究表明，那些已经取得重大成就的年轻人普遍有两个特点：①自信乐观、不惧失败、不轻言放弃；②善于发现、提出并解决问题，而不是一味地等待别人的帮助。这充分说明了科技创新观念、科技创新积极性与毅力的培养，是提升高校教师科技创新能力的一个决定性因素。当然，对科技创新知识储备与团队合作意识的影响也是不容忽视的。教师本身的知识架构是使其科技创新能力实现突破性的质的飞跃的基础。在追求教师个人成果的过程中，也离不开团队合作，良好的团队合作意识，能够很好地弥补单个教师科技创新知识架构上的不足，最终实现共赢。此外，高校教师的职业满意度对其科技创新能力也具有明显的正向影响。其中，管理体制、薪资福利、个人发展机会、岗位成就感等都占据重要位置。高校教师的待遇和福利条件越好，其所从事的科研、行政工作与生活品质之间的矛盾就越容易解决和处理得当，就不会因为生活压力而偏重于社会上的兼职，从而占用教师的科研精力。而科学合理的激励体系、恰当的发展契机是推动教师进行科研的关键性激励。

（二）学校因素

在学校因素中，科技创新学术氛围和平台的建设、进修机会、教学和行政任务等对高校教师科技创新能力具有重大影响。高校的浓厚学术氛围是实现我国科技创新成果产出和经济社会发展进步的巨大摇篮。科技创新平台是承担国家重大科研计划的主要载体，它既是实现国家科技创新的依托，又是培养高水平、多层次的创新型人才的依托。进修培训性学习活动是培养高校教师科技创新能力最直接有效的途径，合理地分配教师在科研、行政、课程中的时间和精力，对于提升我国高校教师的科技创新能力将大有裨益。另外，学校的科研评价、奖励体系，科技创新学术资源以及校企科技合作力度三个影响因子也不容忽视。良好的科研评价、奖励体系能够对具备较大科技创新潜力的教师给予支持；学术资源可以为高校教师科技创新能力的发挥提供空间；校企科技合作越活跃，对高校科技创新能力的影响就越大；"校-院-系"组织架构的影响则相对小一些。

高校内外部的激励机制也直接影响着教师科技创新能力的提升。内外部激励机制应充分满足每个高校教师的各种物质与精神需求，只有当其基本物质生活、安全等需求得到满足时，他们才会在更深层次的精神方面有所追求。只有充分地激发了个体内在的积极主动性，才能产生推进其进行科技创新的驱动力。特别是对于高校教师这一特定群体而言，内部激励所提供的自由氛围和被尊重感更容易激发他们涌现出自我实现的价值追求，从而产生科技创新的热情。科研管理体制奖惩分明、考核机制合理、发展机会多，则激励更加有效，并且能够更加全方位地调动高校教师的科技创新积极性。与此同时，和谐、友善的行政学术关系及良好的学习环境更有利于高校科研活动的实施和开展。

(三) 社会政策因素

在社会政策因素中，课题申报难度对于高校教师的科技创新能力有巨大的影响。适当的课题申报难度可以充分调动高校教师参与各类科技创新项目的积极性，发挥各类科技创新主体的自身创新潜力。政府或地方政府的科技支持力度也具有一些影响。职称压力、社会和家庭影响都与高校教师的科技创新能力有一定的关系，但是其影响并不大。

六、提升高校教师科技创新能力面临的问题

(一) 高校教师科技创新能力提升面临的总体问题

1. 高校科技创新的氛围不够浓厚

高校的创新环境氛围是影响高校教师科技创新能力提升的重要因素，因此，为高校教师创建一个和睦、友善的环境是十分重要的。这里的科技创新环境包含外部环境和内部环境，外部环境包括制度环境和学术环境，内部环境是指教师的心理环境，高校要积极采用各种措施鼓励高校教师开展科技创新的积极性、主动性，使教师产生为社会做出科技贡献的高层次精神需求。和谐放松的外部环境是高校教师形成良好心理环境的基础，所以高校应将建

设重点放在营造宽松、和谐、友善的外部环境上。当前受传统文化和官僚风气等影响，高校教师中"官本位"的观念仍然比较普遍，一些教师评上高级职称后就积极竞争校长、主任岗位，原来从事教学、醉心科研的人才对仕途热情非凡。这表明，目前我国高校的管理权力体制存在一定的重行政权力而轻学术权力的现象。高校与党政机关、企业和社会组织机构不同，其内部建设需要处理好学术权力和行政权力之间的平衡。高校内部治理结构亟须优化，使其更有利于高校教师进行科技创新研究。高校要激发科研人员的科技成果创新动力，创新激励机制也亟待完善。随着"双一流"建设政策的实施，新要求需要高校加强对科技创新环境的服务功能和有效建设，目前高校的主动服务意识仍然不足。只有小部分高校的学院二级单位在服务运行中取得有效成果，大部分高校的学院服务科研创新活动的意识都相对不足，二级单位服务科研活动的积极性和主动性需要加强。如今，我国高校科研人员缺乏攻克世界性难题的挑战精神，以及为国家科研创新尽心尽力、协助学校建设世界一流大学的社会责任感和家国情怀；高校教师心向卓越、实践创新的科研创新文化氛围不够浓厚，创新活力没有得以完全激发，高校教师的竞争意识与危机意识不足；对世界科技前沿、国家和地方科技政策与发展需求的敏感度不够，信息封闭与社会脱节的现象较为严重，导致科技信息的收集、分析和运用缺乏与社会需求紧紧相扣的针对性，这就影响了科技资源的方向性获取和有效开发。

2. 科技创新能力建设不够完善

教师的心理素质和压力水平是影响其科技创新能力的重要因素，高校教师是高压力群体，多数高校教师认为自己"压力大"。从一方面来说，多数高校教师尤其是青年教师，面临教学与科研考核的双重压力。教师日常面临着非常繁重的教学任务，挤占了很多从事科研工作的时间，然而高校的考核评定却以论文发表数和科研成果为主。教师的职称评定与论文发表数量、专著出版数量、申请课题数量等"量化指标"直接挂钩，却对教师的教学工作参考较少。从另一方面来讲，当前在高校教师科技创新管理方面，高校过于强调对教师的计划、管理和控制科技成果数目，往往忽略了对教师的身体和心理环境的关注，缺少人文关怀，这在某种程度上不利于教师科技创新积极性和主动性的提高。教师除了要完成繁重的教学任务，还必须正确地引导和培养学生完成实习、毕业论文等,一些教师还兼有行政方面的工作,因此能投入到科技创新中的时间和精力非常有限。为了评定职称,高校教师的多数精力都放到论文发表、课题申请和教学任务上,难以心无旁骛地做科技创新研究,但本身创造性研究就需要长时间的积累和酝酿,而长期过程是难以用硬性指标来衡量的。面对繁重且多样的各种工作,高校教师从事科技创新研究的积极性和主动性往往容易受到打击,从而使高校科技创新逐渐变成一种目标导向性的活动,科技创新成果的水平和质量往往不高。因此,解决教师工作任务与考核标准的矛盾,充分调动教师进行科技创新研究的积极性和主动性,挖掘其创新潜能,成为当前高校科技创新管理需要关注的重要课题。

3. 科技创新与国家需求对接不够精准

当前,国内高校科技创新教师团队进行开拓性创新的能力还有很大的提升空间。对世界前沿科技动态和科技发展方向的预判能力有待提升;基础研究的科研水平仍然相对薄弱,挑战世界性科学难题的勇气和动力不足,缺乏敢于开拓新领域进行领跑、勇拓科研无人区的高素质创新团队;科技研究的世界前沿成果有待增加。高校对接国家战略政策的能力不够,对国家重大决策的参与度和贡献度较少,科技创新成果对国家重大项目工程如探月工程、港珠澳大桥项目等的贡献度不大。高校的科学研究方向较为随意,教师科研方向与国家重大政策战略的对接度不足,没有实现对关键性科技资源的优质整合,在对"卡脖子"的核心关键技术破解研究中发挥的作用和贡献没有达到预期。

4. 学科交叉融合度不足,制约了高水平科研成果的产出

随着 5G 时代的到来,新一轮科技革命即将到来。学科的交叉融合交流有利于高校教师发掘创新科技成果。但是,由于学科交叉交流的基础制度不够成熟,高校的学科交流合作意识淡薄,导致学科间的优质资源难以实现共享,高校鼓励不同学科交流合作的氛围不够浓厚。"师徒档""小团体"等小而低效的单一学科团队组织模式占据主流,突破界限主动以目标和需求为导向,进行学科交叉研究的动力不足,跨学科研究的团队缺乏可持续性,大多以课题为依托,课题一完成课题组也随之解散。传统单一学科的科研组织模式已经不再适应当今学科交叉科学创新研究的发展需求,高校优质资源的深度交叉融合不够,缺乏实质性的学术交流合作,因此难以产出高水平和高创新度

的前沿性科研成果。

5. 高校教师内部结构和人才队伍配置失衡

高校教师科技创新团队的结构对其科技创新能力具有重要影响。我国高校教师学历结构存在过度追求高学历的形式化倾向问题。如今进入高校任教的门槛越来越高，难度也在逐年增加，尤其是对应聘教师候选人学历的要求。学历仅仅可以反映一个人的基本知识储备和专业水平，但是不能全面反映一个人的实际工作能力和素质水平，高校应建立更为灵活的人才引进机制。在高校教师专业结构方面，高校为满足用人需求，招聘时容易忽视人才在知识、年龄等方面的结构和科研团队工作的实际需要，用同一个标准进行人才引进，使高校新进科研人员相对集中，处于同一年龄段、具有相似的专业基础和知识层次水平，进而对高校整体的科技创新发展产生了不利的影响。如今高校重视对人才的使用，却相对忽视了对人才的培养，对于有优秀潜质的人才存在不敢培养的现象，害怕培养出来后人才流失去更好的平台，而一些部门和单位又亟待优秀人才到岗，这样做忽视了人才队伍长远发展与高校长远建设的需要。由此可见，不合理的教师学历结构与专业结构不利于科技创新人才队伍的可持续发展，更不利于高校教师科技创新能力的稳步提升。

6. 高校科技创新内外激励机制亟须改进

目前高校对于科技创新的激励机制，存在着激励机制单一，重外部激励而轻内部鼓励的问题。许多高校通过行政管理制度和数据量化的手段来衡量优秀教师的学术与科研成果，并以经济奖惩的形式对其进行激励，成果和职称晋升、岗位晋级、奖金分配等各项利益直接挂钩。这种外部激励机制以教学工作本身以外的其他因素作为衡量标准，鼓励教师发表更多的论文、产出更多可以被量化的研究成果，充分满足教师对于最基本的人文和物质生活的需求，这在相当大的程度上激发了教师的科技创新热情。但是，这种外部激励机制却忽略了科技创新工作作为一种社会性精神活动的特征，走向了一条功利性的道路，间接导致了学术的贬值。科研论文发表数量急剧增加，但是论文成果中所包含的科学价值却越来越少，科研已经成为晋升职务和加薪的一种工具，成果价值越来越低、质量越来越差。外部激励机制虽然有其积极的作用，但在长期的研究和实施过程中也逐渐暴露出其存在的缺陷。首先，数量多但是质量差的科研成果泛滥。长期以来，由于博士论文、著作和研究成果数量被普遍当作衡量教育事业科研力度和专业职称评定的硬性指标，与高校教师的工作岗位、职称、住房、名誉等直接联系在一起。一些高校教师不得不大量地发表论文来满足自己的功利性需求，随着论文发表数量的增加，一些新兴的科技期刊由季刊改为双月刊，再变成月刊、半月刊。在这种情况下，经过长期调查斟酌、反复考察和论证的科研成果变得很少，具有开拓性、前瞻性、原创性、革新性、突破性的科研成果逐渐减少，为科研而科研的"形式科研"占据了主流。科研工作是一种脑力活动，文章、报告或专著等仅仅是一种对科研成果的呈现和表述方式，但做科研并不等同于编辑文章，撰写文章只是最后一个程序，即对科研工作进行书面整理和分析总结，而不是发表科研成果的全部，更不能以发表论文的数量来衡量科研技术的创新水平。其次，课题项目资金和科研资助经费的数额不能用于衡量高校教师的科技创新能力，课题项目资金和科研资助经费仅仅是从事科学研究与创新的物质保证，而不应该代表教师对课题探索研究工作的实际认识水平。最后，由于受到经济效益的诱惑，少数高校教师不考虑科研项目的科学价值，只要能够获得实际的经济效益，他们就会投身其中；而对于没有直接经济效益的基础设施项目、具有挑战性和原创性的课题，他们则往往不愿意积极地参与其中。

7. 青年教师科技创新能力提升面临难题

首先，青年教师完成科学技术基金项目的能力有待提升。近年来，青年教师承担国家自然科学基金项目的数量有所增加、质量逐渐提高，已经取得了一定成绩。这主要是因为我国一贯重视培养青年科学研究人才，也归功于近年来"人才引进策略"的实施。然而，增加高质量项目的有效申请率、提高青年高校教师的资助申请通过率仍然十分重要。目前，高校的学术论文数量正在逐年增加，但论文的质量仍然存在着巨大的提高空间，论文的被引次数是衡量论文质量的主要因素，因此，要着力提高高品质论文的被引次数。另外，青年教师的研究型发明专利虽然在申请数量上有所突破，但在质量上仍然存在较大的提升空间。应完善专利申请制度，防止专利投机行为、"垃圾专利"和"专利泡沫"的出现，避免给专利的转化工作带来障碍。科技成果的转化与产业化需要引起我们的高度重视，研发一项新技术并将其转化为社会生产力，生产一批符合社会发展需要的新型产品，并且在竞争中占领市场以获取巨大的经济效益，这些只有通过企业的科技创新工作才能够顺利实现。

目前来看，高校青年教师科技成果的转化相对较少。如何有效地提高我国科技成果向产业化发展的转变效率，是高校青年教师需要着力解决的问题。

（二）地方高校教师科技创新能力面临的问题

地方高校是我国高等教育院校的重要组成部分，其在促进国家和地方教育事业的发展以及社会经济的进步中起着极为重要的作用，加强地方高校青年教师科技创新能力的培养，能够促进高校更好地服务于区域经济。通过对目前我国地方高校青年教师在科技创新能力提升方面的相关资料进行梳理，并根据相关文献和研究成果进行综述，归纳出目前我国地方高校青年教师在科技创新能力提升方面存在以下问题。

1. 缺少实践经验，科技创新意识淡薄

我国一部分高校青年教师在攻读硕士或博士学位期间，虽然在导师的指导下积极地开展并参与科研活动，但是普遍缺少独立进行科研活动和工作的实践经验，科技创新意识相对较弱，自觉进行科研工作的积极主动性不够；还有一部分青年教师认为，教师的首要任务就是把课教好，只要做好教学工作就行，科研创新工作并不重要。

2. 教学任务繁重，科研时间被挤占

近年来，随着我国高等教育规模的逐步扩大，师资队伍力量日益紧张，教学任务也在不断加重。青年教师队伍作为高校教学的主要力量，承担了绝大部分的教学工作。随着我国现代化教学方法和手段的不断更新，许多青年教师不得不花费大量的时间和精力去制作课件和视频等，繁重的课堂教学任务已经成为制约我国高校青年教师科研技术能力培养的一个重要因素，他们没有足够的时间和精力投入到自我成长和科研工作中，更不用说有意识地将先进的、具有独创性的科研成果整合到实践中去。

3. 科研环境欠佳，科研气氛不浓厚

高校对于青年教师的软件、硬件建设资金和经费投入相对较少，尚不足以建设一个比较完善的科研服务平台，很难为青年教师营造一个科研气氛浓厚的学习和生活环境，学术互动和实践等活动比较少。久而久之，青年教师在实践中将失去进行科研工作的热情和自信心，甚至会放弃科研工作。这样既不利于我国青年教师科研技术能力的进一步提升，又会由于教师缺乏科研实践经验而导致教学质量难以得到进一步提高。因此，从目前来看，青年教师这支地方高校生力军存在的问题应引起地方高校的高度重视，如何培养和提升这支生力军的科技创新能力对未来地方高校的科技发展、提高学术水平和服务区域经济的能力具有至关重要的作用。

(三) 民办高校教师科技创新发展能力困境

1. 教师创新动力不足，科研倦怠性较高

与公办高校相比，民办高校的发展机遇、与国外高校交流访问的机会、科研课题申报数量、评奖评优表彰数量等都显著不足。民办高校中多数教师的主要工作就是教学，投入科研活动的时间相对较少，从科研中得到锻炼和发展的机会也较少，更难取得科技成果与表彰。长此以往，会导致民办高校教师的成就感缺失、科研创新动力不足，进而导致职业倦怠。

2. 科研创新队伍不稳定，人才流失率高

由于民办高校办学层次通常不高，且教师教学水平有限，他们的薪酬待遇水平一般，职业发展机会易达到"天花板"。因此，民办高校难以留住人才，其教师流失率相对较高。长此以往，会导致民办高校的师资队伍不稳定，科研创新团队人才流失率高，难以形成长期稳定的、能够进行创新合作的科研团队，也不利于以老带新的传承和科研团队成员形成默契。这种不稳定的科研队伍并不能很好地完成科研创新工作。

3. 科研评价体系不合理，缺乏信度和效度

不少民办高校对教师科技创新能力的评价标准单一化，以科研论文数量作为唯一的评判标准。然而，这些量化的数据只能片面地反映教师在某一短暂阶段的科技创新成果，不能很好地反映教师长期的科技创新成就，容易导致教师急功近利，这种评判标准并不具备良好的信度和效度。高校教师科技创新能力的提升和发展是一个长期的、动态的过程，机械刻板地以论文发表数或产出效益为基础对高校教师进行评价，忽视了课题难度、课题价值等因素的作用。

4. 采取的措施缺乏针对性，效率不高

结合现有文献可知，目前有多种提高高校教师科技创新能力的措施，如

建立科技创新研究中心、实施资助政策、创建多学科交叉的创新团队等。但是却忽视了教师个体需求的差异性，将科技创新能力处于不同发展阶段和水平的高校教师归为一类，例如，不对青年教师和老教师的具体需求进行分类，采取大而化之的提升策略，容易使高校教师科技创新能力提升的效果难以达到预期。

七、提升高校教师科技创新能力的建议

坚持目标导向和解决实际问题，对顶层设计做出合理规划，根据高校的实际情况，计划性地提升教师科技创新能力，创新性地提出并实施教师科技创新战略，营造崇尚学术的良好环境与追求学术理想的文化氛围，着力提升高校教师的科技创新热情、意识和能力。从制度建设改革开始，完善学校的创新激励机制。通过学术平台建设、学科交叉合作、科研团队培育等手段，提升教师获取科技项目、产出前瞻性原创成果的能力。通过科学、系统的布局，使高校科技创新成果和质量实现质的飞跃，使高校培育高质量人才的能力以及服务区域经济和社会的能力得到大幅度提高。

（一）合理安排教研任务，完善高校教师创新评价机制

繁重的教学工作已经占用了高校教师大部分的时间和精力，甚至一部分高校教师还担任着行政职务，精力被各种事务消耗，在科研上花费的时间自然就少了。而且目前我国高校对教师的评估和奖惩体系还不够科学，重数量、轻质量，存在一种片面地追求教师发表的论文和完成的课题项目数量，轻视其他科研成果的先进性、价值和创新性的现象，对真正实施科技创新成果的奖惩力度认识得不够。应设置合理恰当的教学任务，帮助高校教师更合理地调配自己的科研与教学工作精力和时间，给教师营造一个能够潜心钻研、开展学术探索，提升其科技创新能力的平台；建立一套科学的高校科技创新绩效评价体系，完善高校科研绩效激励机制，充分调动高校科技工作者的科技创新积极性，努力提升其创新素养。

（二）完善科技创新内外部激励机制，激发教师的科研热情

科技创新的过程总是漫长而未知的，科研人员在此期间会经历很多磨难。

为了取得理想的科研成果,使其具备前瞻性、突破性,总是会经历漫长且需要耐心研究的过程,遇到棘手的难题。为了提高教师科研创新的积极性,建立合理的内部和外部激励机制就显得非常重要。一方面,要建立公平合理、符合高校学术科研发展规律及特点的评价机制,针对高校各自的学术特点及学校类别进行评估,注重完善包括外部奖惩在内的激励机制,通过这一机制的建立,切实增强高校科研人员的荣誉感和自我价值实现感,最终以学术创新质量和对社会的贡献程度为核心,形成一套科学合理的评价机制;另一方面,要营造自由创新、尊重科技特点和规律的和谐、宽松的学术环境,充分发挥内部激励机制的作用,引导教师的科研态度从急功近利向耐心研究、贡献有价值的科研成果转变,让教师在努力取得学术成果的同时,更好地实现和展示自我价值,获得成就感。高校要完善教师的科技创新荣誉体系,制定出台科技创新工作荣誉表彰奖励等制度,建立并完善科学合理、公平公正、学术科研人员能够广泛参与的评选机制,选出在科技创新工作中的先进典型,发挥这些科技先锋的模范作用。通过大力表彰宣传,使高校建立起追求卓越、实现自我价值、醉心科研创新、服务社会发展的浓厚科研氛围。总之,高校要不断努力,完善重大科技成果奖励激励机制。

(三) 优化科研团队结构,建设高水平科研创新团队

世界科技发展迅速,研究的情况和对象也在不断发生变化。俗话说:独木难成林,单个教师独自开展科研工作会在很大程度上受制于狭隘的学科视野,很难获得具有突破性的实践成果。而把那些具备多学科、多领域的研究背景的专业人才打造成为团队进行沟通合作则是很有价值的解决办法。使得团队可以有机地配置和组合各种技术优势和资源,有利于以新的视野和更高的技术水平进行集中研究、联合合作并取得科研成果,克服因持续低效、大量重复工作造成人才、资源和时间浪费的弊病,利用团队集体智慧克服在科技创新中遇到的各种困难,增强创新的积极性和团队的凝聚力,这也是现在多数高校进行科技创新所采取的形式。高校要努力培养建设优秀的学术人才队伍,构建合理的年龄、学科、学历培养结构,建立起一支具有充分积极性和凝聚力的高学术层次的人才团队;同时聘请在国内外具有重大学术影响、成就突出的相关学术领域知名学者、专家,担任学术带头人,探索挑战性研

究课题的分工与政策合作机制,争取获得地方部门和社会各界对于此类研究课题的资金支持和政策扶持;主动、积极对接当前中国特色社会主义经济科学发展的实际需求,取得更多突破性的学术创新研究成果,提高科技成果转化率,增强高校教师队伍科技创新的整体实力。

(四)加强学科平台建设,挑战国际前沿课题

为保障高校毕业生从事科研活动,要注重推进重点实验室及研究中心等平台建设。同时为推动平台科学发展,应具备完善的基础设施和有效的管理运行机制。因此,需要通过各种方式和渠道,努力获得社会的大力支持,优化经营管理机制,建立强大的科研创新平台。除社会支持外,为了更好地保障高校课程和研究平台建设,政府相关部门也应承担相应责任,为高校提供充足的财政支持,帮助其进一步拓展平台功能,完善管理运营模式,为高校教师创造良好的创新环境,实现多专业、多学科的有效整合,构建跨学科交叉合作平台,推进创新平台建设与科研仪器设备研发。高校要加强领域协同创新,建设国家科技创新基地高校联合研究中心,促进人才交流,探索基础学科的发展和拔尖科研创新型人才培养的方式与机制,加大对基础性学科的政策支持力度,打造有前瞻性、学科交叉融合、国际创新的原创成果发源地。聚焦国家急需,依托优势学科力量,创新科研组织模式,加强学科交叉融合,组建关键核心技术集成攻关大平台,解决关键核心材料受制于人的局面。强化原创性、探索性科研成果与应用转化,鼓励开展重大科研课题研发与应用转化,建设国际水平的创新团队。瞄准国际科技前沿和国家战略需求,整合高校优势资源,遴选建设若干重点团队,通过几年的悉心建设,建成一批实力雄厚、成果突出的创新团队,使我国的科研实力达到国际领先水平,面向科学前沿和国家实际需求,培育一批前沿新兴交叉学科方向的复合型青年科研人才。

(五)组织国内外交流合作,提升科技人员创新思维

高校要定期举办科技前沿信息论坛讲座,邀请知名科研人员,对世界科技发展方向和最新信息、学科交叉领域热点项目等开展讲座辅导,提升高校教师对世界科技创新整体态势和发展动向的研究、预判能力;邀请国家科技

部、国家自然科学基金委员会、省科技厅等上级主管部门的专业人士，开展国家战略、相关政策、区域需求等专题辅导，提升教师以科技创新活动服务社会的能力；邀请著名企业负责人开展演讲，提升教师科技创新对接企业需求的精准度，以提升科技转化率。经常开展学术沙龙项目，搭建起学科交叉、多领域的交流合作平台，通过教师们在学术间的交流碰撞、合作研究和观点探讨，激发科研创新的内在活力，发掘新的学术热点。由于高校教师本身具备较高的认知水平，因此其创新能力的提高需要一个更加广阔的平台，为其了解国际最新研究趋势和进展创造条件，通过与国际高校开展各种交流与合作，使其自身的教育理念和教学模式得到不断更新和完善。为此，我国各大高校要注重对外战略合作与交流，提高国内外科技创新合作的深度和水平，引进国外人才，打造一支具有前瞻性和全球视野的创新团队。可以选派中青年学术骨干教师赴海外高水平高校进行短期交流访问，巩固、拓展与海外的交流和合作，培养出一批具有国际视野的青年学术科研人才。高校还可以建立国际科研合作项目平台类基金资助机制，与国外共建研究机构，做出更卓越的科研贡献。

高校是我国科技创新成果产生的主要发源地，而高校教师则是产出科技创新成果的主体。高校教师的科技创新能力可以在相当大的程度上体现一所高校的科研实力和水平。本书研究发现，高校科技创新能力的提升面临着一些实际问题：高校教师科研与教学任务的安排不够科学，评价体系和激励机制不够完善，高校科技创新的氛围不够浓厚，硬件设施建设有提高空间，科技成果和社会需求对接不够精准，学科交叉和国际交流都有所欠缺等。为了进一步提升高校的总体科研实力，政府、社会和高校自身都应该做出有方向性的调整：合理安排教研任务，完善高校教师创新评价机制；优化高校科技经费管理机制，培育宽松、和谐的创新环境；完善科技创新内外部激励机制，激发教师的科研热情；优化科研团队结构，建设高水平科研创新团队；加强学科平台建设，挑战国际前沿课题；组织国内外交流合作，培养科技人员创新思维等。通过一系列举措，为高校教师打造友好的科研环境，使得高校教师能够充分发挥主观能动性，进而实现科技创新能力的长足进步。

参考文献

[1] 何兴园. 山东省属高校教师科技创新能力研究 [D]. 济南：山东师范大

学，2014.

[2] 江文丽. 高校教师创新能力的培养 [J]. 安徽工业大学学报（社会科学版），2009（3）：146-147.

[3] 崔钢. 一般地方高校科研定位原则 [J]. 中国高教研究，2005（8）：88-89.

[4] 吕松. 对提升高校青年教师科技创新能力的思考 [J]. 考试周刊，2009（36）：20-21.

[5] 易斌. 我国高校教师科研创新的组织机制研究 [D]. 长沙：湖南师范大学，2004.

[6] 周南，梁莉，马跃. 论教师在高校科技创新中的主体地位 [J]. 技术与创新管理，2005（6）：23-27.

[7] 袁声莉，李亚林，陈金波. 制约地方高校教师科研发展的影响因素分析：从人力资本等理论的视角 [J]. 教育与经济，2010（4）：51-55.

[8] 舒尔茨. 人力资本投资：教育和研究的作用 [M]. 蒋斌，张蘅，译. 北京：商务印书馆，1990.

[9] 王妮娜，马亮. 高校科研人员人力资本投资与科研绩效相关分析 [J]. 中国产经，2020（12）：113-114.

[10] 胡晶. 增强地方高校教师科技创新能力研究 [J]. 社科纵横（新理论版），2010，25（3）：264-265.

[11] 闫健，王占武，栾忠权. 地方高校青年教师科技创新能力服务区域经济发展的重要性 [J]. 产业与科技论坛，2012，11（9）：116-117.

[12] 何兴园. 浅谈高校教师科技创新能力 [J]. 时代教育，2014（1）：76-77.

[13] 弓建国. 刍议乌兰察布地方高校科技创新能力的提升 [C]. 科技创新与经济结构调整：第七届内蒙古自治区自然科学学术年会，2012：3.

[14] 杜微，孙雅萍，孟艳萍. 基于动机分析的地方高校教师科技创新能力研究 [J]. 黑龙江科技信息，2015（34）：22-23.

[15] 刘勇. 高校科技创新效益的政策研究：基于2000—2009年北京地区五所部属高校的数据分析 [J]. 教育科学研究，2011（12）：34-37.

[16] 樊贵玲. 基于AHP的高校教师科技创新能力影响因素分析 [J]. 东莞理工学院学报，2016，23（3）：121-126.

[17] 武跃丽，韩焱. 教师职业满意度对高校科技创新能力影响的实证研究 [J]. 继续教育研究，2013（7）：64-67.

[18] 谢南斌. 基于模糊积分评价法的高校科技创新能力评价研究 [J]. 人力资源管

理，2012（4）：89-90.

[19] 曾妍，尹飞. 高校教师科研绩效评价体系中的问题与对策探索［J］. 产业与科技论坛，2015，14（19）：242-243.

[20] 王盛. 民办高校教师科技创新能力分类评价与提升路径研究［J］. 科技与创新，2021（4）：15-17.

[21] 刘宇文，张鑫鑫. 从外部激励走向内部激励：高校教师科研创新的动力转型研究［J］. 湖南师范大学教育科学学报，2010，9（1）：16-20.

[22] 刘杰，范金林. 新时代高校教师科技创新能力提升研究［J］. 山东教育（高教），2019（Z2）：115-116.

[23] 齐书宇，胡万山. 高校教师科技创新管理的问题及对策：基于教育部直属高校教师访谈分析［J］. 中国高校科技，2016（3）：31-33.

[24] 吴琴，吴大中，吴昕芸. 高校青年教师科技创新能力提升对策研究［J］. 科学管理研究，2015，33（3）：100-103.

[25] 叶芃. 地方高校定位导论［M］. 武汉：湖北人民出版社，2007.

[26] 江文丽. 高校教师创新能力的培养［J］. 安徽工业大学学报（社会科学版），2009（2）：147.

[27] 韩影，李三喜，陈彦超. 提升地方高校科技创新能力的思考与实践：以沈阳工业大学为例［J］. 现代教育管理，2012（2）：48-51.

[28] 王焕梅，王爱玲. 高校教师创新能力的制约因素探究［J］. 河北师范大学学报（教育科学版），2010，12（6）：15-18.

[29] 姚书志，武建鑫，郝瑜. 地方行业特色型高校一流学科建设方略：基于学科生态系统的视角［J］. 高等教育研究，2021，42（1）：46-52.

[30] 荣耀华，李沐雨，乜晨蕾，等. 基于DEA视窗分析的教育部直属72所高校办学效率研究［J］. 数理统计与管理，2019，38（4）：591-601.

[31] 马欣悦，汤霓，石伟平. "双高计划"院校办学绩效评估及建设策略［J］. 四川师范大学学报（社会科学版），2021，48（2）：119-129.

[32] 杨梓樱，朱益明，邓宏宝. 我国高职院校办学条件对办学质量的影响分析［J］. 教育学术月刊，2020（1）：53-59.

[33] 金一斌. 提高高等教育质量-分类建设一流大学和一流学科［J］. 中国高等教育，2020（23）：12-14.

[34] 张松，张国栋，杜朝辉. 美国田纳西州高等教育绩效评估体系的历史演变及启示［J］. 清华大学教育研究，2014，35（3）：81-86.

[35] 刘自团，彭华安．"双一流"建设高校教学质量现状及影响因素研究：基于江苏省15所高校的调查与分析［J］．中国高教研究，2020（8）：23-29．

[36] 国兆亮．我国高等教育质量标准的基本认识与框架设计［J］．现代教育管理，2020（12）：72-78．

[37] 肖维，张萍．研究生满意度与教育质量的偏差分析［J］．研究生教育研究，2020（1）：33-41．

[38] 施炜．澳大利亚高等教育质量自我评估的特色与启示：基于西悉尼大学自评报告的文本解读［J］．社会科学家，2020（3）：146-149．

[39] 吴雪萍，袁李兰．澳大利亚高校提升境外办学质量的背景、策略与启示［J］．高等教育研究，2020，41（10）：91-100．

[40] 谢梅，李强．教育部直属高校绩效评价研究：基于产出滞后效应的分析［J］．教育与经济，2015（5）：46-54．

[41] 钟铃．高校科研评价工作实践探索：基于卓越性科研成果学术影响力分析［J］．图书馆建设，2020（S1）：282-285．

[42] 苏荟，刘奥运．"双一流"建设背景下我国省际高校科研效率及影响因素研究：基于DEA-Tobit模型［J］．重庆大学学报（社会科学版），2020，26（1）：107-118．

[43] 宗晓华，付呈祥．"双一流"建设高校科研效率及其变化：基于超效率和Malmquist指数分解［J］．重庆大学学报（社会科学版），2020，26（1）：93-106．

[44] 李晓莉．平衡计分卡与高校社会服务评价指标体系的构建［J］．教育评论，2014（7）：12-14．

[45] 张莹．高校科研成果转化存在的问题及路径优化探析［J］．科技创业月刊，2021，34（4）：79-81．

[46] 王少鹏，苗欣茹，席增雷．高校科技创新、空间溢出与区域经济发展［J］．技术经济，2021，40（4）：49-57．

第六章 高校教师激励机制研究

一、引言

我国高等教育建立后,教育强国的效应得到了充分的展现,国家经济得到了突飞猛进的发展。在科技日新月异的信息技术时代,要坚持走教育强国之路,高校建设尤为重要。高校要发展,必须吸引和留住高素质人才,加强师资队伍建设,实施创新教育教学,以获得竞争优势。为了促进高校的建设和发展,必须建立一支高素质的教师队伍,建立一套科学有效的教师激励机制。科学合理的教师激励机制可以提高高校教师的职业归属感、积极主动性,从而提升其教学水平;对于高校来讲,可以增强教师队伍的凝聚力,提高学校的综合竞争力,加大对国内外优秀师资力量的吸引力,从而实现高校战略发展。然而,由于体制、环境等各方面因素的限制,我国高校教师的激励机制还存在一些待解决的问题,如激励作用没有得到有效发挥,教师队伍的积极性较低,也有人才流失的问题等。想要解决这些问题,可以采取从高校管理角度出发的方法,建立公平合理的教师激励机制。如何对我国的高校教师激励机制加以完善,促进教师发挥出最大的积极性,是本研究将要讨论并试图解决的主要问题。

首先,本章对我国高校教师激励机制的研究背景和目的进行了介绍,并从理论意义与现实意义两个方面,对本课题的研究意义做了详细阐述,之后分析了国内外高校教师激励机制的研究现状;其次,阐述了激励和教师激励机制的相关概念，并阐述了其理论依据；继而深入探究我国在高校教师激励方面已取得的效果，如教师激励机制日趋完善、物质激励主导地位加强、教师自身素质逐步得到重视等，并提出薪酬激励效果不明显、环境激励仍然得不到足够重视、激励制度亟待完善等我国高校教师激励制度中存在的不足；随后从多方面对高校教师激励不足的原因进行分析，并提出我国高校教师激励机制应该遵循的原则，倡导公平竞争，同时考虑个体差异，采用物质层面和精神层面紧密配合的激励模式，并提出多种实际可行的激励措施，以期能为日后我国高校教师激励机制的完善提供可参考借鉴的依据。

（一）研究背景及意义

1. 研究背景

进入 21 世纪以后，随着当今世界政治经济社会全球化快速发展及现代知识经济时代的来临，建设现代科学技术教育文化强国已经成为推动我国经济社会发展的必由之路，也是中华民族伟大事业复兴的必然选择。高等教育在国家经济政治文化社会发展中的作用日趋关键，它能够提供必要的人力资本和技术力量。教育是国家振兴和民族进步的基础，因此，要致力于开展我国人民满意度高的教育；党的十九大报告对于优先发展教育工作做出了新的重大战略性决策部署和明确要求，要更加明确教育事业的地位，深化教育改革，融合现代化教育技术手段，开展令广大人民群众放心且满意的教育事业。在当今时代，高校是每个国家培养高素质、高层次人才的温床和基地，因此，高校在整个教育领域占据着至关重要的位置。高校教师是我国现代化高等教育过程中的主要实施者，是传播和发展知识技术的中坚力量，因此，高校教师队伍水平的高低将直接影响我国高等教育的水平。一所高校要培养德智体全面发展的人才，要培养投身于社会主义现代化建设的高素质人才，核心要素是教师。高校教师激励问题已经引起了社会的广泛关注，并且在高校管理者、政府机构中也越来越受到重视。

目前，我国教师队伍的发展有了巨大的跨越。据教育部发布的 2020 年全国教育事业主要统计数据来看，2020 年全国范围内共有各级各类学校 53.71 万所，各级各类在校学生共有 2.89 亿人，在校专任教师达到 1792.18 万人。由以上数据可以看出，高校教师队伍不断壮大，人数逐渐增加。但是，在我国高校教师队伍不断壮大的同时，应注意其管理机制仍有不足和缺陷，尤其是在教师激励机制方面。例如，高校对教师的薪酬激励未能达到其预期目标，以及薪酬激励机制缺乏弹性；教师考核评聘体系中仍有不足；教育培训无法达到教师日益增加的实际需求；激励方式少，难以起到有效的激励作用；激励机制不能与时代接轨，没有满足当今任职教师的需要。目前我国高校教师激励机制尚不完善，高校要想解决这些问题，必须加强行政管理，构建一系列有利于培养和激励人才的、更为科学的激励模型，以充分调动广大高校教师发挥其自主创造力，提高其教学和科研的积极性，培养和提高他们作为人民教师的责任感和使命感。从这方面来看，要提高高校的教育质量，建立和完善高校教师激励机制已经成为促进教师队伍完善亟待解决的重要问题和关键之处。综上所述，应该对高校教师激励机制的研究予以更多关注，使激励教师的手段更加多样化，从根本上建立更加与时俱进的高校教师激励机制，要更加合理、高效、全面、公平，不断促进我国高校教师队伍的建设和发展。

2. 研究意义

知识经济时代的到来意味着人才和技术在经济发展的过程中越来越发挥着举足轻重的作用。从未来一段时间来看，国家经济社会的发展将需要越来越多的高质量人才，因此，要求高校的教育质量和教师队伍水平与之俱进。当今社会的发展突飞猛进，在这样的社会背景和时代背景下，研究创新型的高校教师激励机制，提高教师的积极性，保证其工作效率和成果，就显得格外有意义。从理论意义上讲，对高校教师激励机制的研究能够丰富和充实我国的高等教育研究体系；从实践意义上说，希望能够协助解决我国当前高校教师队伍和教育教学过程中存在的问题；从更高层面的意义上来看，对高校教师激励机制的探索是我国培养高层次、高素质人才的基石，是建设社会主义教育强国和人才强国的重要基础，有利于我国在激烈的国际竞争中占据科技、人才和文化的有利地位。

（1）理论意义

自从激励理论产生后，来自不同学科和领域的学者和专家，从各不相同的角度思考，提出了各自的激励理论，这些理论经过历史和社会的检验，不断发展、变化至日趋成熟。但归根结底，激励理论的本源还是"人"，人本理论是其理论基础，从"人"的角度出发，采取的管理方法是人性化的手段。

后来，人力资源的学科知识不断普及，各学科领域逐渐把"人"看成一种资本，认为人力资源能够产生价值，这跟以往是不同的。高校教师是高校教育过程的主体，是促进高校实现教育目标的主力军，是高校最为重要的人力资源。如果把激励理论紧密结合实际，应用到高校教师激励的各个过程中，从而发展出符合高校教师具体实际的、科学合理的激励理论，则具有举足轻重的理论意义。

1) 树立以人为本的高校内部管理理念。

一所高校的成功与否并不取决于硬件设备和学生数量，而是取决于其文化氛围和全体师生的素质。教师是教育过程的主体，如果一所高校的高素质教师数量不够，那么该高校的教学水平和优秀学生的数量都会大打折扣。因此，在高校管理中，要树立以高校教师为主体的管理思想，及时制定对教师的激励办法，极大程度地调动高校教师的积极性。这样做符合现代人力资源管理的基本概念，在实际中把教师当作高校发展的重要人力资源。

2) 研究新形势下影响高校教师积极性的因素。

高校教师激励机制的探索研究是一个永恒的话题。随着社会的不断发展，影响高校教师工作积极性的因素在不同时期和不同历史背景下都是不同的。在本研究中，笔者试图把当今社会发展中新产生的影响因素融入教师激励机制中，并把高校教师激励机制理论联系实际，应用到高校人力资源管理的过程中，以使高校教师的激励机制更加符合实际，以期为高校教师激励机制的理论研究提供可借鉴的经验前提。

(2) 现实意义

由于人力资源管理理论的逐渐丰富与完善，人才的地位越来越重要，因此，高校如今在人们心目中的地位和它所面临的社会环境已经和以前不一样了。高校不单单是纯粹的教学和研究机构，更是能够影响当今国民经济发展的重要生产力。因此，研究高校教师激励机制具有以下至关重要的现实意义。

1) 促进高校教学、科研活动的顺利进行。

按照人力资源管理理论的观点，教师资源就是高校最重要的人力资源，教师资源的重要性应该高于学校的设施、资金、信息技术等资源，所以，必须运用科学合理的方法和制度，保证高校教师资源得到合理的配置，并且要结合社会和学校范围内的其他资源，最大限度地发挥教师的作用，从而推动高校教师科研和教学活动的开展。

2）有利于提高教师各方面的积极性，提升教学效率。

激励教师的方式是多种多样的，各种方式是相互补充的关系。应该运用物质激励、精神激励、行政激励等各种不同的激励方法，来提升教师在教学和科研等活动中的工作热情及工作能力，调动高校教师各方面的积极性。

3）促进高校教师资源的科学、可持续发展。

为了吸引并留住高质量、高素质的高校教师，有必要建立并运行一个科学、适当的激励机制。高校教师激励机制的使用和实施，可以促进教师队伍的持续良性发展，进而提高教学水平和学生素质。在高校里建设教职员工等人才队伍，是为了使高校的人力资源实现学术性、适宜性和可持续性的发展，通过这种方式，高校可以连续不断为国家输送高层次人才。

4）有利于现代高校人力资源管理实践的发展。

通过研究和分析当前我国高校教师的现状，在新的社会发展形势下综合考虑教师需求的特点，结合应用各类人才激励理论，以积累的研究成果为参考，将理论与现实紧密结合，尝试构建高校教师激励机制的总体思路和路径。这一成果对我国的教育管理工作者，尤其是人力资源管理相关专业技术人员有一定的引领和指导作用。

5）促进高校行政体制改革。

高校体制改革是教育改革的重点，是实现教育现代化的发展前提，更是促进我国培养高素质人才的动力，也是我国社会主义发展不可或缺的基础。而在高等教育体制改革中，最重要的就是教师队伍的改革。健全和完善高校教师激励机制，将促进整个高校教师团队的转型和发展，进而促进高校内部其他方面如教学方式、教育水平等的发展，为高校改革提供保障，为我国建设人才大国、实现教育现代化奠定良好基础。

6）有利于我国参与国际竞争。

从长远来看，探索我国高校教师的激励机制，将为我国的人才和竞争战略服务。我国不仅需要保证自身的快速发展，还肩负着促进全球发展的重要任务。在此背景下，需要大量的高素质人才。但是，现在的教师激励机制已经难以符合当今教师队伍改革的新要求，从某种角度上看，这对教师队伍的发展产生了些许阻碍作用，不利于我国培养人才和参与竞争的需求。在此意义上，研究高校教师激励机制有利于提高教师管理水平，尽力解决当前高校教师队伍中存在的问题，最终达到提高高校的科研和学术水平，提高教书育人的质量，为社会主义现代化建设提供人才的目标。

(二) 国内外研究现状

1. 国外研究现状

对教师的激励在教师资源管理中十分重要，进一步说，对高校教师激励机制的研究，是高校管理学领域的研究。对高校教师激励机制的理论分析会随着实践不断发展，因此其探究与实践的发展变化是密不可分的。

最早对高校教师激励机制开展研究是教育家约翰·亨利·纽曼 (J. H. Newman)，他发表了一系列相关主题的论文，其中结合古典管理理论的内容对教师激励的问题进行了讨论。早期的社会学家凡勃伦 (Veblen) 分别从教师的薪酬、工作环境、教师与教师或者与学校之间的相互关系等角度，讨论分析了"公平"在激励高校教师方面的作用。激励机制的进一步探究还深化了对高校教师激励机制的研究，研究的中心在于激励的有效方式和干预措施，注重利用工作计划调动高校教师的工作积极性，满足教师的绩效需求。托马斯·赛乔万尼 (Thomas-Sergiovanni) 研究发现，道德本身就应该成为指导教师教学与科研的最大驱动力，所以有必要在课堂上创设一种生机勃勃的环境氛围，激发和鼓励教师。布鲁尔 (Dominic J. Brewer) 认为对于女性教师来说，薪酬水平越高，她们被迫离开高校的概率就越低；而对于男性教师来说，情况则不是这样。当一所高校的管理者的薪资水平越高时，男性教师在这所高校的工作稳定性越高，但女性教师的情况则不然。汉谢克 (Eric A. Hanshaek) 认为，提高薪资水平可以降低男性教师离开高校的可能性，然而这种可能性还会受到教学经验的影响，随着教学经验的增加，这种可能性先增加后减少，拥有六年以上经验的女性教师几乎不受影响。2011 年，维鲁 (Viru) 和诺丁 (Noordin) 采用因子分析法建立了一个兼顾科研、教学和服务三个方面的多层次体系，以此为基础分析高校教师绩效评估体系的多层次绩效。综合以上研究成果，外国学者对高校教师激励机制的研究是非系统性的、零散的，没有完整的理论框架。尽管如此，他们还是提出了很多发人深思的理论见解。这些研究结论深化了后来我们对高校教师激励的理解，从各个角度考察高校教师激励机制的研究促进了高等教育管理朝着人性化和科学化方向发展。不言而喻的是，这些研究在发展过程中仍有一定的不足，而且由于中西方文化环境和社会条件的差异，这些研究结论能否作为我国的参考还没有定论，还需要社会实践的检验。

2. 国内研究现状

高校专任教育近十多年来已经成为高校学术研究的一个重要热点，高校专任教育教师在社会生活中的地位、薪酬状况、事业发展等各方面的问题日益凸显，得到了高校和社会各界的高度重视，并逐渐深入研究这一问题。目前大部分研究成果都表明，有以下几点需要关注。

（1）有关教师激励理论方面的研究

《教师激励的心理保健功效》的作者张凤琴在书中呼吁，不应通过单一方式对教师进行心理激励，而是应采取教学与多种激励手段和有效措施相结合的办法，实现教师激励的最终目标。《现代激励效用理论与高职教师管理》的作者史征则主张在激励过程中，对高校教师可考虑同时采用组合绩效激励的管理模式，在多种组合激励模式中实现绩效共存，从而达到利益最大化的组合激励效果。王元璋指出，目前我国高校教师管理还存在许多问题，如教师队伍流动性大、兼职教师较多以及教师队伍整体结构不完善等。杨静娟认为，我国高校在人力资源激励管理上仍然普遍存在五个主要问题，包括师资队伍结构不完善，教师学历和职称水平有限，无法较好地适应现代教育的需要以及缺乏"双师型"教师；人力资源管理机制不完善等。郑柏松则认为，目前我国高校的师资管理中存在四个明显问题：缺乏完整健全的人力资源管理理念；缺乏科学合理的人才培养机制，忽视了人才的培养、调配，导致优秀师资引进难、易流失；对实践重视程度不够以及未针对教师聘用制度进行深层次变革。

在《西方激励理论对我国学校管理实践的启示》一文中，韩秀、韩淑琴提出了一些对高校教师进行人才资源激励的基本理论和实践思想。利用双因素理论、期望理论和公平理论介绍了在实施教师激励政策的过程中，为保障教师的基本生活，让教师安心工作，高校应当充分考虑教师的实际生活需求，满足教师对高水平生活质量的需求，进而提高教师工作积极性，促进其在教学中取得良好效果，而这就要求教师激励机制的制定，要充分考虑教师自身的期望,使其收入能够与日常工作表现挂钩,达到物质与精神双重激励的目标。

(2) 对教师激励特点方面的研究

高校教师的需求层次是不同的,这就导致对高校教师的激励措施不应标准化,而应多样化。彭建国在《高等学校教师需要的特点及其激励》一文中提出,高校之间各方面的条件存在差异,因此对教师的激励手段也各不相同。然而总的来说,可以采取某些相同的手段来促进对教师的积极性影响,如优化工作环境、提高科研与教学的自由度等。

(3) 有关激励教师方式的研究

激励有两种类型:物质激励和精神激励,对高校教师的激励措施即包括这两种类型。必须根据高校的实际情况,确定采取哪种激励模式,或者哪种激励模式占比更大,一般来说,高校教师倾向于精神方面的激励。黄瑛在《人本管理下的高校教师人力资本激励制度研究》一文中强调,要想充分调动广大高校教师的工作积极性和科研创造力,必须首先充分满足高校教师全体成员的高级管理工作能力需要。雷翔虎在《高职教师激励机制研究》一文中主张,当前我国高职院校的教师绩效考核制度不完善,需要完善制度性的激励措施,并提出了激励应遵循原则和具体对策建议。以上学者的研究皆为高校教师激励的具体实践提供了理论基础。

二、相关概念及理论依据

(一) 相关概念

1. 激励

激励一词有"刺激""激发"之意。激励是一个现代心理科学领域术语,它是一种促使人们产生行为动机,赋予人们内在驱动力,引导他们走向预期目标的一种精神心理活动形成过程。美国著名的管理学家贝雷尔森(Berelson)认为,激励机制就是对于人类社会经济活动的一种平稳的心境,是人们对一切事物的憧憬、期盼和动力。斯坦尼尔(Steiner)持同样观点,他认为,在每个人的日常工作和人际交往中,均会或多或少体会来自家人、好友、同学、同事甚至陌生人的激励。激励产生作用的条件离不开个人的感知、需求、目标、意志和世界观等要素。

激励有三种不同分类方式：第一种是人们熟知的物质激励和精神激励。精神激励是一个人获得的内在感受，包括被赞扬、被鼓舞、被理解和有成就感；物质激励则与利益相关，如薪酬、奖金等。第二种是正向激励和负向激励。正向激励有着振奋和鼓励的意义，它通过奖励和表彰好的行为来达到激励的作用，而负向激励有训斥和批评的意思，如不恰当的活动经由惩罚和批评被压制。最后一种分类方式是内部激励和外部激励。内部激励指的是工作动机，它来自人们的内心，是基于每个人的喜好、对工作内容的认可、单位给予的归属感，以及个人价值实现的成就感。由于外部激励是由外部因素引起的，因此外部激励是通过外部变化来实现的。另外，如果一个人得到的回报低于其心理预期，那么，不仅不能起到激励作用，还会产生负面影响。

激励过程是一个循环的过程，通过奖励措施，引导一个人萌发动力。激励不是一个静态的过程，而是随着当前条件的变化而变化的，表现为刺激需求、产生激励和刺激行为。人类的行为活动离不开初始动机，而动机则取决于我们最重要的需求。有了动机，行为自然会产生，并自发朝着满足需求的方向努力，在这一过程中，我们努力的结果也会引起新的需求。而事实表明，激励手段中最有效的是绩效与薪酬。通过对员工的工作表现和业绩进行科学评估，给予其相应的薪酬待遇和绩效奖励，满足其心理需求，使其获得自我价值实现的成就感和收获感，从而增强其对单位的信任感和归属感，并产生持久强劲的工作动机。

总体来看，激励措施具有以下特点：

（1）激励行为本质上是一种动机

激励的主要目的是激发员工的工作积极性，当他们的心理需求得到满足，建立起稳定的心理动机后，就能真正努力地工作。

（2）激励措施结果的不可预测性

对于员工而言，在自己被奖励之前，无法精准预测奖励的具体结果。例如，如果管理层确定员工的离职率很高，对工作的渴望很低，虽然员工得到了加薪，但经理无法预测员工在加薪后是否会有努力工作的心理动力。

（3）激励过程是动态的

由于人们的需求具有极强的变化性，因此需要对激励措施进行动态调整，以适应环境的变化。

2. 激励机制

对于激励机制的定义，刘正洲从系统科学的角度进行了阐述。他认为，激励机制是一个总体系统，主体和客体在此之中可以通过激励的要素发生作用。白云鹤认为，激励机制主要是指为了激励企业组织内的全体员工所采用的一系列规章制度、行为准则及其他相应的激励措施等的统称。苏玉红、徐建东和宋迎金对高校教师激励机制进行了研究，他们认为，对高校教师的激励机制可以认为是一个复杂的系统结构，可以说是按照教师的不同特征和目标，通过各种有效的激励方式和方法，鼓励教师在工作中结合自己的内在诉求和社会对自己提出的要求，形成自己在工作中的主动性、创造性和饱满的热情，有效结合社会、学校、个人的利益开展一系列活动。

总而言之，激励机制的形成要依靠激励主体、激励客体和激励手段。根据激励制度的特点，可以采用不同的方法，如物质、目标、精神、教育、学校和激励参与。因此，本研究对高校教师激励机制定义如下：激励措施是根据各学院管理和教学团队的特点，以及教师的个性化需求，通过工资激励、培训激励、参与激励、晋升激励等方式，为高校教师创建良好的内外部氛围，激发其工作动机和自身的内在潜能，实现其激励的主体和客体共同目标的途径、方法、措施和流程的总称。

（二）激励理论体系

在研究激励问题和制定激励措施时，都必须综合考虑以下三个方面的问题：

第一，要给出指明激发其他人们思维和行为的原因以及那些影响其他人的思维和行为。

第二，激励的对象为什么能够做出一定的行为，而且彼此间激励的行为又会因此而产生差异。

第三，如何使消极行为减弱，使积极行为得到强化。

1. 内容型激励理论

（1）需要层次理论

马斯洛于1943年创作《人的动机理论》一书，首先明确提出了著名的需求层次理论，他将人的需求细分为五个层次，分别是生理需求、安全需求、归属与爱的需求、尊重的需求和自我实现的需求。

1）生理需求。这是人类也是其他生物最基本的需求。只有在人类的生理需求基本得到满足之后，其他需求才可能成为新的激励因素；而在生理需求未得到满足前，生理需求正是推动人类行为变化的最主要驱动力。

2）安全需求。当一个人的生理需求被满足后，便会出现安全需求。安全需求是指人们需要劳动安全、职业安全、生活稳定，希望免于灾难，希望未来有保障等。

3）归属与爱的需求。这也是一种社交需求，包括与他人交往，从事各种社交活动，获得与同事、朋友之间的亲密关系或者保持友谊和忠诚。每个人都渴望得到别人的关心和爱，同时希望能够被群众组织与社会广泛接受，成为其中的角色之一，得到相互的支持与关爱。

4）尊重的需求。尊重的需求主要包括两个基本方面：接受他人的尊重与自我尊重；前者主要是为了得到他人的重视，获得良好的声誉和地位；后者追求自身的价值，期望自己的能力和成就得到社会的认可。

5）自我实现的需求。自我实现的需求是指最大限度地体现自身价值的需求。它的表现形式是不同的，然而，自我实现的必然性都是指尽可能多地利用和挖掘一个人潜能所带来的必然性。

马斯洛认为各个层次的需要之间可能具备以下基本关系：

1）在正常情况下，这五个层次的需求是按顺序满足的，先满足低层次的需求，之后可能会追求高层次需要的充分满足。

2）通常来说，并不是每个人都追求全部五种需求。追求低层次需求的人很多，追求高层次需求的人相对较少。然而，一旦所追求的需求实现，满意度就会相对较高，动机也会较强。

3）人们对某一特定需求的追求在不同的环境中表现不同，所以在各种环境因素的影响下，占据主导地位的需求水平也不尽相同。

（2）双因素理论

20世纪50年代后期，行为学家弗雷德里克·赫茨伯格（F. Herzberg）调查分析了美国一些地区有工作的人员对自己工作的满意度。他们对近200名受访者进行深入研究后发现，通常是工作任务本身或工作的具体内容让员工对工作感到满意；让他们不满意的一般是工作的软硬件环境和职场中不同群体的关系。1959年，赫茨伯格完成了这项研究，并将使工人不满意的因素类型称为保健因素，使工人满意的因素类型称为激励因素。这就是双因素理论（Two Factor Theory），又称为激励-保健理论（Motivator-Hygiene Theory）。

1）保健因素。保健因素是指造成员工不满的因素。保健因素不能得到满足时，易使员工产生不满情绪、消极怠工，甚至引起罢工等对抗形为。但在保健因素得到一定程度的改善后，即使再努力对其进行改善，也很难使员工感到满意，也就很难再由此激发员工的工作积极性。保健因素包括企业的政策与管理、监督、工作环境、与领导的关系、与同事的关系、薪酬和福利等。

2）激励因素。激励因素是让一个健康的人发自内心地感到快乐和满足的因素。这些因素类似于马斯洛需求层次理论中提到的自尊和自我实现的高层次需求。它们能引起人们发自内心的满足，更多的是情感上的满足。能让员工感到快乐和满足的重要因素有工作业绩、领导的认可、更重要的工作机会、信任和成长发展空间等。

(3) ERG理论

美国耶鲁大学的克雷顿·奥尔德弗（Clayton Alderfer）在马斯洛研究的基础上，进行了更为密切的探索和研究，最终提出了全新的人本主义需要层次理论。他认为人类共同具有三种最核心的社会需要，即生存（Existence）的需要、关系（Relatedness）的需要、成长（Growth）的需要，所以这种理论又称为ERG理论。奥尔德弗的ERG理论只是在所有需要的分类方法上与马斯洛有所不同，在解释上几乎没有区别。

1）生存的需要。这些需求是每个人生命存在并且得以维护的前提和基础，这与需求层次理论中的生理和安全需求基本相同。

2）关系的需要。这种需求指的是人与社会其他主体之间的交流和联系，也与亲情、友情和爱情的需求有关，在需求层次上对应着归属与爱的需求。

3）成长的需要。成为优秀的人，是人们都想达到的目标，这种需要是让人们变得更加努力的推动力。通过学习，可以利用潜力和才能来满足成长和发展的需要。这与需求层次理论中的自我实现的需求相对应。

(4) 成就需要理论

美国哈佛大学教授戴维·麦克利兰（David McClelland）是当代专门研究激励理论的世界级社会心理学家。他认为，人们执行某些行为是出于某种动机,而这种动机是由他们想要满足的需求和他们的价值决定的。人的内在认识和思考基本上可以满足三种需要:成就需要充分满足、权力需要充分满足、交往需要充分满足,也就是所谓的"三需要理论"。

1)成就需要。设定一个困难的目标,有强烈的愿望,想要实现它,并有强烈的自我实现意愿和追求完美的倾向。

2)权力需要。希望影响他人,对他人的行为进行控制,更关心自己在组织中的地位和权力。

3)交往需要。希望与周围的人建立友好的关系,注重别人对自己的看法,希望得到同事、朋友、领导和周围人的喜欢。

2. 过程型激励理论

(1)期望理论

维克托·弗鲁姆(Victor Vroom)在1964年出版了《工作与激励》一书,其中提出了期望理论的模型。一般而言,期望理论被广泛地认为是指人们对于从工作中可以得到什么,有自己的需要或想法,基于此,他们决定自己应该加入哪些企业和在实际工作中应该付出多大的努力。因此,人并非生来就会受到激励或者永远都不会被激励,激励的性质取决于人们所面对的条件和环境及其需求被满足的程度。

1)弗鲁姆认为,人们总是有必须满足的需求。为了实现这一目标,人们将采取某些行动。用公式可表示为

$$M = VE$$

式中,M 为激励力量,是直接推动或使人们采取某一行动的内驱力;V 为目标效价,是指达成目标后对于满足个体需要的价值大小,V 大表示需求动机强烈,V 小表示需求动机不足;E 为期望值,是指根据以往经验进行的主观判断,达成目标并能导致某种结果的概率,是个人对某一行为导致特定结果的可能性或概率的估计,E 值大表示对需求的实现有足够的信心,E 值小表示信心不足。

2)弗鲁姆提出,为了达到预期的激励效果,有必要平衡三个方面的关系:第一,付出和工作业绩之间的关系;第二,工作业绩和奖励之间的关系;第三,奖励与个体需要之间的关系。

(2)公平理论

1965年,美国行为学家约翰·亚当斯(John Adams)提出了公平理论,

也称为社会比较理论。该理论指出，人们不仅关心自己的报酬，也关心他人的报酬。这种横向比较的结果影响了人们对其绝对报酬是否公平的判断。如果自己的报酬与其他人的差不多，人们就可以保持平衡的心态；如果自己的报酬比别人的高，则能够获得更多动力；如果比别人的低，就会影响工作满意度。亚当斯的公平理论包括两种类型：纵向比较和横向比较。横向比较是指与具有类似特征的同类型员工进行比较，以得出公平性的结论并影响自己的行为。纵向比较是指劳动者与自己的比较，衡量的标准是自己付出的劳动与奖励以及与过去相比的得失。

（3）目标设置理论

1967年，美国马里兰大学的心理学教授爱德温·洛克（Edwin Locke）首次提出目标设置理论。该理论认为，对于个体行为具有直接影响和作用的因素是个体自身所设定的具体目标，目标是否清晰、目标是否易于实现都是直接影响其激励效果的关键因素。明确、不难达到的工作目标对于指引个人和组织的工作路线与方向都具有正向的积极推动作用；反之，不明确、难以达到的工作目标则会严重地打击个人的工作积极性，不利于促进个人和组织团队整体的健康发展。

3. 改造型激励理论

（1）挫折理论

挫折是指一个人在采取行动以实现特定目标时遇到障碍的一种心理状态，这种障碍会导致人们无法实现预期目标和满足需求。挫折往往具有双重性，既可以使人感到失望、痛苦，也可以使人变得更加聪明、成熟，磨炼人们的意志，启迪人们发奋努力，在逆境中更加奋起。

例如，在高校中，有的教师会由于在教学活动中存在一些过失而受到批评或者被扣减薪酬，如果他们抵抗挫折的能力较弱，就可能产生不满情绪，有人甚至会采取攻击性的行为，在这种攻击性行为没有取得效果时，他们可能会暂时隐藏自己的不满情绪，但会对教学活动提不起兴趣和积极性，甚至会从此一蹶不振。所以，应该高度重视企业管理过程中员工的挫折感问题，并采取措施防止挫折对员工心理产生不良影响。在创造和利用困难情境来激励员工的实践中，需要注意以下问题：

1）为被激励者设定必须经过一定努力才能实现的工作目标，既要让他们觉得实现目标不是那么容易，造成他们的挫败感；又不能让他们觉得太难，在他们充分发挥潜力后目标就能实现。同时，困难的数量也不能太多。过多的困难会大大影响被激励者的自信心和热情，使其最终失去兴趣和信心，选择无所作为。

2）对于有上进心的人，在其遇到困难时应给予鼓励，使其能够树立正确的意识和态度，坚强地应对难题。如果其在面对逆境时表现出正确、良好的态度，则应加以鼓励和赞扬，使其能够更加充满自信地应对接下来的困难。

3）对于陷入严重挫折中的员工，应及时帮助其了解挫折，并在关键时刻给予具体指导和帮助。

（2）强化理论

斯金纳、赫西和布兰查德等人把强化理论称为"操作条件反射"理论，该理论主张，如果个体朝向固有的目标努力，会对自己周边的环境采取相应的态度和行为。这种态度或行为的后果如果是不好的，行为就可能会减少或者消失；相反，当行为后果对其有利时，就可能会不断地重复这种行为。人们用这种正向强化或者负向强化的心理方式和技术手段影响行为的后果，从而修正其行为，这就是强化理论，也称为行为修正理论。

在组织管理中，正向强化主要是指鼓励那些组织可能需要的行为，从而最终加强这些行为；负向强化则意味着惩罚那些与组织不相容的行为，从而使这些行为减少或弱化。正向强化的方法包括授予奖金，对于成绩的肯定和表扬，改善工作环境和人际关系，给予学习和成长的机会等。负向强化的方式主要包括给予批评和惩罚，以及不给予奖励或少给予奖励。在管理中应用强化理论时，应考虑以下方面：

1）注重正向强化。将组织的总体目标与个人的次级目标、工作任务的最终目标和阶段目标联系起来，小步前进。对于完成工作任务表现突出的员工，要及时给予适当的奖励，以充分提高其工作积极性。

2）谨慎使用负向强化。负向强化的使用会导致某种行为的削弱，受到负向强化的人会产生不良情绪。所以使用负向强化时要注意方法和程序，与正向强化结合起来效果会更好。

3）在适当的时候加强激励。应在行为发生后及时给予奖励或惩罚，让被激励的行为得到更强烈的强化。

4）因人而异，因材施教。强化方法应适应不同时期和不同人员的需求，应根据对象和环境的变化来调整强化激励的手段。

5）及时反馈。在一定时间内的及时反馈能够使员工充分掌握实际绩效，并且及时得到正向强化和鼓励，从而增强他们的工作积极性和自信心。

4. 综合型激励理论

1968年，爱德华·劳勒（Edward Lawler）和莱曼·波特（Lyman Porter）在《管理态度和成绩》一文中首次提出了综合激励评价模型。该评价模型认为，需要建立绩效激励和奖励的满意度模型，从获得的满意度中反映出努力的良性循环，这取决于多种综合影响因素，包括激励的内容、奖惩机制、组织分工、目标导向行动的选择、管理能力水平、考核的公平性、领导的风格及个人的心理预测期望等。关于该模型的理解如下：

（1）目标个体的努力实现水平主要取决于两个主要因素：效价（个体目标对于能够满足目标个体努力需要的直接价值）和个体预期的价值（由于目标个体能否及时实现目标而预期导致的具体行动影响管理者的概率）。

（2）一个人能否通过努力工作取得一定的工作业绩，受很多因素的影响，如对工作的认识程度、技能水平和素质、环境等。

（3）一定的工作表现带来一定的工作回报。工作奖励可以是内部奖励或外部奖励，或两者兼而有之。

（4）对奖励的满意程度也受到公平感的影响。公平感来源于比较，只有被认为公平才会产生满足感。

（5）满意度反过来影响价值。高满意度意味着高价值，低满意度意味着低价值。工作表现也会影响预期价值。如果一个人努力工作并达到一定的工作业绩，预期值就会增加，否则就会减少。

（6）当新的预期绩效值评价和旧的预期绩效值基本形成后，人们就可能会开始重新考虑这种调整努力的重要程度。

上述激励理论都为本研究提供了坚实的科学理论实践基础，在进行理论借鉴时，绝不能一味地模仿照搬，而是要充分意识到东西方文化的根本差异，以及与当前我国高等教育的根本区别，根据当前阶段我国高等教育的理论实践开展情况，将各项激励政策与措施内容进行综合调整，然后再重新加以综合运用。

三、我国高校教师激励政策的成绩和问题

(一) 我国高校教师激励取得的成绩

随着现代社会的快速发展，人才的涌入和竞争都变得非常频繁和激烈。特别是随着教育开放程度的提高，各大高校对人才的需求和竞争也更加激烈。一方面，高校要提拔本校的人才，且要留住本校人才；另一方面，高校要能够吸引人才、集聚人才，发展本校的实力。为此，建立良性有效的激励机制的必要性日益明显，并得到了越来越多高校的重视和推广，也为高校教师队伍的建设和科技创新能力的提升做出了贡献。目前，我国高校教师的激励管理问题受到了社会的更多关注。高校教师激励制度得到了进一步完善，具体体现在以下几点：注重从制度层面对教师进行激励管理，强化物质激励的主导地位，提高教师的素质成为高校关注的问题等。

1. 教师激励管理制度日趋完善

制度完善中最值得一提的当属高校人事体制与分配制度的改革。高校的管理人员希望可以通过体制的改革，使得教师团体与市场机构之间进行竞争，奖励优秀、淘汰低效，达到教师队伍精英化的目的。在人力资源制度改革方面，将建立教师绩效评估、工作人员任命和工作人员晋升制度。绩效考核制度改革是教师聘任和晋升的依据，即根据教师潜在的工作能力（学历、资历、经验、工作态度）和工作业绩（学术研究水平、教学任务完成情况）等来评定其职称。这一制度改革取得了非常明显的效果，职称和职务水平作为教师专业水平的物化体现，对教师具有积极的激励和引导作用，教师只有通过不断提高专业技能和自身素质，才能实现晋升和得到激励。较高的绩效考核标准就可以在职称和职务评定中发挥优势。在分配制度改革中，一些高校采取了教学岗位薪酬制和绩效薪酬制，管理者的目的是提高薪酬水平，形成竞争局面。激励措施虽然在制度改革方面取得了一些成功，但仍需进一步改进。

2. 物质激励的主导地位逐步加强

从国家统计局对高校教师年人均工资收入的统计和相应的调查报告中可以看出，我国高校教师工资收入的纵向比例明显提高，物质激励在教师报酬中的作用得到加强。

在大多数高校目前采用的工资体系中，基本工资、奖金、津贴和福利等构成了教师的收入来源。其中，基本工资包括固定工资、岗位工资、工龄工资等，是相对固定的部分；奖金包括全勤奖、科研奖等；津贴包括加班工资、交通津贴、午餐补贴等；福利则包括住房公积金、基本养老保险、基本医疗保险等。可见，增加津贴和福利是目前激励措施中可调节的部分。一方面，一些高校通过改革人事制度，如通过岗位竞争来确定激励制度的物质基础。人事分配制度根据高校科研、教学、培训的需要，根据教职工个人的业绩和潜力，按照各种综合指标，拉开不同岗位之间物质激励的差距，进行竞争性招聘、普选等。同时，每年对各岗位人员的工作和科研成果进行评估，优胜劣汰，按照多种方法混合激励。这不仅能够提升工作效率与积极性，还能促进按劳分配和公平竞争。

另一方面，许多高校开始逐渐将注意力转向完善社会保障措施方面。目前实施的社会保障措施主要包括非经济福利和保险福利。非经济福利的重点是保护教师的工作环境，如平等就业权利以及打击性别和年龄歧视。全体教职工按照国务院和教育部的统一要求获得保险待遇，主要以五项社会保险和一项住房基金为主。但就目前情况而言，我国在制定高校教师激励制度的过程中，物质激励的结构还没有真正适应教师的需要。因此，在构建激励机制时，应从"保健"的角度考虑高校教师需求的满足。在满足教师的物质需求，使其能够"安居乐业"的同时，还要满足教师的各种精神需求，达到激励的目的。

3. 教师自身素质的提高逐渐得到重视

随着科技发展的不断加快，对高校教师的知识更新和积累以及专业理论水平的要求也越来越高，高校越来越需要具有高素质的教师队伍。在此背景下，高校不仅需要筛选出优秀的教师进入自己的团队，更要注重对教师的培养，以不断推进本校教师队伍的建设。高校通常采用促进教师再培训、在职培训和学习等方法，提高教师的理论水平和工作积极性，从而促进高校的发展。目前，高校通常会为教师提供出国培训和学习的机会，并采取强调教师智力激励的推广措施。

但是，高校往往以学历、科研水平和专业技能为标准选拔少数人才，并通过赋予教师一定的技术职称和称号或赋予一定的社会地位来鼓励教师的主观能动性。这样做虽然提升了一些教师的能力，也激发了教师的工作热情，但这些激励措施最终还是针对少数优秀人才。对于高校来说，激励措施应该适用于所有教师。一个学术性的、有效的激励机制应该鼓励大多数人的工作热情和潜力；不应该只让一所高校产生一个或几个知名学者，而应该创造一个自发产生顶级学术人才的学术环境。

（二）我国高校教师激励存在的问题

高校的关键竞争力和各顶尖学科的发展都离不开成熟的学术激励制度。虽然我国高校教师激励制度建设取得了很大进展，已经逐渐符合我国高等教育发展的现状，也符合社会对高校的影响。但与最终目标相比，高校教师激励机制尚且存在一定不足和缺陷，亟待解决和完善。

1. 薪酬激励力度不足

虽然我国高校教师激励问题逐渐被各高校人力资源部门提上了议程，而且已经通过不同的方式来提高高校教师的薪资水平以鼓励其工作积极性。但在具体实施过程中，其成效并没有预期的好。我国高校教师薪酬激励力度不足、效果不好体现在以下几个方面：

（1）高校教师整体收入水平与其预期收入之间存在差异。虽然近年来我国高校教师的收入已经有了较为稳步且长足的提升，但与其他行业相比仍处于中低水平，教师满意度普遍不高。教师的实际收入与预期收入之间存在着比较明显的差距。因此，工资激励的低效性不能充分调动教师的工作热情，教师流失的现象依然存在，教师数量难以稳定。

（2）岗位薪酬不具备竞争力，绩效薪酬缺少激励。薪酬本身就具备两种重要的作用，分别是竞争和激励。岗位薪酬能够拉开收入之间的差距，具备较强的竞争力；绩效工资和业绩相挂钩，具备激励功能。因此，进行职务工资及绩效薪酬收入分配方式改革，满足教师的物质需求，是高等教育管理人员必须重视的问题。

（3）福利制度的实施力度不够。目前高校的福利制度开展不够全面，一些教师没有享受到应有的福利待遇。高校教师的福利制度应该满足其基本物质需求、归属需求以及更高层次的需求。现如今，我国高校教师的工资、住房、工作环境、子女上学等基本物质需求还难以得到满足，这会导致高校教师谋求收入更高的工作，从而将影响高校教师队伍的稳定。

2. 制度激励不完善

制度激励不完善主要体现在教师聘任制度以及绩效评估和考核制度两个方面。

（1）教师聘任制度

1986年，我国开始进行高校教师聘任制度改革，按照需要公开聘用优秀教师，并且实行严格的考核和合同制度，同时实行专任教师和终身制。虽然此制度已经取得了一些成就，但仍有许多问题。由于我国高校教师的职称评聘体系和管理与各种基本福利、待遇直接挂钩，且是"一次评定，终身享用"，因此逐渐形成了"能上不能下，以评代聘，聘到最后"的现状。此外，由于缺乏有效的竞争和流动机制，教师岗位成为"铁饭碗"，难以形成人才合理流动的良好局面。

高校对教师的专业技术职称评聘管理机制本身就应该建立在对教师从事科研和教育工作的考核评估机制上，但事实上，我国一些高校缺乏客观公正的对教师进行考核评估的管理机制。在评价过程中，为了平衡各方面的利益，高校通常只采用年度评价和聘任的方法，不能实现有效的激励；评价和聘任中的人为因素阻碍了公平竞争；重科研、轻教学等现象依然存在；岗位评价的期限使一些教师失去了工作的动力，出现"懒惰、消极和破坏"的行为；忽视团队精神等。总之，我国高校还未完全建立起公平合理的竞争机制和完善的人员更新流动机制。

（2）绩效评估和考核制度

教育部已经认识到教师绩效评估的重要性，并采取了一些措施来改善这一制度。然而由于种种原因，当前我国高校对教师的评价和评估方法并不十分合理。

首先，重科研、轻教学，还没有摆正教学和科研之间的关系。教师的学术技能水平呈现出表面化的现象依然存在，对教师的考核评价主要看两方面：一个是科学研究的成果，另一个是教学质量。然而，目前在对教师的考核和评价中，高校较为看重的是教师的科研技术水平和科研成果，而对教师的教学水平则没有严格把关和考核，教师只要能完成每学期规定的教学计划就可以通过评估。因此，很多教师为了通过考核把大量的时间用在申请课题和写论文上,而对教学任务则持"只要能完成就可以"的态度,对于教学内容能否跟上时代的脚步、教学方法能否提高学生的兴趣却很少研究。

其次,评价指标强调数量而低估了质量。目前,高校基本上都采用量化的指标体系进行绩效评估。但事实上,教师在课堂上工作的特殊性和具体的创造性决定了不是一切教学活动都可以被量化,如教育态度、奉献精神等。

最后,评估指标过度强调数量,导致了"学术浮躁"的问题,目前我国很多高校都存在这一问题。高校之所以对教师进行量化考核,是由于国家对高校提出了具体的数量化目标,这会阻碍各个层面的学术发展。这种以出版物的数量和等级来评价教师能力的方式,很可能导致教师急功近利、目光短浅的心态。为了自己的利益,教师不愿意从事长期的、具有挑战性的科学研究,而愿意从事短期的、劳动密集型的、挑战相对较小的科学研究,近年来困扰学者和公众的"学术欺诈"和"学术腐败"现象与此有很大关系。

3. 对环境激励重视不足

(1) 对本校人才不够重视

一些高校仅注重从外部引进优秀人才,不惜花费大量的时间、物力、财力,招聘高学历的专业技术人才,更有甚者则是为图虚名,一味地注重自己所在学校的专业和学历架构。然而,高校在大量招聘外部人才来壮大本校师资力量的同时,却忽略了本校现有人才队伍的稳定,未能充分发挥现有人才的潜力,导致人才有所流失,其结果就是得不偿失。

(2) 教师对环境的满意度不高

环境因子主要包含社会环境、工作条件以及人际交往环境。我国社会环境如今发展良好,如高校教师的社会地位和职业声望提高了,越来越多的人才涌入高校。但部分高校的工作条件仍有待提高,软硬件设备不够先进;管理环境松弛,凝聚力较弱;学术环境不自由,学术气氛不浓厚等。这些问题均可能阻碍高校教师自我需求的满足和自我价值的提升。

四、我国高校教师激励不足的原因分析

影响我国高校教师队伍结构的因素有很多,这些因素阻碍了我国高校教师激励制度的改革。本研究试图从五个方面对其进行分析,希望为以后解决相关问题提供参考和理论依据。

(一) 管理体制不够灵活

目前我国高校的教师培训体制被认为受到教育终身制的影响过深，淘汰机制尚未完善，竞争机制也不健全，"进不来，出不去，难进来更难出去"，作为一级用人单位，一些学院和部门只有任命教师的权利。所以制约高校培训体制创新的主要原因有两个：一个是外部原因，即政府与教育行政部门的政策和法规。政府对事业单位制度改革发展的方向力度决定着高校内部管理体系改革的深入。虽然我国近年来已经制定并出台了一些与此相关的政策，如劳动人事制度改革、社会保障制度改革等，但仍然没有彻底解决高校管理体制中存在的问题。另一个则是内部原因，即高校未能充分利用现有的政策资源与社会信息技术人才。激励机制的建立与完善主要依赖于必需的资本支持。诚然，办学自主权的范围在不断拓展，事实上已经为高校的资金管理运作创造了一些发展空间。但是，还有相当数量的人认为我国已经形成了"等、靠、要"的观念。这样就有可能形成一种悖论：既要号召办学的自主权，又舍不得抛弃这种弊端。此外，社会上对高校的干预和介入与日俱增，进而有可能直接影响高校办学的体制和管理模式。在充分利用社会力量和通过企业融资来壮大其办学能力，深化"三有"激励机制的改革中，高校明显变得被动、机械且缺少灵活性。

(二) 管理观念落后

首先，观念上的落后主要体现为我国人民群众缺少人本主义精神。在高校中也存在工业文明带来的"工具理性"泛滥和个别化与社会异化。人更多的时候被认为是一种价值判别的工具和技术手段而不是目的本身，这就造成了价值判别的单一性与人本主义精神的丧失，这一观念上的欠缺不仅直接影响着高校教师激励机制的建立与完善，同时间接对人才培养产生了不利的影响。其次，观念上的落后也体现在缺少人力资源管理指导思想。许多高校仍然没有将教师资源管理工作纳入我国教育"人事工作"的管理范畴，并没有从促进我国现代教育人力资源管理发展的国际视野，来认真、正确地看待我国高校教育师资管理激励机制的有效建设。最后，观念上的落后还体现在高校的人事行为上，如果高校不进一步改变人事行为上的传统观念，则不太可能通过改革建立一套更加完善的高校教师人事激励机制。现代的人力资源管理区别于传统的人事管理之处在于，它把"人"看成是一种"资源"，因此，就存在"规划""甄选""评估"与"战略"等管理问题，这就不同于主要是"管束"人们遵守"制度"的传统"人事"管理。为了尽可能地调动每个人的工作积极性，现代社会人力资源管理的根本和核心在于"选人、用人、培养人、激励人"。

（三）交易型管理的问题

所谓交易型管理，是指由管理者根据其利益用奖惩作为交换条件，要求受雇人员参与工作的管理体系。交易型管理的基本特征就是价值交换，也就是说，管理者和被管理者之间是一种交换关系。随着高校办学自主权的扩大，高校之间的竞争日益加剧，许多高校都采取了类似于其他企业的绩效管理运行机制，设置各项补贴和基金来鼓励在校教职工积极地参与教育和科研活动，制定各种制度，实施量化管理，并对其进行严格的考核和奖惩。以企业利润驱动为交换条件、以财务奖惩为主要驱动诱因和直接刺激，在密切维系社会经济效益的宏观眼光下进行"交易型"财务奖惩管理，已逐渐成为各类科研院所的一种普遍做法。这种以经济效益成果作为驱动力的方式，忽视了精神激励与自我成长需求的激励作用，重外部物质刺激、轻内部精神刺激，重德育人员的数量、轻德育教学的质量，重德育工作的最终结果、轻德育教学的工作过程。在这样的管理体制下，当高校经费不足和效益低下时，教师的经济利益难以得到保证，将导致与"事务性"管理的冲突，教师的专业性发展和自我实现的主观动机都会受到压力。

（四）高校教师存在较大压力

首先，高校对教师的高要求，教师本身对于成功的愿景、家庭的影响以及现实环境中的差异等都给教师带来了巨大的压力。

其次，近年来，随着我国高校招生规模的扩大和各种教育需求的发展，教师的工作量增加了很多，需要经常加班工作。

再次，不科学的评估体系为青年教师造成了极大的精神压力，他们徘徊于较高的主导者角色预期和"底层"的经济、学术、社会地位之间，焦虑和困惑接踵而来。

最后，部分高校忽略了对教师团队的思想和道德建设，教师在专业技术方面的职业道德建设和思想政治方面的工作不能紧紧地跟上时代形势的变化。

（五）师资队伍稳定性不高

首先，在市场经济条件下，高校教师择业越来越注重实际，会优先考虑工作条件、经济收入和发展前景等；职业机会也越来越多样化，可以选择就职于企业、行业、国外等。这种情况影响着高校青年和中年教师的心态，尤其是那些高学历的教师。

其次，高校教师的整体工资水平较低。收入和支出之间的对比往往会影响青年教师的选择，加剧了教师队伍的不稳定性。

最后一个原因来自高校内部，在职称评定、住房分配等方面存在不尽如人意的做法，一些主要学科没有得到学校的足够重视，挫伤了教师的积极性。

五、完善我国高校教师激励机制的建议

（一）高校教师激励应遵循的原则

一个组织要想变得卓越，主要取决于关键人力资源。高校最重要的人力资源是教师队伍。教师不仅是管理的主体，也是管理的客体。教师积极进取、勇于创新的程度取决于激励制度的适宜性，它决定了组织的成败。一个好的激励机制必须遵循以下原则。

1. **个体差异原则**

每个教师都有自己的遗传特点，也有自己的成长、教育、生存和家庭环境，除了双胞胎，很难找到遗传条件相同、生活环境相同的两个人。这些因素导致每个教师在专业、性格、技能等方面均存在差异。在激励过程中，只有认识到每个教师之间的差异，同时在激励机制的构建中开展有针对性的激励活动，做到多方法、多渠道、多层次、多差异地激励，才能充分挖掘激励对象的不同需求，不断为其制定有效的激励机制。

2. **要素有用原则**

现代人力资源管理学家认为，一个人的所有能力和知识元素都是必须具备的，关键在于创造一个其他方面可以发挥作用的环境。俗话说，"天下没有无用之人"。科学管理之父泰勒曾经倡导"一流劳动力"的理念。高等教育中的一流工作者是指能够教学并愿意投身于教学事业中的教育者。泰勒还说，"每一种类型的工人都能找到某些任务，使他成为一流的工人，除了那些完全能完成这些任务而不愿意执行的人。"也就是说，只要高校里有愿意从事教学工作的教师，并且有适当的激励，他们就能最大限度地发挥自己的教学才能，成为一流的教师，为高校提供优质服务。

3. 动态调整原则

在高校行政部门对教职工的管理中，教师与教务之间的不适应是绝对的，而整体调整是相对的。从不适应到适应是一个持续的变化过程，这个过程是动态的。在适应的过程中，组织系统发挥着作用，同时，组织系统在各种事务的不断变化中进行调整，以发挥激励机制所要达到的全部效果。激励机制在不断适应的过程中被激励对象所接受，并被理解为对其自身内在行为的一种驱动。这种激励机制能够以一种自然的方式实现激励目标。激励机制和激励对象相互作用、相互改变，直至相互适应。

4. 目标适度原则

为了达到预期的效果，目标的设定必须明确、适当、具有挑战性和可衡量性。高校在设定教师的激励目标时，不应盲目追求高、宽、大，而必须找到一个合适的尺度。目标不能定得太高，否则教师就不会努力地去实现它。目标也不能定得太低，否则不经过艰苦的工作就可以实现。应设定合理的目标，限定达成时间，并动态地进行调整，这样才能真正激发教师的主观能动性，使其迸发出强大的工作能量，达到良好的激励效果。

5. 社会实用原则

每个组织的形成和存在都有一定的环境基础，组织中的每个成员也离不开这个环境。因此，高校对教师的激励必须符合社会时代发展的要求，这样才能起到激励的作用，才能真正激发教师的工作热情。

6. 公平竞争原则

除了高校教师，其他所有人也会密切关注自己是否得到了公平和适当的对待。多数人都喜欢将自己的贡献和回报与他人进行比较。一旦有不公平感，就会影响到工作。因此,高校教师的激励机制应该是公平的。即使人们对公平的主观评价存在一定的差异,激励机制也应尽可能地客观公正,这样公平感才不会过于失衡。可以通过构建和谐、积极的校园氛围来实现价值观的引领,让教师愿意靠真正的专业能力在公平公正的机制中参与竞争。

(二) 高校教师激励模式

事实上,每一种激励方式都有其普遍的特点,高校教师激励机制的构建也不例外。在激励的保健理论中,实现保健的因素较多,而实现激励的因素更多;期望理论中的目标价值既有物质期望,也有精神期望;公平理论中公平的来源既有物质奖惩,也有精神上的表扬和批评;挫折理论和强化理论在这两个层面上也是不可分割的。也就是说,如果高校想有效地激励教师,就必须从精神激励和物质激励两方面入手,这样才能真正实现激励目标。

1. 物质层面的激励模式

(1) 基本工资

人力资源工作的首要目标是维护自身生存,被誉为"人类灵魂工程师"的教师也是如此,获得薪资报酬即维护这一基本需求。高校必须根据当地实际情况,在基本工资方面为教师提供基本的物质保障。同时,还必须考虑教师作为知识工作者需要达到的基本生活标准,以确定高校教师的基本工资,这是保证系统稳定运行的基本要素。

(2) 福利

高校在基本工资之外要为教师提供额外的报酬。它可以保障和提高高校教师的工作与生活水平,增强教师对于工作环境的归属感。有许多提高高校教师生活质量的途径,如提供子女入学机会、个人进修和全日制教育、休闲假期、节日津贴等。但在应用福利模式时,应考虑不同群体、不同层次教师之间的差异,有针对性地选择福利方式,实现个人目标和总体目标的统一,在实现目标的基础上使成本最小化。

(3) 奖金

奖金通常是对组织中员工完成任务或其对组织忠诚的奖励,旨在强化积极的行为,巩固组织想要实现的激励目标。高校也应从自身的长远和可持续发展角度出发,对完成工作目标的教师进行表彰,并通过一定的奖励,鼓励教师发挥出他们的工作潜能和积极性，从而取得更好的教学成果。但在应用这种模式时，必须注意把握好奖励的范围，必须做到适当、及时、公开、公平，奖金模式的激励效果才能真正实现。

(4) 资助

高校的成本主要由学生的学费承担，但要求学生花大量的钱来资助教师的个人发展和学术研究是不现实的。高等教育管理部门可以充分开放，通过与社会力量合作来吸引教学研究项目资助，结合引进企业的相关技术，让教师充分利用这一机会进行研究，并在适当的时候实现自己的人生目标。可以提供一些物质支持，只有让教师感受到温暖和集体的关怀，才能自然而然地激发其积极性和创造性，从而投身于教育事业。

2. 精神层面的激励模式

(1) 职业生涯发展

教师这个职业在社会上享有很高的认可度，所以高校教师这一职业本身就是一种动力，是教师内在的一种心理满足。选择这个职业的人，其内心对价值的追求高于常人。因此，高校管理者需要创造一个可持续的、稳定的、不断带来新挑战的平台，让这些具有强烈自我实现意愿的高校教师能够以自己的方式塑造自己的人生目标，发挥自己的优势，尽一切努力去实现目标。在这个过程中，管理者也应尽可能考虑教师的现状，预测其追求目标过程中可能出现的问题，并制定有效的机制，帮助教师实现职业目标。

(2) 成长成才

不仅是高校青年教师，所有有进取心的年轻人都希望自己在知识和技能方面更加强大，以便更好地掌握自己的生活。作为一名高校教师，尤其是青年教师，通常都希望能够不断提升自己的教学和学术水平，在高校里获得更关键的专业技能，并在高校外使用。持续学习和成长不仅是指不断获得技能和能力，还包括继续学习的能力，甚至是更好、更快地学习的能力。在计算机化速度惊人的新世纪，这是一种非常有竞争力的能力。高校培养青年教师的技能，是因为它们期待青年教师的成长，但又害怕青年教师成长后离开高校，这是一个矛盾的问题。高校应建立一种合理有效的用人机制，控制好调配和培训的关系，为自己打造一批高素质、高水准的教师，使其成为高校发展的有效驱动力。

(3) 职位晋升

在职业成长和发展的过程中,职位和职务的晋升能够给人带来满足感和成就感。在专业发展过程中,高校教师不可避免地要争取升职和进步。这种激励手段对于高校教师来说是非常重要的,具有巨大的激励作用。一个善于授课和教学的优秀教师,并不一定能够成为一名合格的管理者,高校可以通过设置专业技术层次等级,使高校教师在专业技术层面上得到提升。

(4) 尊重和理解

体验到信任和尊重是一种巨大的心理满足。在高校知识工作者群体中,这种感觉往往能更强烈地激发他们的行动,可以作为他们的内在驱动力,这是由于受教育程度越高,对高层次需求的渴望越强烈。通过被尊重和理解,教师会感到自己的工作得到了认可,自己的知识得到了赞赏,对自己的工作能力将更有信心。当尊重和理解的需求被满足后,教师为了维持这种好的感受、维护自己好的形象,会倾向于表现出更积极的态度和做出更大的努力。同时,管理者通过表达自己对教师的理解和认可,也会使教师更加尊重管理者,由此,教师和管理者之间的关系会变得更加和谐,管理者和被管理者之间的关系进入了良性循环,往往能够给激励带来倍增效应。

(5) 荣誉激励

拥有荣誉是每个人在其工作领域中的一种愿望。春秋时期的政治家管仲曾说:"仓廪实而知礼节,衣食足而知荣辱",现在高校教师基本都实现了"仓廪实"和"衣食足","懂礼仪"和"知荣辱"则是一种高层次的需求。人们除了希望被尊重和被认可的需求得到满足外,还希望得到其他人对自己的赞扬与表彰。因此,应设置"优秀教师""先进工作者""最美教师"等荣誉称号并对优秀教师表达认可,这些赞赏和表彰是对教师工作所创造价值的肯定和鼓励,教师的心里会产生一种强大的力量,促使他们保持和发展自己的优秀行为,其树立的标准也会激励其他教师。

(三) 高校教师激励机制的路径探究

通过对国内外高校教师激励理论及其实际应用情况的研究,要解决高校教师的激励问题,必须遵循将人才作为社会资源的基本管理原则,即以"以人为本"为基本导向,结合自身实际,完善高校教师激励制度和机制,完善组织文化，加强教师的培训和管理，制定良好的学习政策，搭建教师专业发展的良好平台，使高校教师获得合理的待遇。在设计激励机制时，应根据教师的知识结构、职称级别、能力水平、综合实力等进行分类，选择多种激励管理模式，从而制定不同类别、不同层次教师的激励机制。争取为高校教师创造一种宽松而有节制的当代激励制度，提供一个完善、合理、公平的评价体系，使教师能够积极地参与到工作中去，愉快而高效地执行教学和科研任务，从而使教师的个人发展和高校的组织发展，相互协调和促进。建议采取以下有效措施。

1. 在市场规则的基础上建立薪酬体系

需求层次理论和ERG理论都明确了一点：为了达到激励效果，必须注意基本需求的满足。公立学院和高校教师是公共机构员工的一部分，近年来，国家不断提高公务员和公共机构员工的工资。虽然教师是知识型员工，比其他类型的员工有更强烈的高层次需求，但教师的经济人特征也是不容忽视的。高校教师也会觉得，自己的工资水平是教师身份价值的体现，也是自尊和自我价值的基础和保障。如果高校想要保持对优秀教师的吸引力，就必须努力提供薪酬激励。应考虑当今时代背景，并结合本校实际，综合考虑本地经济水平和人民基本生活质量，尽量使教师薪酬水平的提高跟上物价增长指数，结合当地人社部门倡导的年薪增长和本地区平均工资水平，为优秀教师提供有竞争力的薪酬。

薪酬水平和范围不仅反映了高校吸引优秀教师的能力，在一定程度上也反映了高校的经济实力和未来的发展潜力。高校的发展离不开教师，教师的成长也离不开高校这个平台，教师的成长和高校的发展必须齐头并进。高校的发展成就为教师的发展提供了坚实的基础，教师与高校荣辱与共、相互重视。高校应逐步提高教师的工资水平，并在工资水平和教师的业绩之间建立适当的关系。薪酬体系的奖励方向应符合优秀教师的需求，这样才能吸引人才、留住并激励人才。

2. 在公平理论的基础上建立绩效评估体系

只有做到公平分配、平等分配或按需分配，才能符合人们的要求。这意味着必须根据工作情况，即根据工作投入和取得的结果对工资进行分配。人们喜欢比较，看自己是否被公平对待。如果比较后感到大体公平，他们会保持原来的工作热情；如果感到自己的薪资比完成同等工作量的人低或高，人们的心理就会受到影响。因此，高校教师的工资激励不仅要看个人获得薪酬的多少，还要看工资分配的公平性。工资的多少取决于教师的表现，薪酬体系以绩效考核体系为基础，而绩效考核体系是分配制度的基础和前提，是整个绩效管理过程中的重要环节。完整的绩效管理流程包括计划的编制、实施、评估和反馈。对教师的考核不是最终目的，而是激励和监督教师的手段，以提升教师的工作积极性，改善业绩，提高工作效率等。通过有效、合理的绩效管理，推动高校教师的发展和进步。

高校教师绩效考核体系的建立是以激励理论为基础的。通过不断完善教学质量评价方法和教师水平与工作绩效评价体系，使绩效考核的内容与高校的发展定位相一致。绩效考核的方法应该以激励内容为标准，采用公平合理的考核方法，保证绩效考核的内容广泛和全面，并且与教学工作和科研工作紧密联系。考核范围和内容应该考虑教师工作中的各种影响因素，如教师的教学水平、教学态度、科研能力、教学效果等。评价标准必须明确、具体、可行；要对所有人一视同仁、公平公正；必须为教学实践、学术研究、教学评价和创新研究制定量化的评估指标。应该用360度绩效评价法对教师进行评价，且评价过程要公正、客观、民主、透明，让不同相关专业的人员参与到对教师教学绩效的评价中来，并消除影响公正性的因素，让被评价的教师谦虚、信服地接受评价结果。只有这样才能发挥奖励和惩罚的激励作用，鼓励工作中的积极行为，改正那些不好的工作习惯，使高校教师激励机制有效运作。

3. 在满足需求的基础上完善社会保障机制

未来的安全是当下稳定的基础，正如马斯洛需求层次理论中安全需求的满足是追求其他需求的基础。高校的投资者和管理者需要明白，如果想稳定教师队伍，就要让教师觉得没有后顾之忧。这就要求高等教育的领导者了解社会保障体系的方方面面，对教师的需求有预见性和及时性，对有特殊成就、行业内少有的人才要增加社会保险金额，提高住房公积金份额以及其他各类社会保障福利待遇，以保证高校教师退休后生活质量。这样，高等教育机构才能有足够的向心力来唤起教师的主人翁意识，调动骨干和优秀教师的积极性，更好地留住他们，激励他们有效、积极地工作。

4. 在重视教学的基础上加大科研支持力度

专业学科的科研水平决定了一所高校在某个专业领域的影响力,进一步来说,高校培养的学生数量和质量决定了其在高校之间的竞争实力。高校要想吸引更多优秀学生,提升自身地位,必须坚持科研促进教学改革、以教学带动科研、科研与教学共同发展的基本思路,重视支持教师开展科研工作。应重视并加大对教师科研资源的投入和各方面的支持,激励本校教师积极参与各种讲座、比赛及其他相关专业活动,并且帮助教师获得更多企业的资金和技术支持,在科研成果的形成过程中发挥积极的引领作用,让本校的青年教师迅速成长起来。

科研项目的数量和水平也是促进高校青年教师成长的强大动力。科研成果数量的增长和科研水平的提高是青年教师评定和晋升职称的有力武器。高校应高度重视科研工作,加大支持力度,这样做必然会在高校青年教师群体中形成明显而有效的激励作用。

5. 在发展需求的基础上完善人才培养体系

成就发展理论指出,人们有三种类型的需求是最重要的:对成就的需求、对权力的需求和对社会关系的需求。知识型教师希望能在自己的专业领域争取更多的成就,这体现了其在该专业领域的价值,教师自身价值的提高取决于其对新知识的不懈追求和对自己专业知识的不断更新。高校应该实现制度化,以提供培训机会并激励青年教师。高校应根据自身条件和要求,在培训时间和培训费用等方面制定科学合理的支持机制,提高青年教师的学历水平;必须对教师进行领导力培训,保证培训资金充足,以确保学院的专业发展。在改进培训系统时,应考虑以下几点。

(1) 对每次培训进行培训需求分析。按需培训是一种有效的激励措施,否则培训就会成为一种形式,甚至成为青年教师的负担。

(2) 培训的目的必须明确。培训是否真正达到了预期的目标,应该在青年教师参加完每次培训后进行检验。测试方法和程序不应"一刀切",而应区分不同的培训人员,采用不同的测试方法,并提供相应的反馈。

(3) 建立新时期独立的教师培训体系。当今社会,信息技术覆盖的领域越来越多,网络教育和远程教育进入人们的生活,使得培训和学习方式更加自主和便捷。由于高校教师工作时间的特殊性,这些教育方式具有很大的优势。高校可以利用信息技术,建立允许教师灵活选择的教师培训体系,使不同专业、不同层次、不同年级的教师在培训内容和时间的选择上有更多的自由和更大的自主权。

6. 在民主参与的基础上塑造良好的工作环境

劳勒和波特提出的综合激励模式表明,人的行为是受多种综合因素影响的,所以不能只用一种因素来激励员工,而应把人作为一个整体,让其作为一个独立完整的个体来发挥自己的能量。在此基础上,公司可以将员工的意见纳入决策,促进员工主人翁意识的形成,更大限度地发挥其主观能动性,从而更好地完成工作。教师是高校最重要的主体,高校要取得更好的成绩,必须依靠教师的力量。为了让教师更有效地发挥其能量,需要创造一个民主的环境,让教师能够参与制定各种计划和政策。在确定专业人才培养方案、专业学科建设方向和科学研究方向时,应听取甚至优先考虑教师的意见。在改革制度方面,许多高校最初很有活力,但后来又退缩了,主要原因是它们忽视了教师的参与。在设计新系统时,教学团队主要成员的意见被忽略了。因此,高校要想有一个好的发展前景,就必须创造一个教师参与的民主环境,承认教师的主导地位,并建立一个征求教师意见的机制,例如通过青年教师俱乐部、课后晚会、工会联谊等活动,与青年教师直接进行对话和交流。适当的沟通有助于真正了解情况,真诚的交流有助于对事件达成共识。如果教师的意见被接受,他们就会感到被尊重,会觉得高校是他们的另一个家,在工作中会更加负责,对组织更加忠诚。

参考文献

[1] 张健,张再生. 基于全面薪酬的科技工作者激励组合优化研究 [J]. 软科学, 2010 (12): 27-29.

[2] 朱德友. 高校教师激励机制研究 [D]. 武汉:武汉大学, 2010.

[3] 李志锋. 学术职业与国际竞争力 [M]. 武汉:华中科技大学出版社, 2008: 235-242.

[4] 王蒙雅. 内涵式发展背景下地方高校教师激励机制的构建措施分析 [J]. 邯郸职业技术学院学报, 2021, 34 (2): 53-56, 96.

[5] 鲍尔生. 德国教育史 [M]. 滕大春,等译,北京:人民出版社, 1986.

[6] 郑怀颖. 高校人力资源培养成本研究 [J]. 合作经济与科技, 2009 (6): 43-44.

[7] 俞克纯, 沈迎选. 激励、活力、凝聚力: 行为科学的激励理论与群体行为理论 [M]. 北京: 中国经济出版社, 1988.

[8] 吴元元, 赵艳华. 高校教师激励问题实践与研究综述 [J]. 经济研究导刊, 2008 (8): 220-221.

[9] 李子江. 美国大学教师终身聘任制的走向 [J]. 复旦教育论坛, 2005 (3): 81-84.

[10] 纪新华. 从国外经验看我国高校工资分配制度的改革 [J]. 北京理工大学学报 (社会科学版), 2000 (2): 56-57.

[11] 余丽. 民办高校 M 学院专任教师激励策略研究 [D]. 泉州: 华侨大学, 2016.

[12] 戴凤娟. 工科类民办高校青年教师激励机制研究 [D]. 重庆: 重庆师范大学, 2016.

[13] 林佳媚. 民办高校专职教师激励机制的现状调查及优化策略研究 [D]. 盘锦: 渤海大学, 2017.

[14] 姜文文. 民办高校教师激励存在问题及对策的研究 [D]. 青岛: 青岛大学, 2018.

[15] 王程程. 基于波特—劳勒综合激励模型的高校教师教学激励机制研究 [D]. 海口: 海南大学, 2018.

[16] 高峰强. 我国普通高校教师管理中的激励机制 [J]. 南京航空航天大学学报 (社会科学版), 2008 (1), 10: 80-83.

[17] 汤向玲. 上海民办高职院校教师激励机制研究 [J]. 湖南工业职业技术学院学报, 2010, 10 (5): 123-125.

[18] 张振鹏. 基于激励理论完善高校教师激励机制的思考 [J]. 湖北社会科学, 2008 (11): 166-168.

[19] 贾杰, 王晶. 心理契约视角下的高校教师激励机制分析 [J]. 考试周刊, 2009 (2): 25-26.

[20] 黄雯. 新建本科院校外教激励制度的建立 [J]. 湖北经济学院学报 (人文社会科学版), 2015, 12 (8): 137-138.

[21] 蔡琼. 民办高校教师激励机制存在的问题及其对策研究 [J]. 才智, 2008 (3): 71-72.

[22] 陈以藏, 王修建. 英美两国大学教师教学能力发展策略及其启示 [J]. 贵州师范学院学报, 2015, 31 (5): 63-66.

[23] 斯密. 道德情操论 [M]. 余涌, 译. 北京: 中国社会科学出版社, 2003.

[24] 杜友坚. 教师激励机制的构建 [J]. 教育评论, 2003 (4): 29-31.

[25] 李琼. 两种教师评价制度的比较研究 [J]. 教学与管理, 2002 (22): 20-22.

[26] 董明华. 民办高校社会保障机制对教师流失的影响分析 [J]. 教学研究, 2005 (5): 389-391, 442.

[27] 孙艳丽, 高静. 基于"需要层次理论"的高职院校教师激励机制研究 [J]. 教育理论, 2010, 8 (1): 293-294.

[28] 刘丽芳, 马海云. 绩效视角下高职院校教师激励机制研究 [J]. 中国科教创新导刊, 2012 (7): 59-61.

[29] 文峰. 成长性需求视野下的高职院校青年教师激励机制探讨 [J]. 重庆电力高等专科学校学报, 2011, 16 (4): 26-28, 52.

[30] 谭玛丽. 高职院校青年教师资源需求特征的调查与分析 [J]. 人才资源管理 (学术版), 2009 (10): 128-129.

[31] ZHANG J K, YUAN J F, SKIBNIEWSKI M J. The analysis on the policy of access to economically affordable housing in china: an area calculation model based on the incentive mechanism design [J]. International Journal of Strategic Property Management, 2011, 15 (3): 231-256.

[32] 黎海燕. 民办高校教师激励机制构建: 基于马斯洛需要理论分析 [J]. 南昌教育学院学报, 2011, 26 (5): 78-79.

[33] LIU Z, ZHANG X L, LIEU J. Design of the incentive mechanism in electricity auction market based on the signaling game theory [J]. Energy, 2010, 35 (4): 1813-1819.

[34] FEI G S, YAO G F. Analysis on the incentive mechanism for enhancing rural public service ability [J]. International Journal of Business and Management, 2009, 2 (5).

[35] 许爱琼. 民办高校人力资源管理的激励机制 [J]. 天津市经理学院学报, 2011, 6 (3): 34-35.

[36] 邓奎伟. 如何健全民办高校教师激励机制 [J]. 职教论坛, 2007 (11): 41-42.

[37] LEE C H, LIN C Y, MA H W, et al. The incentive mechanism with RFID technology for suppliers to design environmentally-friendly electrical and electronic equipment [J]. Procedia-Social and Behavioral Sciences, 2012, 57: 339-345.

[38] 刘艳珍, 唐文秀. 民办高校师资队伍建设与激励机制构建研究 [J]. 山东英才学院学报, 2010 (4): 19-22.

[39] 万秋成. 高校人力资源管理现状及对策 [J]. 商业时代, 2007 (3): 63.

[40] SCHULER R S, HUBER V L. Personal and Human Resource Management [M]. 5th ed. Saint Paul：West Publishing Company，1993.

[41] DESSLER H. Human Resource Management [M]. Upper Saddle River：Prentice Hall International，1997.

[42] 王国聚. 我国民办高职院校发展的问题与思考 [J]. 职业教育研究，2008 (10)：15-16.

[43] 李楠. 高校教师绩效考核中"学生评教"存在的问题及对策分析 [J]. 首都经济贸易大学学报，2009，11 (4)：96-99.

[44] AAUP. 1940 Statement of Principles on Academic Freedom and Tenure [R]. 1970.

[45] 王斌华. 奖惩性与发展性教师评价制度的比较 [J]. 上海教育科研，2007 (12)：39-41.

[46] 冯茂娥. 高职院校教师绩效考核问题研究 [J]. 消费导刊，2009，8 (15)：178.

[47] 徐捷. 英国教师评价制度的改革及启示 [J]. 桂林师范高等专科学校学报，2007 (3)：81-84.

[48] 吕军. 基于高校岗位聘任的教师绩效考核研究 [J]. 中国成人教育，2010 (6)：38-39.

[49] 李冲. 大学教师知识效能评价研究 [D]. 大连：大连理工大学，2008.

[50] 唐小剑. 人力资源评估的量化参考模型 [J]. 经济与管理，2006 (8)：45-48.

[51] 万玺，李生智. 人力资源绩效评估方法研究 [J]. 重庆工商大学学报（社会科学版），2006，23 (4)：51-53.

[52] 潘璐，何蛟，傅强. 教学评估与高校效率研究：以重庆某高校为例 [J]. 科研管理，2010 (S1)：6-11.

[53] LICATA C M, MORREALE J C. Post-tenure review：National trends, questions and concerns [J]. Innovative Higher Education，1999 (1)：5-15.

[54] 时念秋，张秀荣，冯波. 高校教师激励机制的透视及完善策略 [J]. 中国成人教育，2017 (1)：42-45.

[55] 李青宇. 海南民办高校青年教师激励机制优化研究 [D]. 海口：海南大学，2018.

[56] 岳烽. 地方高等院校教师教学激励机制研究 [D]. 西宁：青海师范大学，2019.

[57] 刘新民，俞会新. 地方高校教师科研绩效激励机制优化设计研究 [J]. 技术经济，2020，39 (11)：175-182，191.

[58] 侯红梅，李晋，蔡华健. 我国民办高校教师期权激励机制设计：基于利益相关者

视域[J]. 江苏高教, 2020 (2): 85-90.

[59] 王彧之, 赵林果. 高校青年教师工资激励机制创新分析[J]. 黑龙江高教研究, 2017 (11): 101-103.

[60] 郑忻. 自主发展与机制创新: 应用型本科高校青年教师激励机制的完善[J]. 中国成人教育, 2017 (11): 134-136.

[61] 刘宇文, 唐旭. 我国高校教师学术激励机制价值取向变迁及发展趋势[J]. 湖南师范大学教育科学学报, 2016, 15 (6): 111-115.

[62] 胡晓榕, 孟鸿雁. 地方高校青年教师激励机制研究[J]. 中国成人教育, 2016 (9): 141-143.

[63] 李春桂. 完善我国高校教师激励机制的对策研究[D]. 长沙: 湖南大学, 2010.

[64] 尚玉. 高校青年教师科研激励机制研究[D]. 重庆: 西南大学, 2016.

[65] 彭宏江. 民办高校教师激励机制研究[D]. 哈尔滨: 哈尔滨工业大学, 2017.

[66] 姜晓晖, 汪卫平. 高校教师学术声誉研究: 一种探索性激励机制设计[J]. 中国高教研究, 2021 (4): 42-47.

[67] 谭诚, 卢晓灵, 聂立肖. 基于"双一流"建设的河北高校教师激励机制优化策略研究[J]. 科技风, 2021 (7): 127-129.

[68] 周礼. 高校教师激励机制研究[D]. 湘潭: 湘潭大学, 2010.

[69] 李红. 本科教学质量保障视野下的高校教师教学激励机制研究[D]. 上海: 华东理工大学, 2014.

[70] 王博. 基于教师需求的高校人力资源管理激励机制研究[D]. 长春: 长春工业大学, 2016.

[71] 杨迪禹. 高校专任教师薪酬激励机制研究[D]. 南昌: 江西农业大学, 2011.

[72] 刘宇文, 王方. 公平理论视角下高校教师激励机制的挑战与进路[J]. 湖南工业大学学报(社会科学版), 2021, 26 (1): 29-35.

[73] 刘津升, 梁红静. 高校教师教学激励机制存在问题及对策研究[J]. 江苏科技信息, 2021, 38 (3): 31-33.

[74] 杜彬. 高校初任教师发展的激励机制研究[D]. 武汉: 华中农业大学, 2012.

[75] 林景行. 高校教师绩效工资激励机制的优化研究[J]. 江苏第二师范学院学报, 2020, 36 (3): 108-111.

[76] 赵雪专, 裴利沈, 张争, 等. 高校教师绩效考核激励机制的完善探究[J]. 当代教育实践与教学研究, 2020 (9): 146-147.

[77] 佘俊凯. 高校教学型教师激励机制的法律保障[D]. 湘潭: 湘潭大学, 2013.

［78］庄敏. 高校教师激励机制的现实困境与对策研究［J］. 经济研究导刊, 2020 (35): 92-93.

［79］季晓磊. 基于人性假设的高校教师科研激励机制研究［D］. 青岛: 青岛大学, 2013.

［80］蔡思政. 高校教师激励机制研究［D］. 福州: 福州大学, 2014.

［81］廖芳兰. 基于非营利组织视角的高校教师薪酬激励机制研究［D］. 长沙: 湖南农业大学, 2014.

［82］刘志飙. 激励机制在高校教师管理中的运用［J］. 科学咨询 (教育科研), 2020 (11): 47.

［83］孙厚彬. 高校教师的激励机制探析［J］. 环渤海经济瞭望, 2020 (8): 171-172.

结 语

为了实现高等教育强国的发展目标，需要提高高等教育的整体实力与办学质量。高等教育机构要想更好地发展，离不开最重要的人力资源——教学团队。团队成员能否最大限度地发挥其强大的潜能，取决于管理团队的规章制度，只有具有良好激励作用的规章制度，才是科学、合理、高效的。因此，研究当今高校教师的激励机制非常重要。

本研究首先阐述了高校教师管理问题的研究背景、研究意义和国内外研究现状；然后分析了激励与激励机制的相关概念，以及作为研究理论基础的各种激励理论体系；接着深入研究了目前我国高校在教师激励方面已经取得的成绩，并且分析揭露了现阶段仍存在的薪酬激励和情感激励不足等问题；随后分析了问题产生的原因，特别是管理体制、管理观念和队伍稳定性方面存在的不完善；最后提出了制定高校教师激励政策应遵循的原则，并给出了精神和物质激励的基本模式，高校管理者应对教师采取激励措施，构建具有竞争力和吸引力的薪酬体系，建立公平有效的绩效考核体系，重视并支持科学研究，完善人才培养体系，促进教师民主参与等。希望本研究能够为高校评价教师的绩效和建立激励体系提供参考依据，从而强化高等教育在促进科技创新、经济发展和社会主义建设中的作用。